献给阿尔伯特·布尔卡（1939.6.28—1944.4.16）*

＊ 奥斯维辛集中营毒气室中被杀害的最小的孩子，死时不到五岁。——编者注

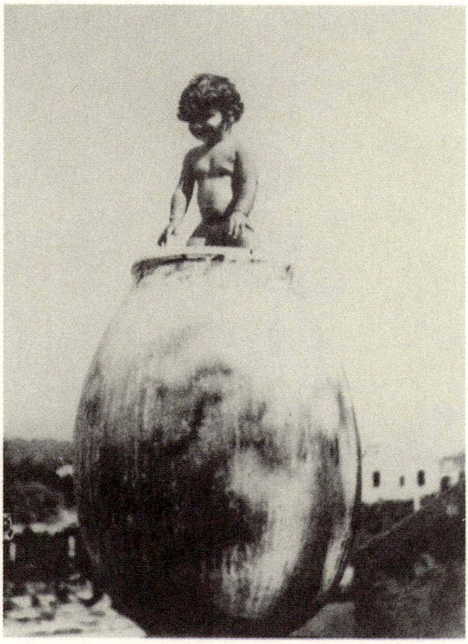

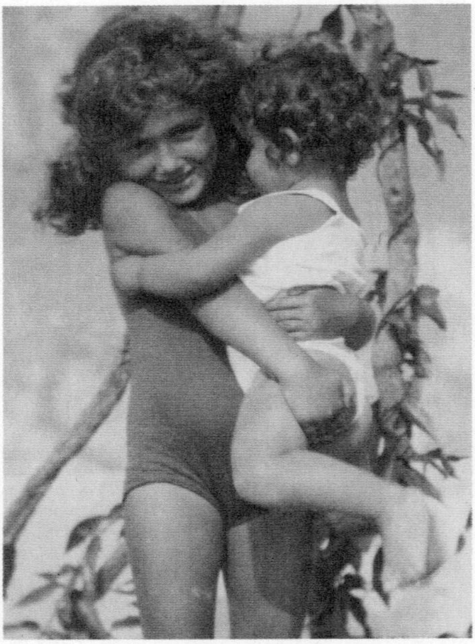

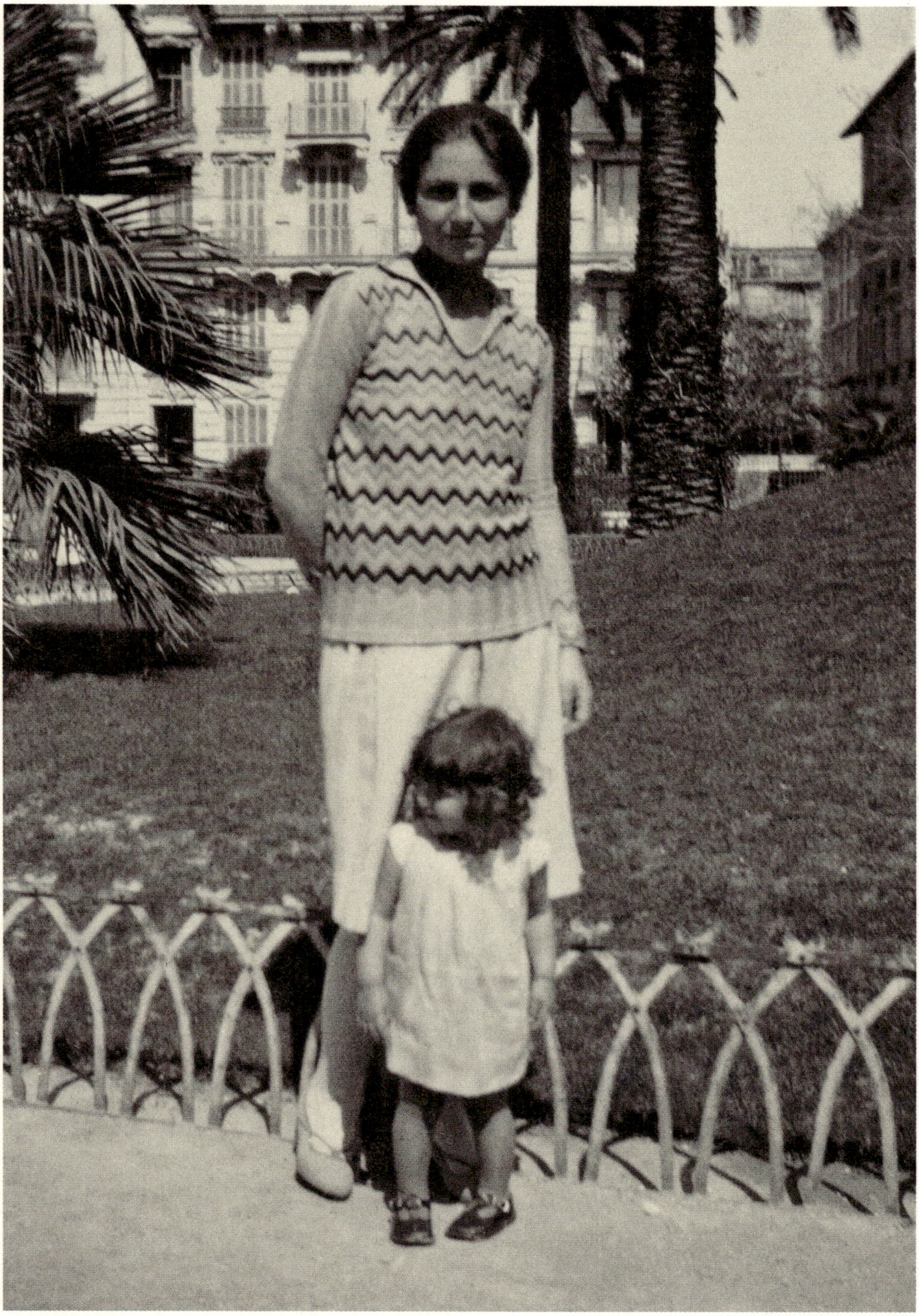

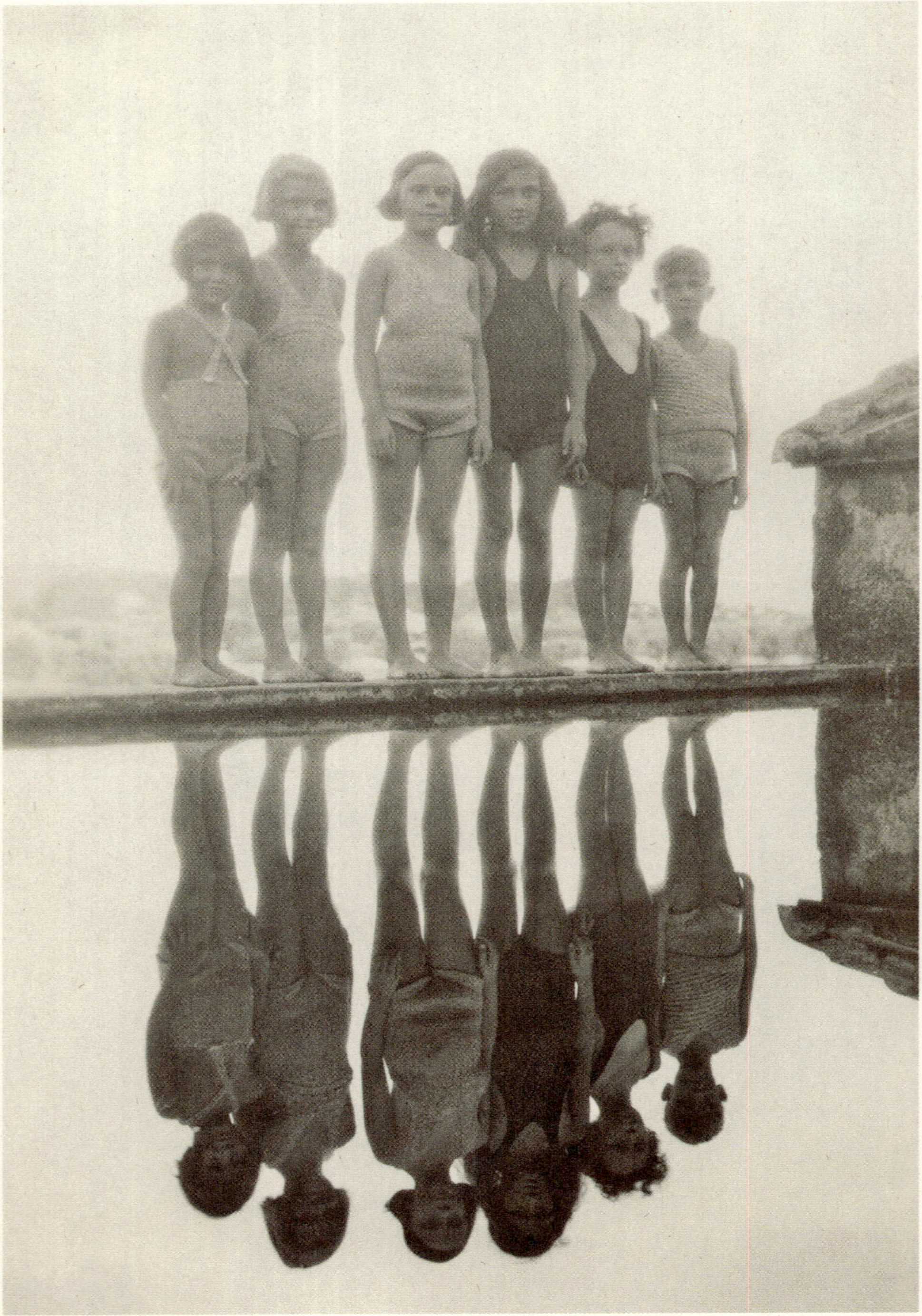

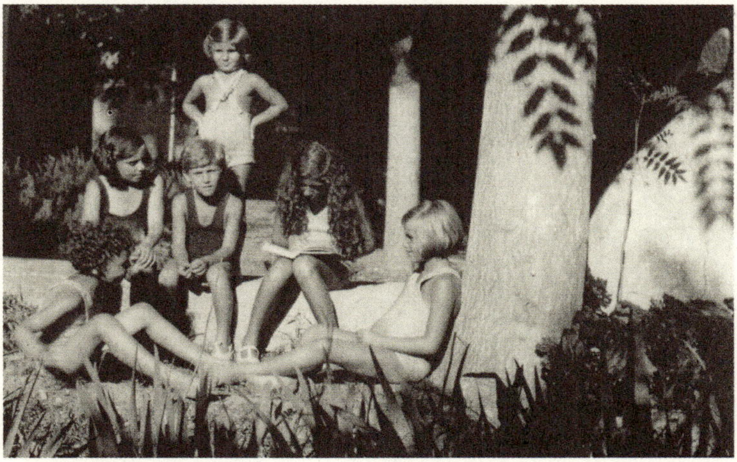

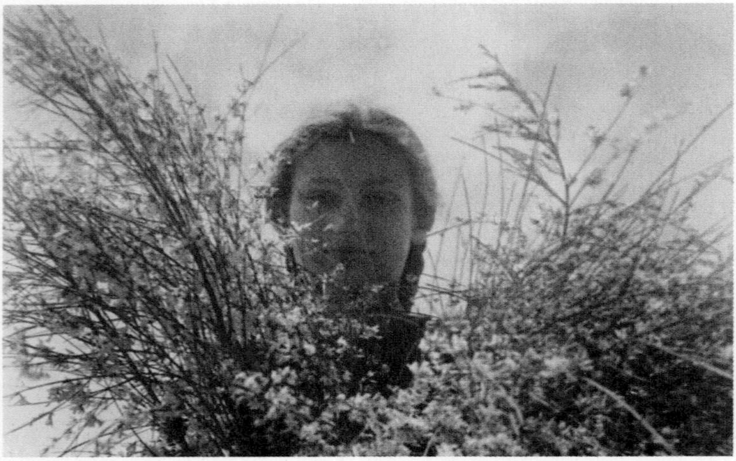

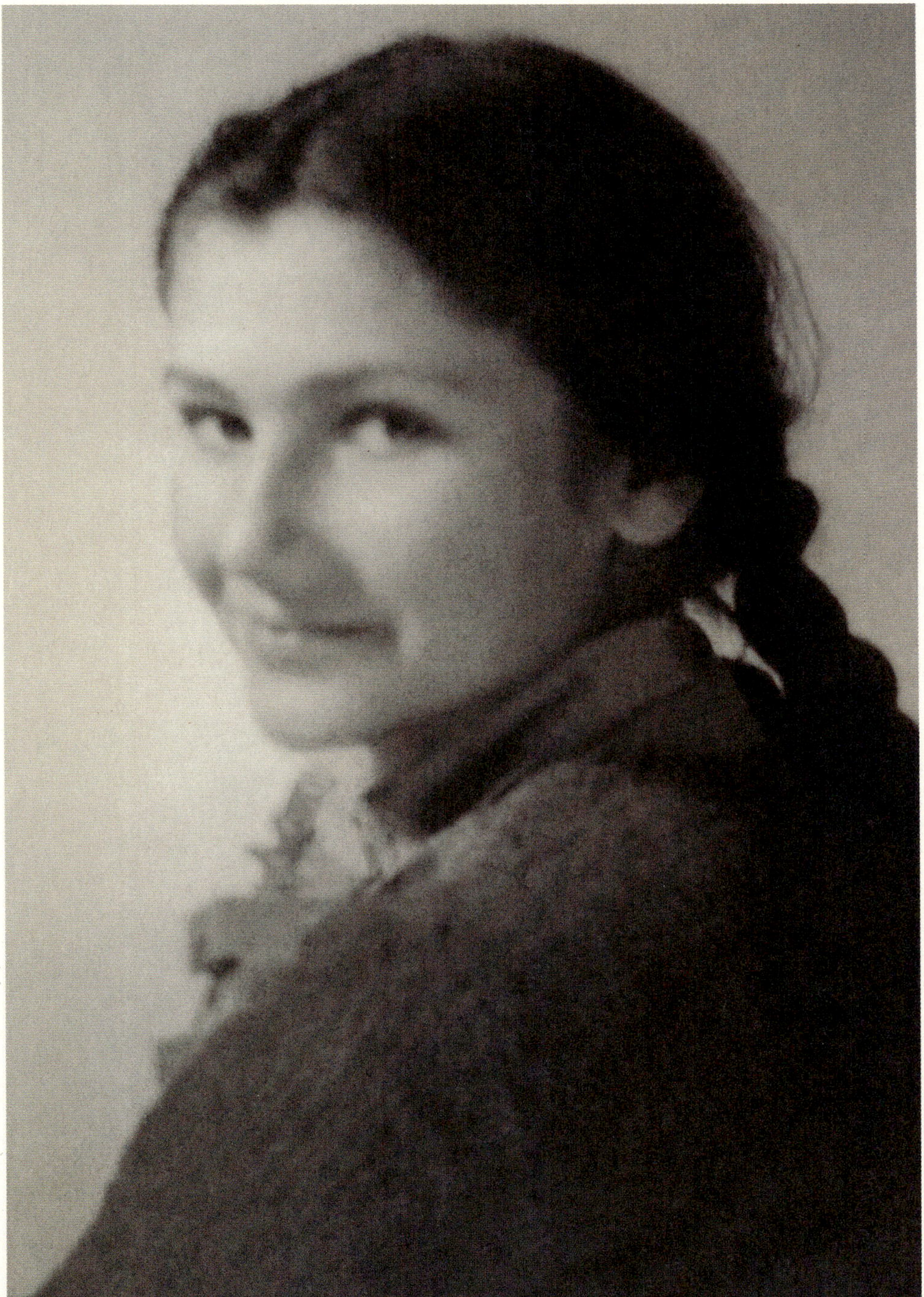

- 在拉西约塔（La Ciotat），一岁照。

- 米卢和我。我非常喜欢这张照片。
  我紧紧地抱着她。
  她从不做傻事，不像我。

- 妈妈和我在尼斯的阿尔萨斯-洛林公园，
  摄于1929年。

- 从左往右：我、丹尼丝、表姐克洛德、米卢、
  表哥普塞和哥哥让。

- 拉西约塔的假期。

- 我喜欢大自然、鲜花和大海。

- 我和我的辫子，
  摄于被送往集中营的几天前。

# 比克瑙集中营的黎明

[法]西蒙娜·韦伊 口述
[法]大卫·泰布尔 整理记录

张 洁 译

广西师范大学出版社
·桂林·

比克瑙集中营的黎明
BIKENAO JIZHONGYING DE LIMING

© Les Arènes, Paris, 2019/Simplified Chinese rights arranged through Dakai-L'agence.
著作权合同登记号桂图登字：20-2022-028 号

图书在版编目（CIP）数据

　　比克瑙集中营的黎明 /（法）西蒙娜·韦伊口述；（法）大卫·泰布尔整理记录；张洁译 . -- 桂林：广西师范大学出版社，2022.5
　　ISBN 978-7-5598-4790-4

　　Ⅰ . ①比… Ⅱ . ①西… ②大… ③张… Ⅲ . ①纪实文学 – 法国 – 现代 Ⅳ . ① I565.55

　　中国版本图书馆 CIP 数据核字（2022）第 038341 号

广西师范大学出版社发行
广西桂林市五里店路 9 号　邮政编码：541004
　网址：www.bbtpress.com
出版人：黄轩庄
全国新华书店经销
天津图文方嘉印刷有限公司印刷
　天津宝坻经济开发区宝中道 30 号　邮政编码：301800
开本：787 mm × 1 092 mm　1/16
印张：17.5　字数：155 千
2022 年 5 月第 1 版　2022 年 5 月第 1 次印刷
印数：0 001~6 000 册　定价：78.00 元

如发现印装质量问题，影响阅读，请与出版社发行部门联系调换。

# Simone Veil
# L'aube à Birkenau

Simone Veil
David Teboul

# 目录

## 序幕

3　西蒙娜的发髻

## 哀歌

31　比克瑙集中营的黎明

## 尾声·对话集

115　与姐姐丹尼丝：我们的经历和感受截然不同

169　与至交玛索琳娜：比克瑙集中营中的花

207　与"英雄"保罗：保罗让我重拾了对爱的憧憬

## 回响

251　我的墓前将奏响希伯来祷歌

258　集中营名词表

259　致谢

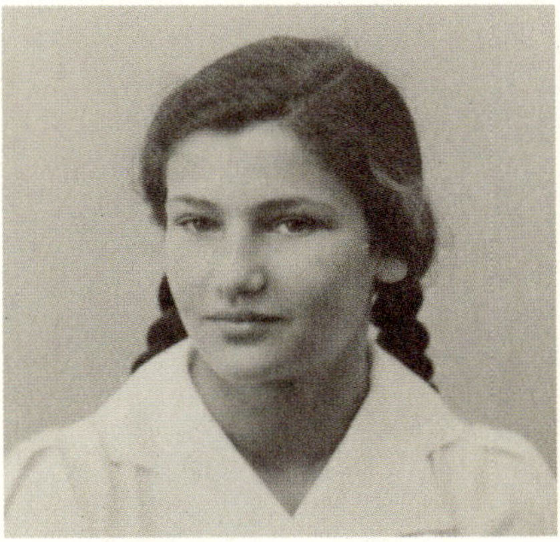

序　幕

西蒙娜的发髻

尼斯，海边的绿洲，
生长着成片的金合欢花和棕榈树。
那里，俄罗斯和英国的王爵们
鲜衣怒马，烈焰繁花。
那里，小丑们在大街上跳舞，
彩纸从天而降，落在每个人的身上。
有一天，我也会去尼斯，
当我重获青春。

——罗曼·加里（Romain Gary，埃米尔·阿雅尔 Emile Ajar [1]）
《来日方长》（*La Vie devant soi*）

---

雅克本无意大办丧事。
他的经验足以让他了解
这对操持的朋友们来说是何等考验。
他让我对你们的到来致谢，
祝福你们，并祈求你们不要悲伤，
只记住那些你们给予他的、与他共度的
幸福时光。
给我张笑脸吧，他说，
若是我同大家告别，也会这么做的。
热爱现世，相信来世……
我爱你们，
无论我身处何方，都会对你们微笑。

——雅克·德里达（Jacques Derrida）

---

他们给我们造成的痛苦还会上演。

——阿克塞尔·科尔蒂（Axel Corti）
《欢迎来到维也纳》（*Welcome in Vienna*）

---

1 埃米尔·阿雅尔是罗曼·加里的笔名。罗曼·加里用该笔名创作的《来日方长》（又译《如此人生》）在1975年一经出版便大受欢迎，荣获当年的龚古尔奖。罗曼·加里也因此成为第一位也是唯一一位两次获得龚古尔奖的作家。——译者注（本书注释除格外说明外，均为译者注，后不赘述。）

我十二岁时，第一次见到了西蒙娜·韦伊。不是真的见面。那是一个周二的晚上。因为第二天不用上课，那天晚上可以看电视，是我们的幸福时光。1979年，美国大片《金刚》（King Kong）的重播引发了一轮收视狂潮。每周二，我都会在《金刚》和《影像档案》[1]（Les Dossiers de l'Écran）两者之间纠结。

在那个年代，很多"介入派"导演会拍一些被大家称为主题电影（des Films à Thèse）的片子。《影像档案》会播放这些片子并配上一场辩论。这个节目在当时非常受欢迎，它的严肃性和思辨性广受好评，我很喜欢这个节目。1979年3月6日是个周二，《影像档案》播出了美国电视剧《大屠杀》[2]（Holocauste）的最后一集。那期的主题是《纳粹集中营里的生与死》。该片讲述了早已归化的德国犹太家庭魏斯（Weiss）一家的悲惨遭遇。这家的父亲是柏林的一名全科医生，母亲是位家庭妇女，他们有三个孩子，分别是：卡尔、鲁迪和安娜。我养的第一只猫当时才两个月大，刚收养不久，我总是抱着它玩。我叫它鲁迪，用的正是魏斯家一个儿子的名字：他是全家唯一活下来的人。为了求生，他先是加入了游击队，后来又逃去了巴勒斯坦。那时，鲁迪是我心中的英雄，一个幸存者和战士，我是那么崇拜他。在影片结束后的辩论中，我告别了童年，提前迈入青春期。辩论的场所是一个圆桌，上面坐着一批互不相识的大屠杀幸存者，其中就有共产党员抵抗军玛丽-克洛德·瓦扬-库蒂里耶（Marie-Claude Vaillan-Courturier）和西蒙娜·韦伊。西蒙娜坐在中间的位子。从我看到她的那一刻起，她再也未曾离开过我的世界。为了录制节目，节目里的几个年轻人专门去了趟奥斯维辛。他们是法国年轻人的代表，最年长的也就三十五岁。我依旧记得主持人，他的声音、沉重的评论和受访者悲惨的经历。

"首先，我想请问韦伊女士，在您看来，法国人是否有必要看这部片子？"

"遗憾的是，这部片子太过乐观，因为里面的人都太善良了。这是部

---

1 法国电视台的一档在广受赞誉的电影节目。该节目的播出时间为1967年—1991年。
2 Holocauste一词特指"二战"期间纳粹对犹太人的大屠杀。

温馨的片子，处处都透着和谐友爱。然而，在真实的集中营里，大多数人都变成了货真价实的牲畜。让人备受折磨的是，我们曾经如此地接近区分人类和动物的界限。片子里面，有人为逝去的朋友盖上被子。可现实往往是人们从活人身上抢被子。这是一部正面积极、人人向善，一部刽子手和受害者之间还能经常交流的片子。然而，德国人所摧毁的，集中营所摧毁的，正是人性。"

一名年轻的女观众问道："为什么所有国家的人都不喜欢犹太人？"这个问题让我如坐针毡。直到20世纪70年代末，我都不敢光明正大地说自己是犹太人。在我上小学二年级还是三年级时，已然记不清了，一天，一位同学，指着我说我并不是纯正的法国人，我被惊呆了，过了几天，他跑来和我道歉，又加了句"这没什么要紧的"，他自己也是个诺曼人。

遥远的记忆因这位年轻女士的问题而被激活："为什么所有国家的人都不喜欢犹太人？"每年"赎罪日"（Yom Kippour）那天，我的父母都会帮我写一张病假条。当时，为了庆祝一个犹太节日而缺课是不可想象的。我曾为此问过我的祖父，他是这么回答的："要知道，这样做更好，因为我们犹太人并不总是那么招人待见。这么做可以避免一些麻烦。"这让我时刻谨记不要到处宣扬自己的出身，因为"浩劫"[1]（la Shoah）的阴霾和威胁依旧，随时可能卷土重来。那时的我总觉得自己身负双重排斥：外形方面，我长得有点像外国佬，总让人觉得我是阿拉伯人；信仰方面，我虽很少参与宗教活动，但我却在内心默默信教。在此之前，我一直执着地想让自己成为一个纯正的法国人。而为了达到这一目的，我只能对自己犹太人的身份保持缄默。我觉得自己时刻都要面对两种种族歧视：反阿拉伯主义和排犹主义。

现在的我仍记得，在节目的最后，西蒙娜·韦伊依旧端坐在那里，美丽又严肃。我被她迷住了。还是个孩子的我都能感受到她的不适、恼怒和那些观众所提问题的分量。她的面部特写镜头优雅、缓慢、渐进，

---

1　犹太人用Shoah一词称呼"二战"期间纳粹对犹太人的大屠杀。

令我沉迷。我至今仍对那个镜头记忆犹新。她当时在想什么？她能够并且愿意独自回答那些问题吗？

  我已经完全将《大屠杀》这部好莱坞类型的片子抛在了脑后。我的注意力完全被这个韶华犹在的女士占据了，她的魅力和笑容让我沉醉。玛丽-克洛德·瓦扬-库蒂里耶与西蒙娜·韦伊对犹太人和抵抗运动战士被关进集中营的区别进行了精妙且激烈的讨论。哪怕年幼无知如我，也明白了要避免将两者相提并论。《大屠杀》这部极具悲剧色彩但依旧乐观感人的美国肥皂剧与西蒙娜·韦伊用克制、深情且持重的方式表达的残酷真相也完全不可同日而语。在不知不觉中，西蒙娜·韦伊就动摇了法国社会的保守主义和偏见。让我这个曾以浩劫为原罪的小男孩获得了新生。在1979年3月6日这个周二以前，我一直以"大屠杀"为耻。它曾是一个不可触及的禁忌，是犹太人历史中沉重且不光辉的一笔。在听过西蒙娜·韦伊的论述后，小男孩不再试图分割自己身上法国人和犹太人的双重身份。多亏了西蒙娜·韦伊，我变成了真正的法国人。曾被称为Holocauste的Shoah，再也不是我逃避的对象。当时，我还未满十三岁。当时的我有一种预感，待我长大以后，一定会见到西蒙娜·韦伊本人。

  到了三十岁那年，这感情依旧强烈。为了见到她，我决定制作一部电影。在好几封信件石沉大海之后，我给她的秘书打了个电话。对方的回答非常明确："西蒙娜·韦伊女士不想拍与自身相关的电影。"我仍不死心，决定放手一搏："我不明白，为什么西蒙娜·韦伊女士不愿意见我，不愿意给我一次和她见面和交谈的机会。"西蒙娜·韦伊接了电话："您真的想见我？那明天早上八点半到我办公室来吧。不过事先说明，答案是否定的，我也只能给您十分钟时间。希望您能准时！"第二天，我按时到了，她却迟到了。我暗自高兴。幸运女神在我这边，我很肯定她会接受我的提议。后来，她确实同意了，可原因却出乎我的意料。她一来就向我道歉，彬彬有礼，举止优雅。

我们聊了会儿巴黎糟糕的交通，谈起了希拉克总统承认法国应该对"冬赛场围捕事件"[1]（la Rafle du Vél'd'Hiv'）负责的申明，还一致批评了加纳电影节评审团对罗伯托·贝尼尼（Roberto Benigni）执导的《美丽人生》（*La Vie est belle*）的褒奖。西蒙娜·韦伊，这位我一直试图了解的女士，是一位思维敏捷且言辞尖锐的女性。在我与她见面之前，我已对此了然于胸。她看着我，似有疑惑，我闭上了嘴。"我到底哪里引起了您的兴趣？"我答道："您的发髻，女士。"我感到她开始动摇了。她告诉我，当时和她一起被送往集中营的女性中没有人被剃了光头，后来，这一点也救了她一命。在毫不知情的情况下，我竟触碰到了她在集中营时期的一个关键点。这一次的会面拉开了后续访谈的序幕。从这一次长达三小时的会面开始，我们之间便建立起一种亲密的联系。友谊纽带的缔结让西蒙娜给予了我长期访谈的机会。我们经常互通电话："什么时候一起吃个午饭？"我们相互爱慕，纯粹无邪，淡然如水。我们交谈的内容总围绕着同一主题，从不曾脱离集中营的生活。

　　对西蒙娜而言，我们那次共赴奥斯维辛的经历既充满苦痛又震撼人心。在此之前，她也曾为了参加纪念活动而回过奥斯维辛，但从不愿走进她在比克瑙住过几个月的棚屋。那天天气很好，但气温很低。我们走了很远的路。"现在的比克瑙一点也不像集中营，更像一个大型公园。当时，这里满是泥泞，天是黑蒙蒙的，气味刺鼻。"当踏入她曾住过的棚屋时，西蒙娜诧异地发现那里竟然离焚尸炉那么近。在她看来，集中营缩小了；在她被关押的记忆里，所有的一切都显得更加庞大。第二天，我们俩人一起逛了逛克拉科夫老城。我们在一个玻璃制品店待了很久，买

---

[1] "冬赛场围捕"事件发生于1942年7月16日—17日，当时的法国维希政府为了迎合德国纳粹政府，对犹太人进行了一次残忍的大搜捕，共有13152名犹太人在此次行动中被捕并关押在一个名为"冬赛场"的自行车比赛场馆，被关押的犹太人后来全部被运往集中营，几无幸存者。

了两只波希米亚玻璃做的精美高脚杯。在返回巴黎的航班起飞前，西蒙娜和我谈起了比克瑙草地下埋藏的宝藏，说里面藏着大量的珠宝和金币。我故作玩笑道：波兰的农民完全值得拥有它们。当时的西蒙娜非常需要这样的玩笑。我们从未像在这次旅行中那么少地谈及集中营，也从未笑得那样多。

  在西蒙娜去世前几个月，我收到了一条来自她在比克瑙的同伴，玛索琳娜·罗尔丹–伊文思（Marceline Loridan-Ivens）的一条留言："大卫，想去看看你的闺蜜西蒙娜吗？我这周要去见她，陪我一起去吧。西蒙娜的情况不是很好。我们应该一起去看看她。别装死了，快打给我。吻你，亲爱的。是玛索琳娜打来的。"我当时已有好几个月没见到西蒙娜了。我知道她身体抱恙，这条留言让我更加难过。我们三人一起前往沃邦广场上一家沉郁的咖啡厅喝茶，那里离她家只有几步之遥。西蒙娜很安静。正是初春，一切都显得暗淡失色、寡然无味，疾病已然伸出了利爪。玛索琳娜和我努力地找话题刺激西蒙娜，毫无效果。玛索琳娜·罗尔丹转向我说道："我有法子。"她给我递了个勺子，让我装进包里。然后我们三人，包括西蒙娜，在服务生极为惊讶的目光下堂而皇之地这么做了。离开咖啡厅的时候，我有点尴尬，玛索琳娜洋洋得意，而西蒙娜竟然默许了。玛索琳娜告诉我，在集中营时，勺子就好比钻石，女孩们常常为此大打出手，是黑市上的紧俏物资。这些勺子可以让人避免用嘴去舔比克瑙集中营供应的难咽汤汁。"你瞧，大卫，"玛索琳娜又说道，"这你就不懂了吧，只有比克瑙的女孩们才知道是怎么回事。"疾病没能杀死集中营的记忆，它们还在，刻骨铭心。和西蒙娜告别之后，玛索琳娜陪我一起走了一段路。她和我说起了集中营时期的西蒙娜，最后一次。我知道，我再也见不到西蒙娜了。

大卫·泰布尔

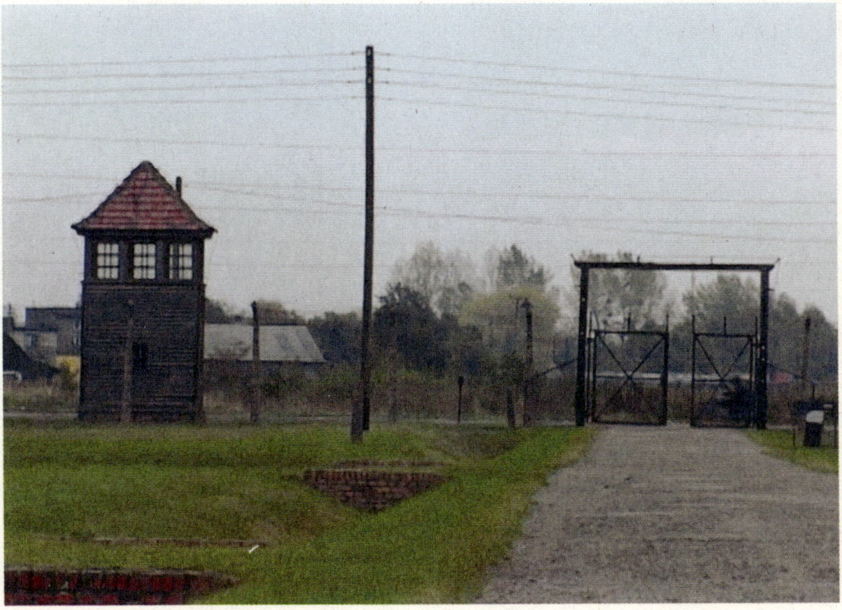

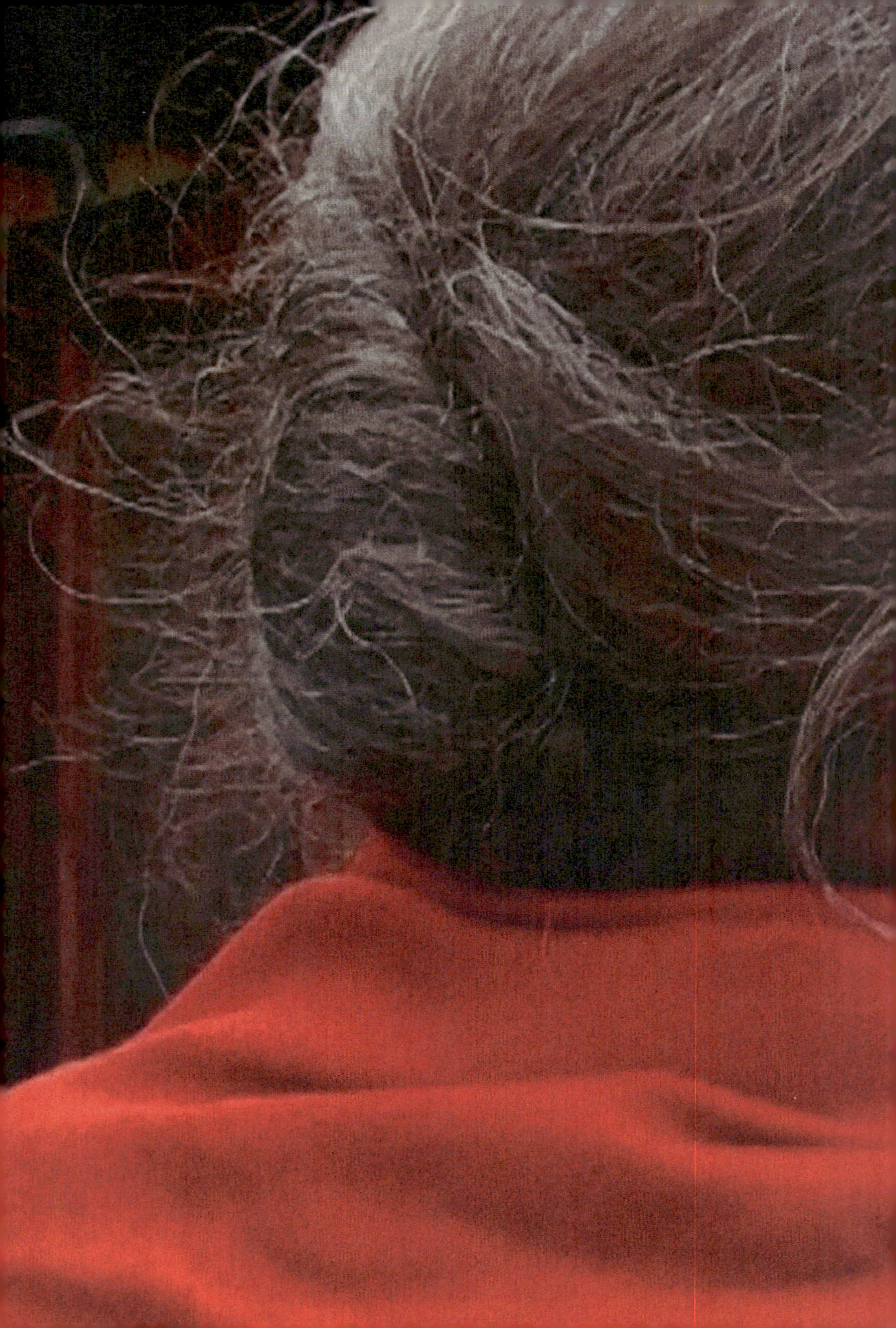

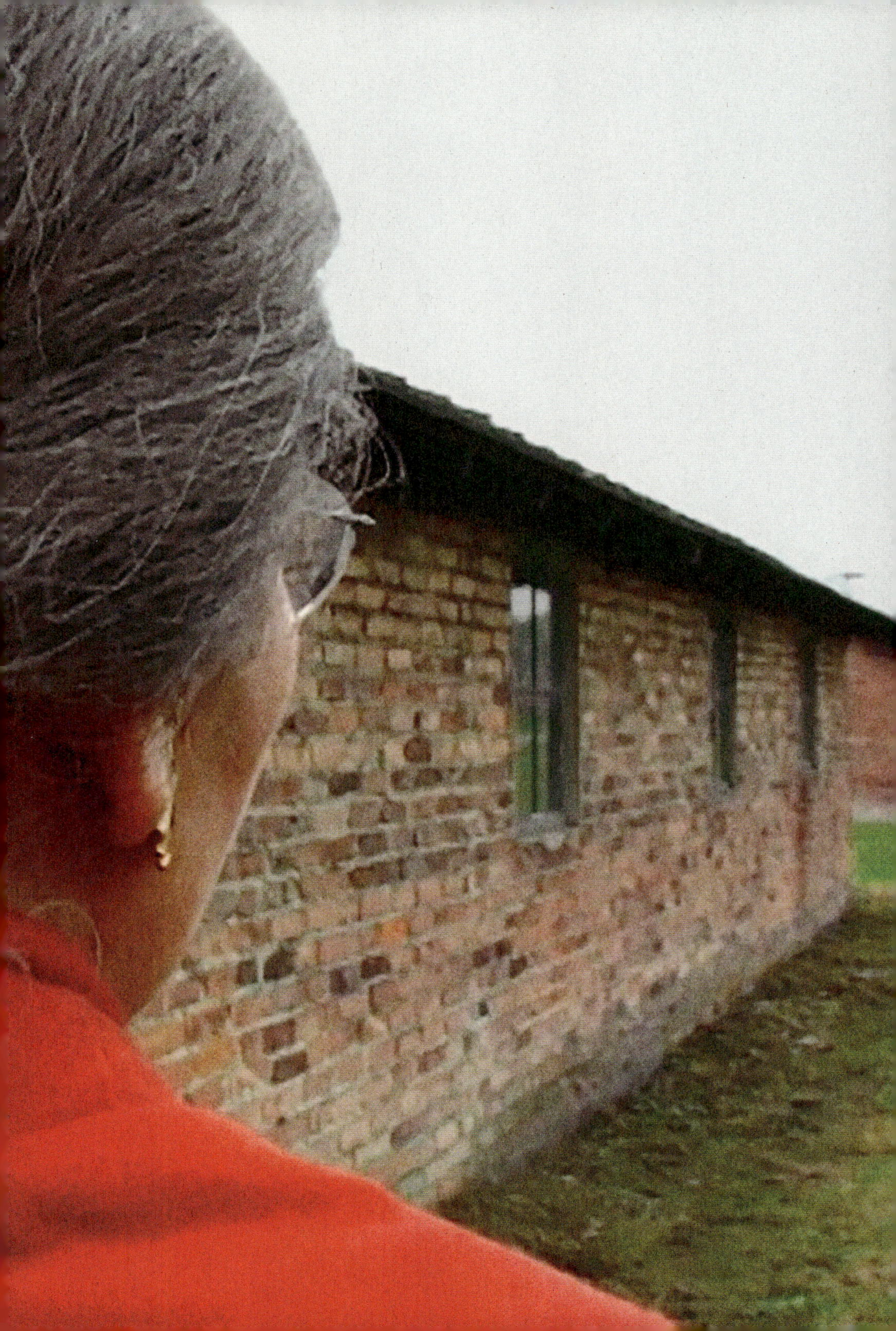

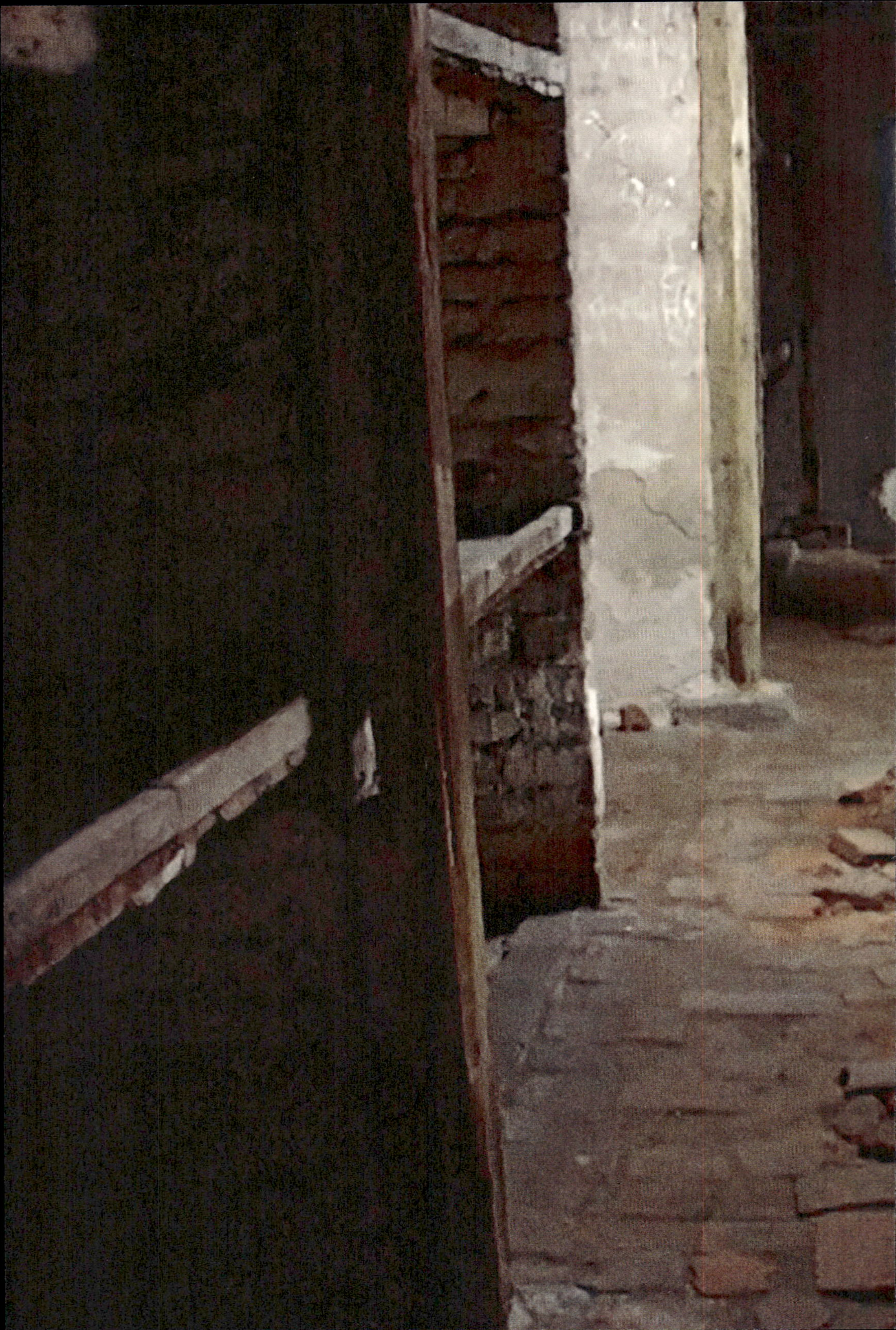

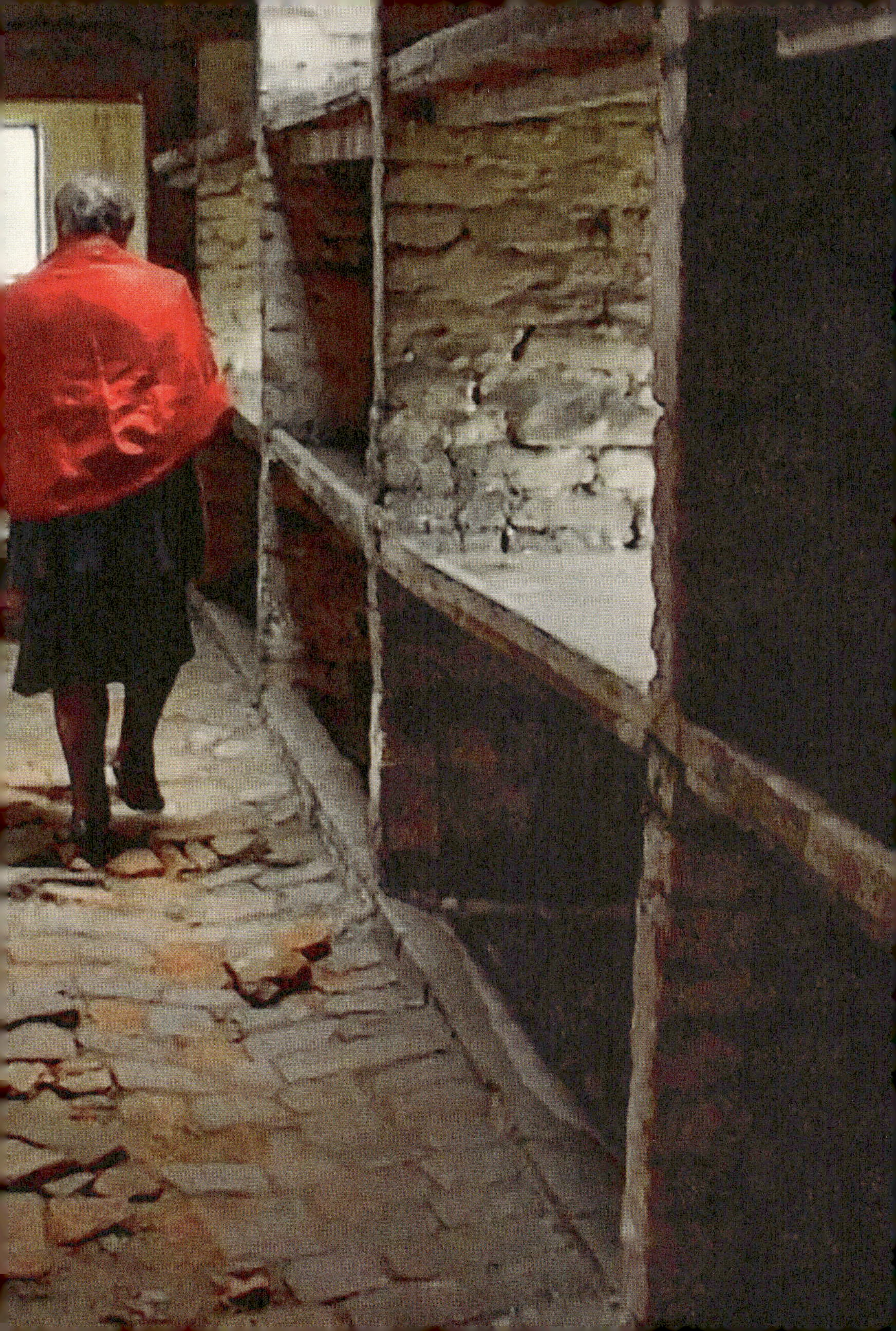

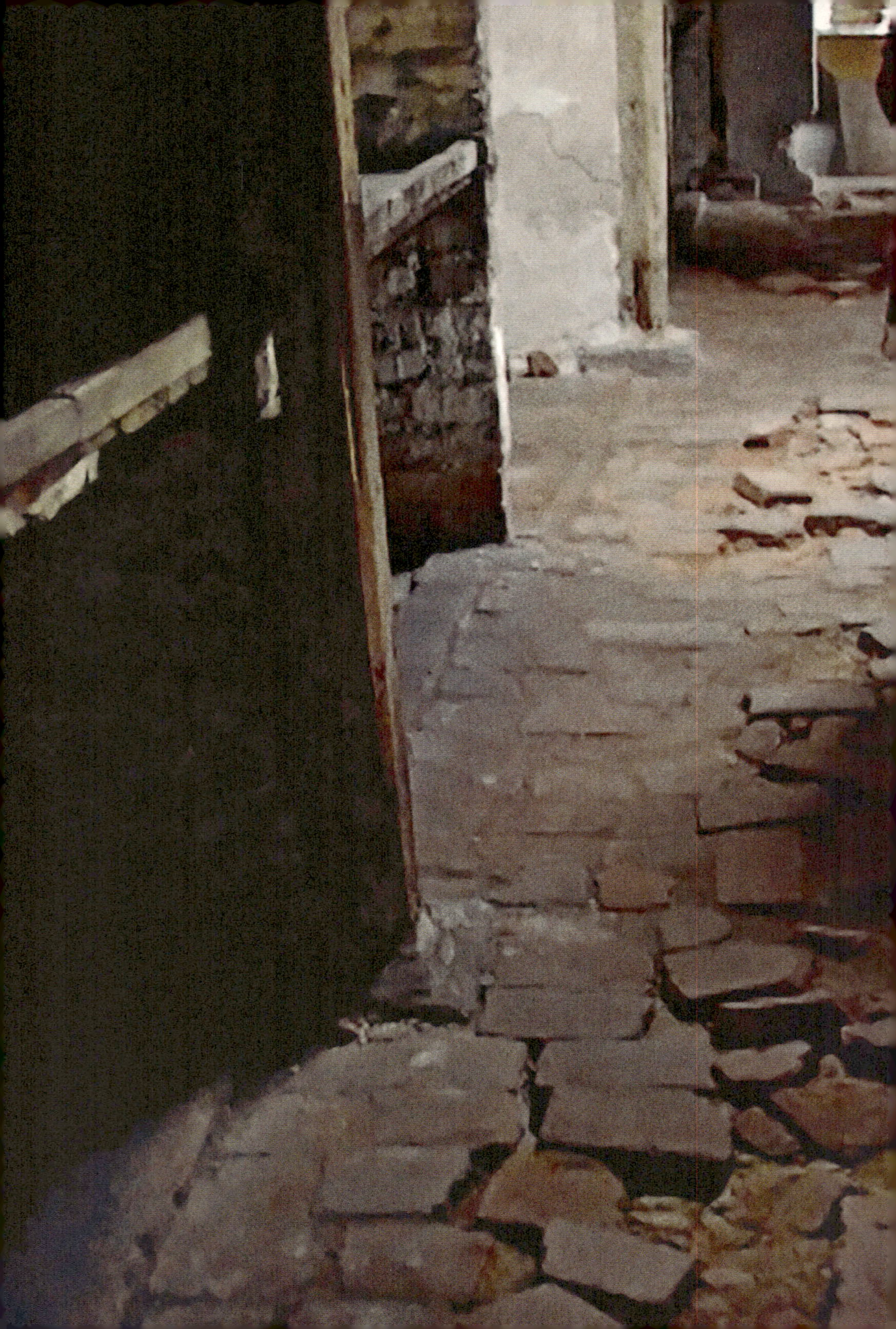

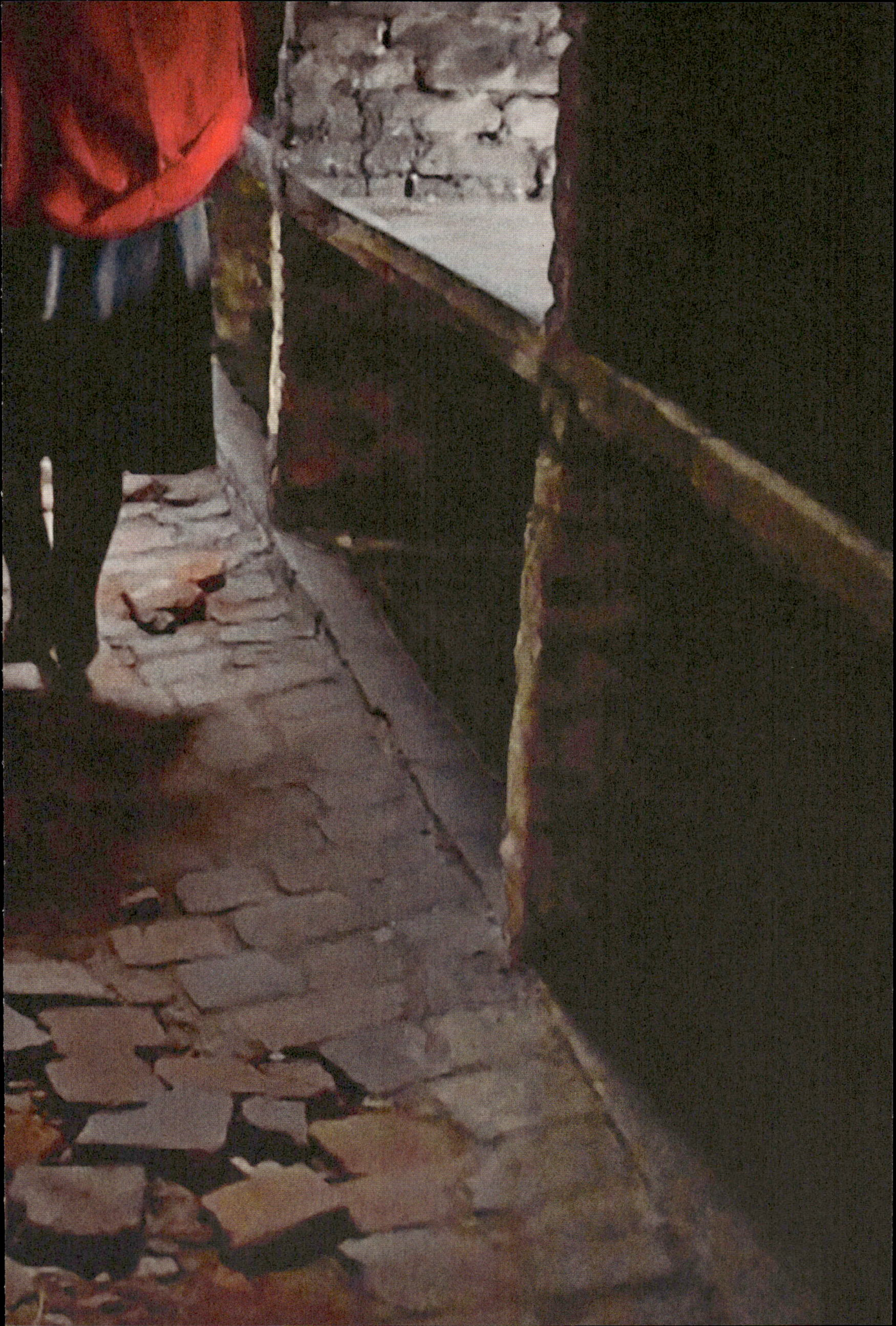

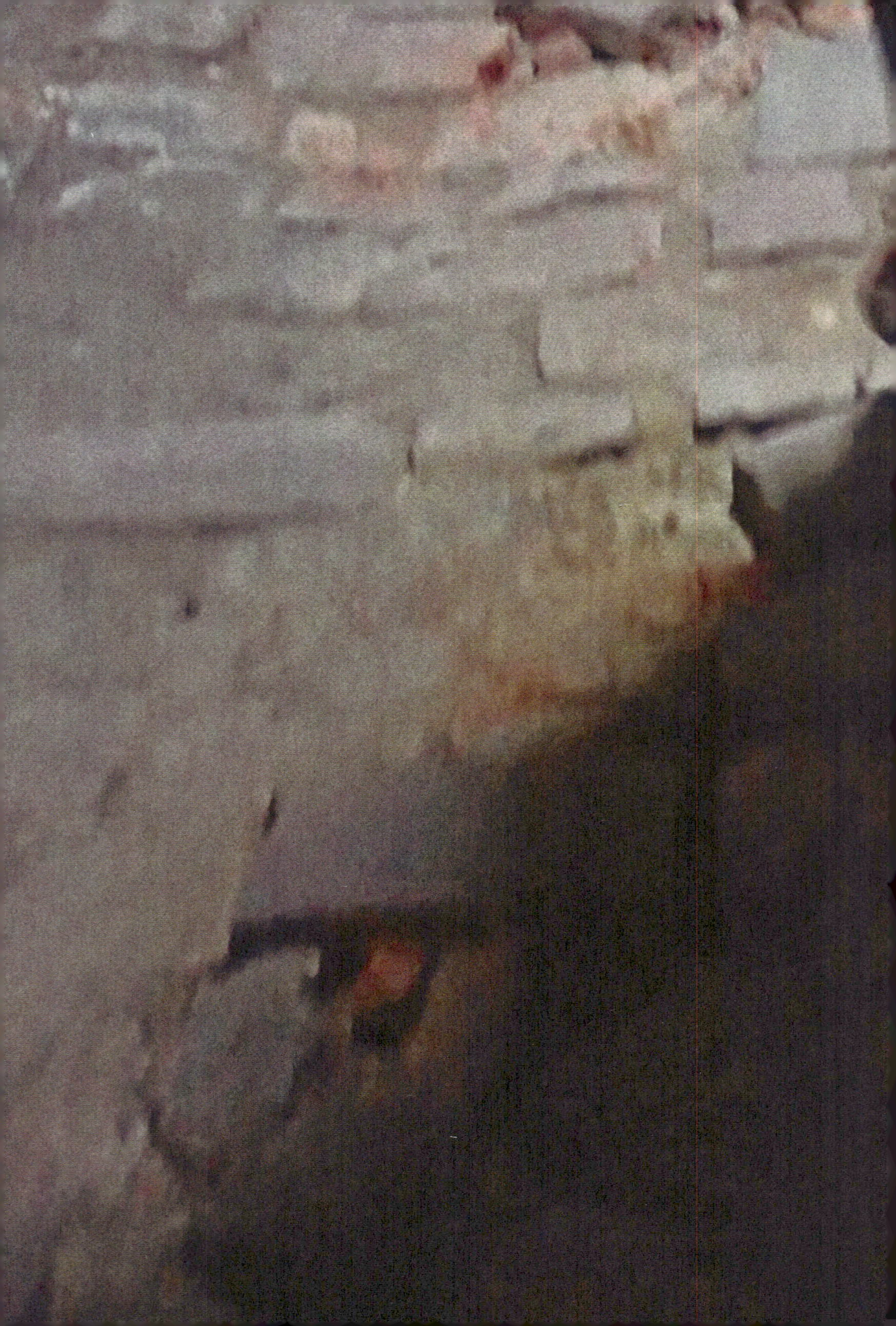

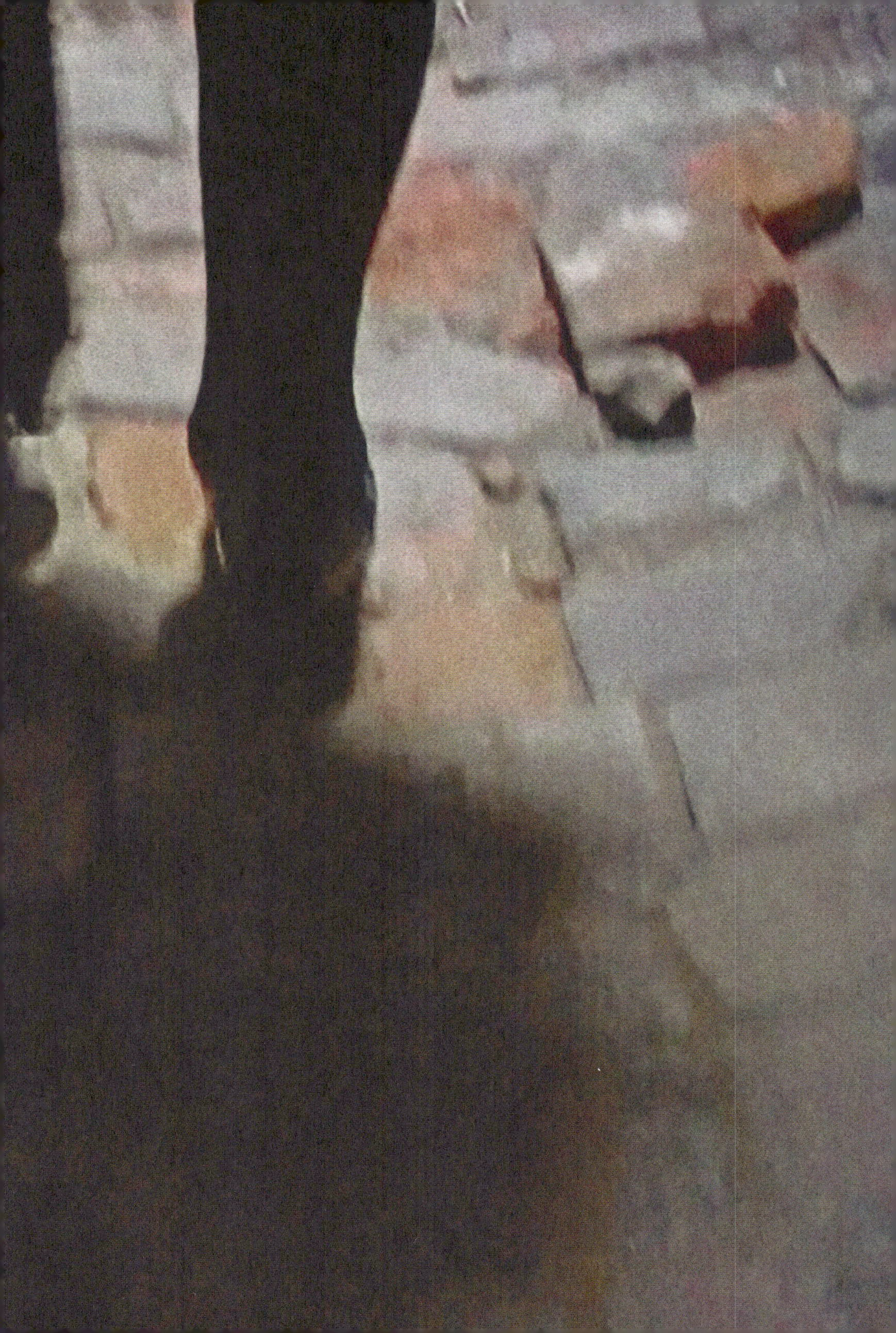

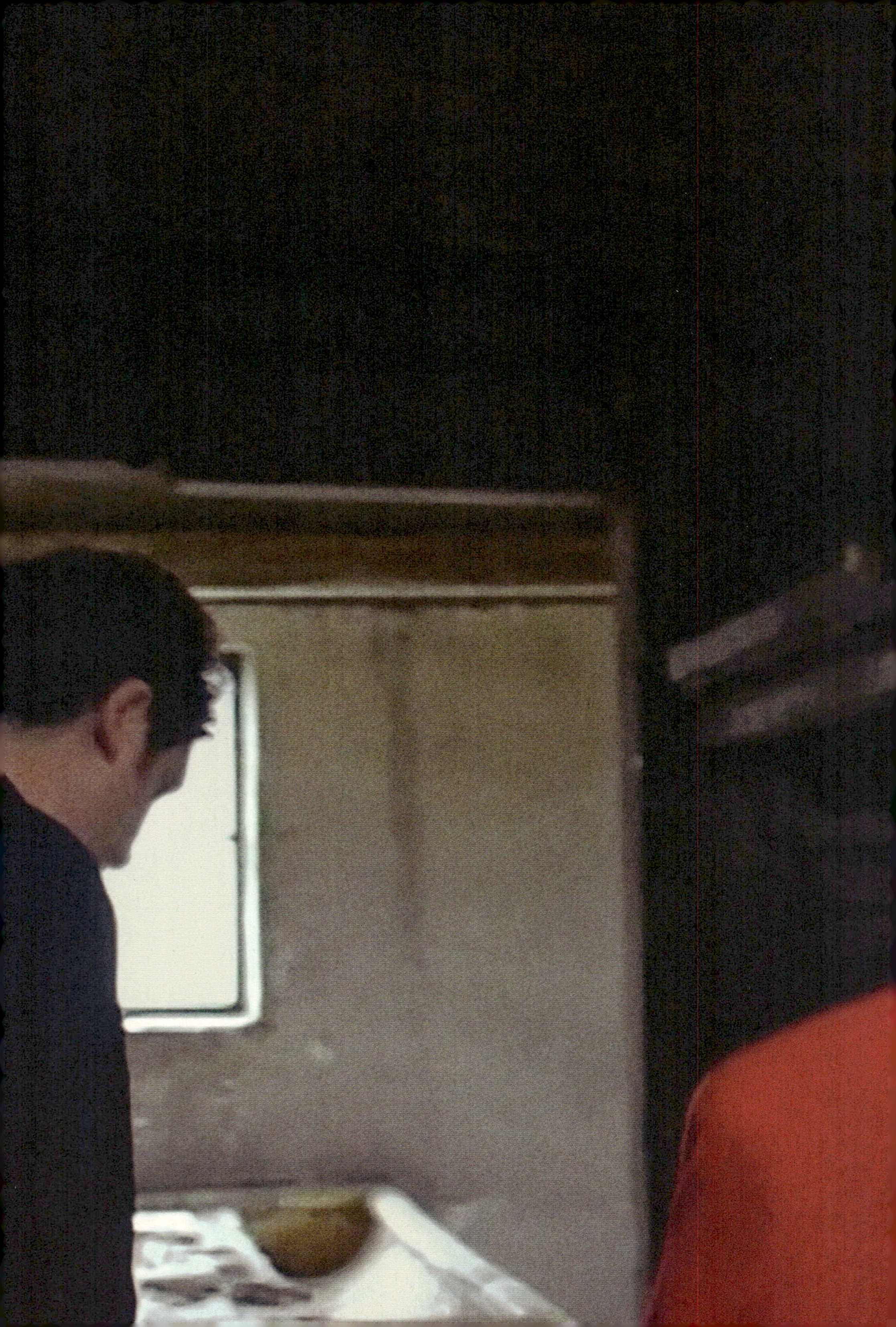

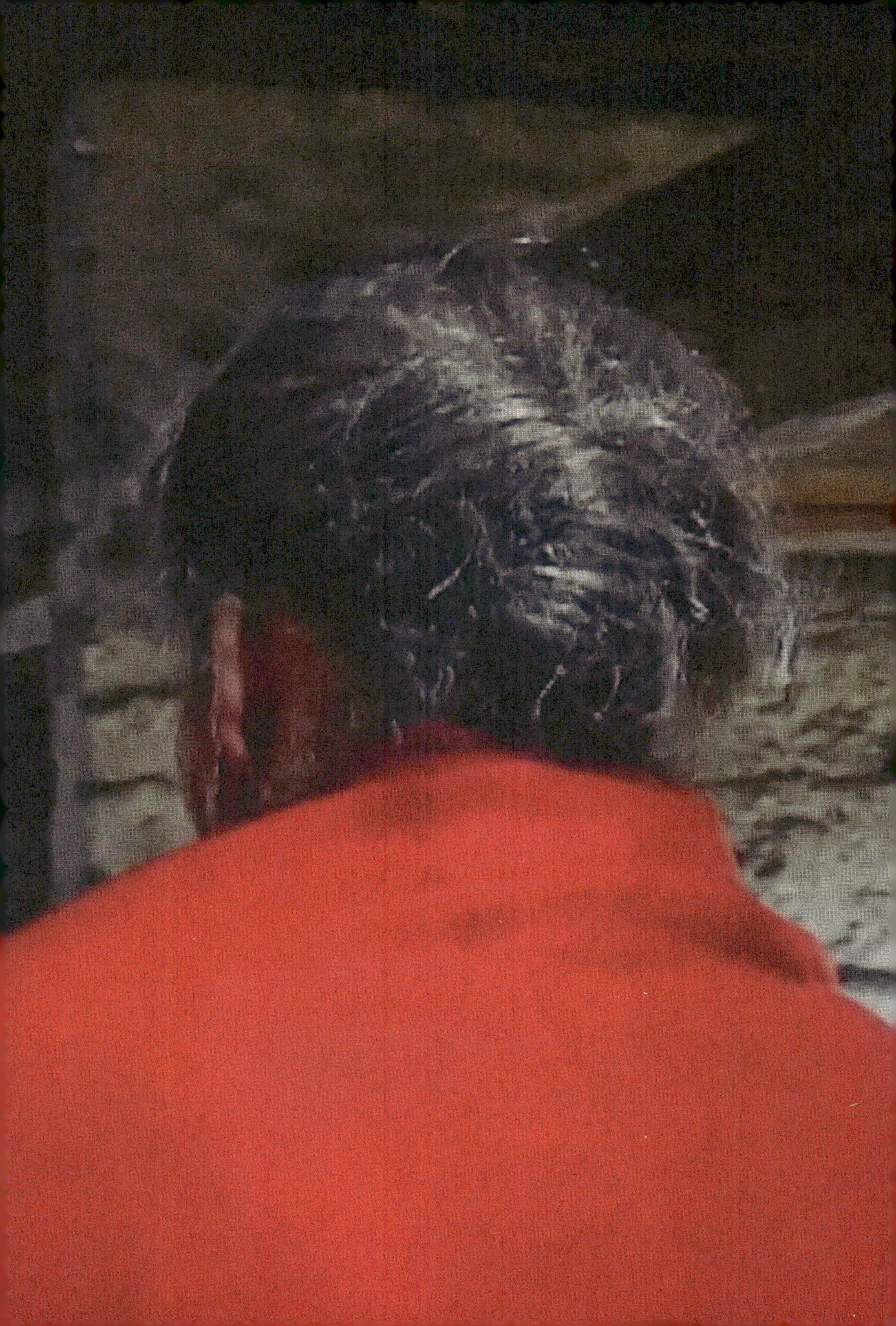

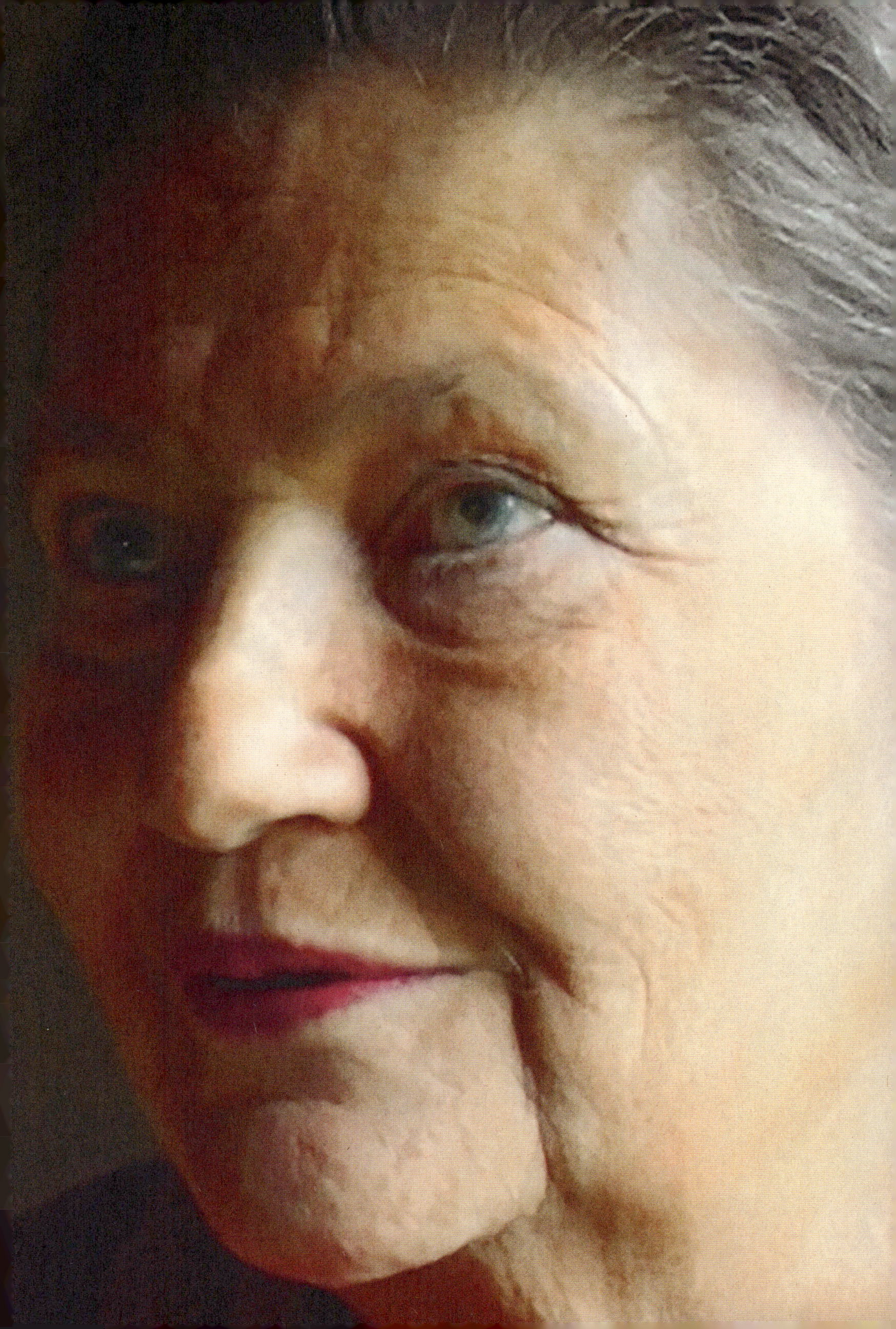

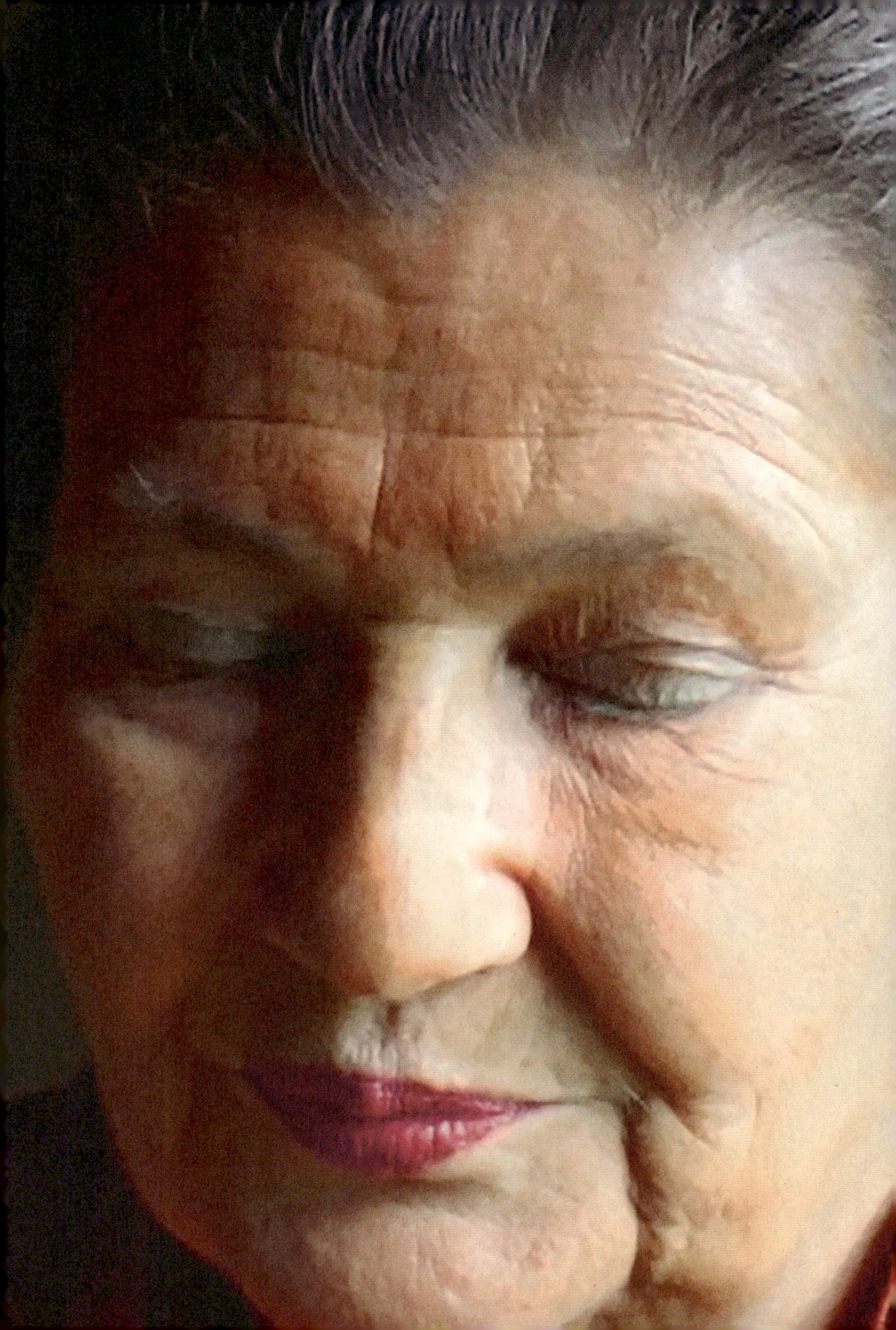

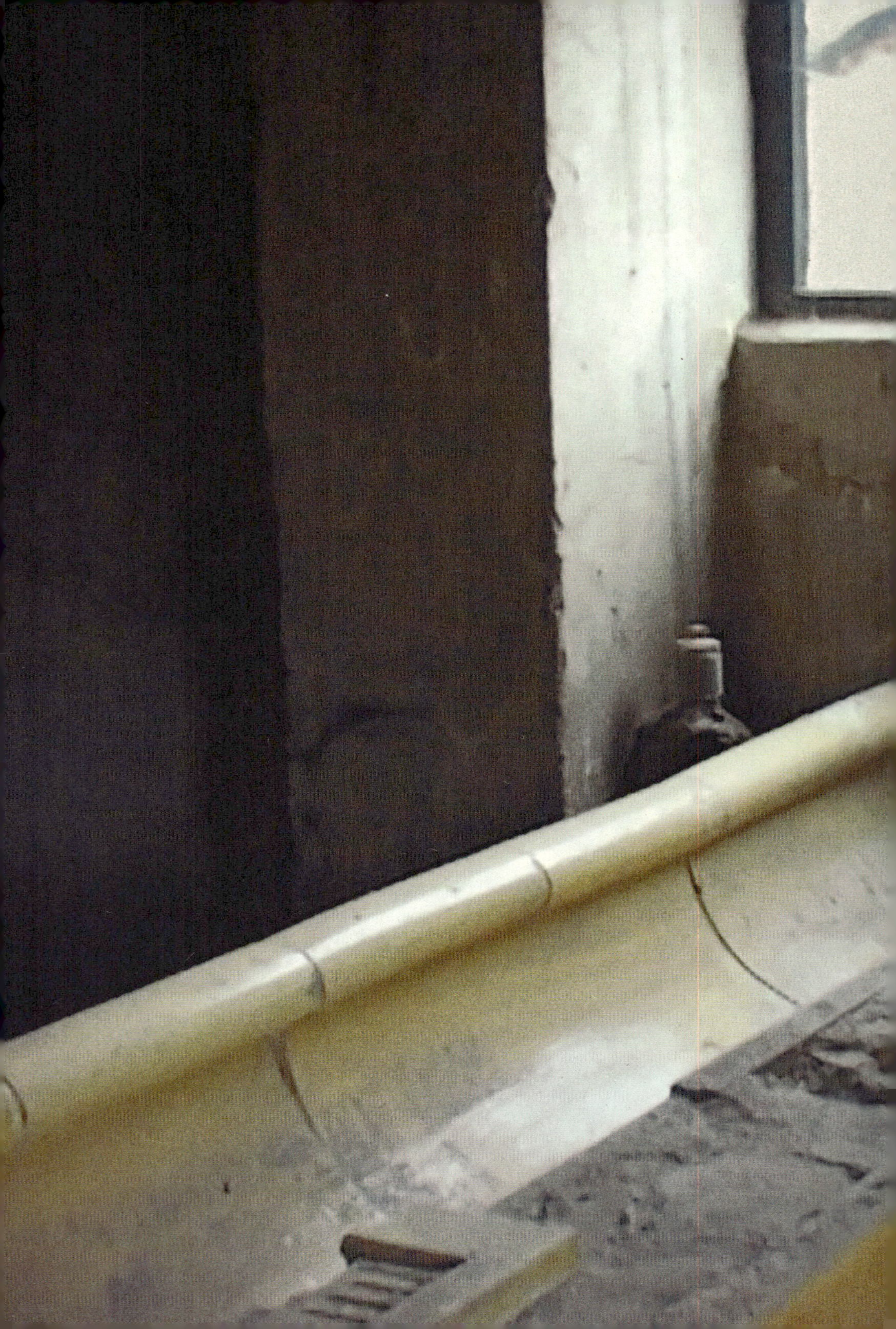

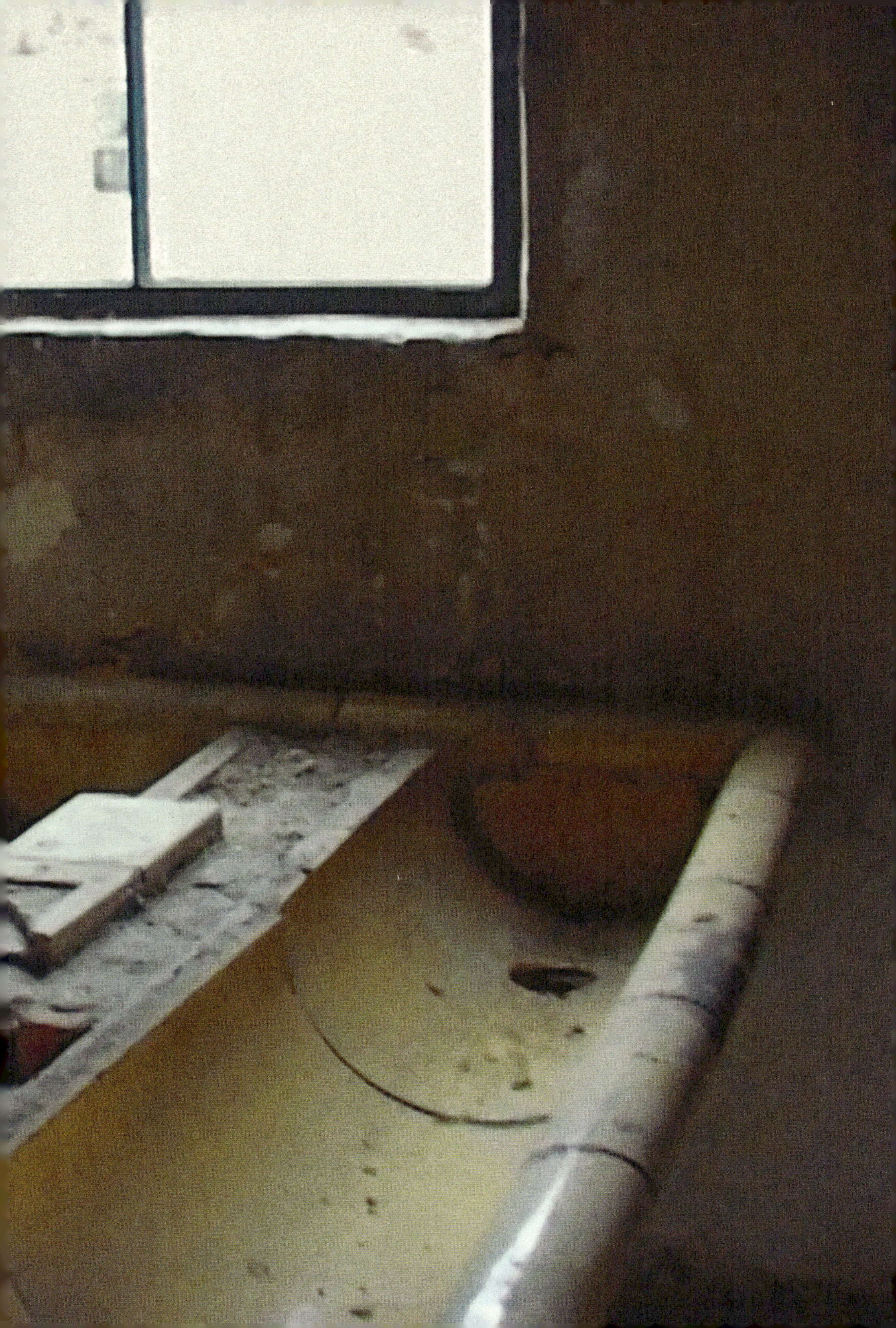

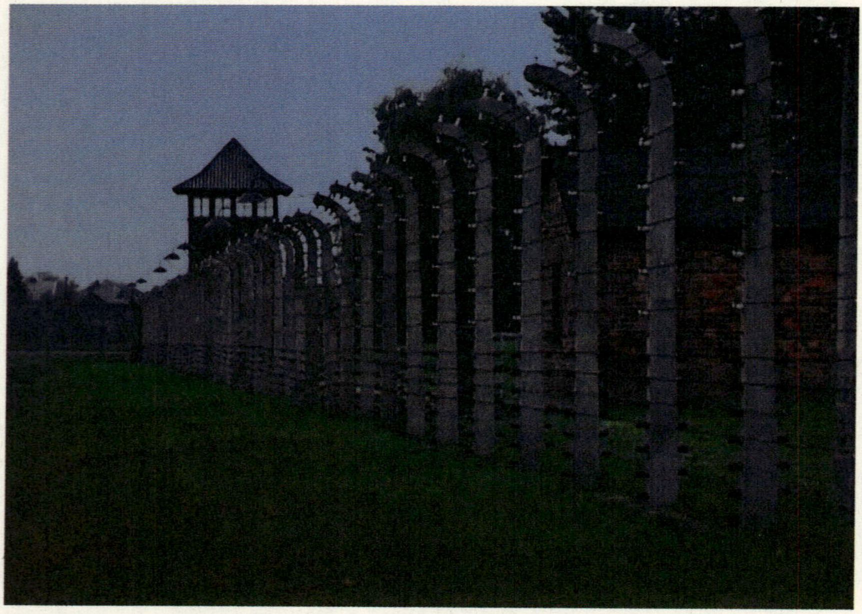

哀 歌

# 比克瑙集中营的黎明

我们一家都是爱国、共和、世俗化的犹太人。父系雅各布（Jacob）家族和母系施泰因梅茨（Steinmetz）家族的好几代人都沿袭着如此家风。

父系家族来自阿尔萨斯和洛林地区。

阿尔萨斯这一支基本都是受过良好教育、家境颇丰的资产阶级，可谓杏林世家。我对这一支的历史知之甚少，只知道它虽属于斯特拉斯堡犹太社区的一部分，但是已有好几代人不再参加宗教活动。这一支的谱系只有一个半世纪。我手上现在仍有两幅这个名为内特（Netter）家族的精美肖像画，它们是家族社会地位的证明。

父系家族的另一支源于洛林地区，更准确地说来自梅斯（Metz）附近。我们对这一支更为熟悉。几年前，我和丈夫及儿子们找到了一位能追溯至1760年或1770年左右家族成员的坟墓。原先犹太社区所居住的村落，如今只剩一位精神矍铄的百岁老人驻守。他守护着这些美丽的古墓。虽然墓园保存完好且维护得当，这个犹太社区的消失还是让我扼腕不已。

父系家族的两支大约从1870年战争[1]，或更早，便逐渐离开了阿尔萨斯和洛林地区。我的祖父从1900年开始在巴黎的一家燃气公司当会计。当时的他应该踌躇满志、抱负满怀。他在巴黎九区的特吕代纳街（Avenue Trudaine）安了家，父亲便是在那里出生的。仿佛命中注定，十年后，我的母亲也出生在这条街上。

对雅各布家族而言，世俗化是几代人奉行的金科玉律。在自己的遗嘱里，祖父明确表示不举行宗教葬礼。我父亲也严格地遵守着世俗化原则，宗教活动从不曾在他的人生中占有一席之地。一天，一位意大利表姐把我带去了犹太教堂，这也是战前我唯一一次走进犹太教堂。我的父亲对此非常不满，要求这位表亲不要再试图影响他的子女。在他的眼里，只有人道主义、道德观念和艺术文学才有价值。

---

1 即普法战争。

在第一次世界大战以前，我的父亲是一名艺术生，专业是建筑学。他曾获得罗马大奖[1]的第二名。在他看来，建筑属于艺术的一部分，所以建筑师也是一个高尚的职业。

在我父母结婚之时，父亲已经完成了他的学业。他在巴黎开始了自己的建筑师生涯。他的大女儿和二女儿也是在巴黎出生的。之后，他接受了一份尼斯的工作邀请。当时，他觉得蓝色海岸地区能让他接触到更多有钱的客户。我的父母肯定犹豫过，毕竟他们两人都生长于巴黎。巴黎的生活是那么幸福美满，使得他们一直念念不忘。在他们口中，除了埃菲尔铁塔，他们喜欢巴黎的一切。在他们看来，埃菲尔铁塔实在是俗不可耐，完全破坏了首都的雅致。可见，他们是不得已才离开巴黎的。这是一次理性的选择，为了职业发展的需要。当时的蓝色海岸风靡全球，云集着来自世界各地的富商巨贾，其中不乏很多来此度假的英国人。

起初，我的父母居住在尼斯一个不错的街区。第一个公寓还有一间漂亮的工作室。好景不长，1929年，经济大萧条突如其来。当时的我只有两岁，并不记得具体发生了什么。可经济危机的影响一直持续了很多年，我的父亲深受其害。随着建筑工地的减少，父亲的收入也锐减。我们不得不换了住所，搬到了俄罗斯教堂所在的街区，那里还保留着不少绿地。新的住处没有电梯和中央供暖，毫不起眼，一楼还是个洗衣房。但是这个街区临近郊区，有着不少种着金合欢花的花园和种植着紫罗兰的花圃，我非常喜欢。我们家的阳台上有着令人心旷神怡的花朵，一抬头就能仰望繁星密布的天空。尽管这间屋子十分普通，用火炉而非中央供暖，浴室也很简陋，但在我看来，这些都不算什么。可是，对我的姐

---

1 罗马大奖（Prix de Rome）为法国国家艺术奖学金，由路易十四于1663年创立。该奖起初共有四个名额，分别授予法国王家绘画和雕塑学院绘画、雕塑、建筑和雕刻四个方面最为杰出的学员。获奖者将前往罗马，接受意大利著名艺术家的指导。获奖者在罗马期间的所有支出，由法国国王负担。1803年起，增加了音乐奖，同时，各艺术种类的获奖名额也增加到两名。第一名仍然可以在罗马留学三年，第二名的居留时间则相对较短。

姐们和母亲而言，她们的生活质量有了明显的下降。虽然妈妈忍着什么都不说，可我依旧能感到她的失落。

母亲家的社会地位不如父亲家那么高。我的外祖父从19世纪末期左右开始经营一爿小小的珠宝店。据说，他曾经把生意做到了俄罗斯，但是并没有因此发家致富，反而还赔了不少钱。外祖父英年早逝。在我的记忆里，外祖母的话题总是围绕着一家皮草店，家里所剩不多的积蓄大概都贡献到那里去了。很明显，我们家的人都没什么经济头脑……家里也没人在商业领域有过什么突出表现。不过，我的外祖父一家非常重视文化，尽管他们的职业不一定和文化相关。

我的妈妈在取得业士学位之后选择了化学专业。她一直遗憾自己未曾有机会外出工作。她是一位典型的家庭妇女，五年内生了四个孩子，一心都扑在孩子身上，对我们极其温柔。尽管我和小名米卢（Milou）的大姐马德莱娜（Madeleine）之间的年龄差距并不大，但是作为家中幼女，我依旧是最受宠的那一个。当我说母亲很"温柔"时，其外延远超该词一般的内涵。妈妈无时无刻不在照顾着身边的人。我从未见过她为自己考虑过分毫。她真是一个不同寻常的女人，总能自发地为她的孩子、朋友、丈夫、身边的人，甚至是陌生人考虑。

20世纪30年代的经济危机影响深远。很多尼斯人的生活因此变得窘迫。我的母亲在慈善事业上花了很多精力。我的同学们经常成群结队地来到我家，享受着妈妈热情的招待和慰藉。妈妈是那么的美丽和善良，让人印象深刻。我依旧记得，1940年，妈妈的一位好友因为癌症去世，那天正好是德国进攻比利时的日子。在这位朋友的丈夫应召入伍期间，妈妈每天都去看望她。她一直都为他人着想，在集中营的时候依旧如此。她昔日的老友也说，从豆蔻年华开始，母亲就一直在为他人奉献。她的这种奉献精神实属少见。

我父亲的性格则截然不同，他更加威严。我一直觉得他对妈妈太过严厉。虽然并不吝啬，但他绝不会像母亲那样对人有求必应。他对母亲的爱是一种占有性、专属性的爱。他似乎总认为母亲花了过多的时间照顾我们，就像我总认为母亲太照顾他一样。这无疑在我俩之间造成了一种紧张的关系。家里其他人好像比我更能接受这一点，而我从很小开始就会因此感到忧伤，甚至是遗憾。当然，这只是我小时候的感受。大家对最小的我总是百依百顺。并不是所有人都像我一样看待父亲。我曾和一位在战前与父亲合作过的设计师重遇。在德军占领法国期间，父亲就曾藏在他的家里。这位设计师一直很喜欢父亲，每次提到他都饱含深情。

父亲有很多被我们称为"教育原则"的规矩。比如，他十分注重我们的餐桌礼仪。我们不能只说"好的"，要说"好的，妈妈"或"好的，爸爸"。不可以未经允许擅自离开座位，也不能迟到。家里的饭点是固定的，不得推迟分毫。座位的顺序也是固定的。整个童年时期，我一直坐在父亲的右手边。我的哥哥坐在他的左手边。而我的两位姐姐则坐在妈妈的左右两边。我一直想坐到妈妈那边去。这虽然看起来是件小事，但是我却一直很在意。我所坐的位置让我一直处在爸爸的监视下。所以，一坐上餐桌，我就会嘟着嘴。

在尼斯的那段日子，每次散步或上学时，我总希望妈妈能牵着我走，长大后依旧如此。这么做仿佛能补偿自己得到没能在家里想要获得的地位。直到十四岁，我还会为此苦恼。那时，爸爸会经常去拉西约塔的工地，只要他一走，我们便会调整座位……能坐在妈妈身边，对我来说，和过节无异。

我依然记得，五岁的时候，我们到巴黎小住了几天，住在姨妈家那栋位于佩雷尔大街（Boulevard Perire）的小洋房。当我和姐姐从集中营回来后，也住在那里。那次，只有妈妈带着我们，爸爸没去。在和叔叔阿姨们一起吃饭的时候，我坚持要坐在妈妈身边。没能达成心愿，我恼怒不已，大吵大闹，大家只好把我关进了地下室。

当1945年我再次回到那间地下室时，童年往事仍历历在目。那时，妈妈就是我的全部。晚上，她要是不来亲亲我，我就会哭闹不止。回想起来，母亲的善良和奉献精神是那么难能可贵。她总是不遗余力地为他人着想,从不考虑自己,哪怕在集中营期间依旧如此。

她和我的父亲过得幸福吗?我想是的。不过,在她心里,孩子是最重要的,永远排在第一位。与妻子的身份相比,她更看重母亲这一天职。当一个家里有四个年纪相仿的孩子时,生活可称不上简单,可妈妈很好地完成了她的职责。不过,在做良母的同时,她也尽力当一位贤妻。当时,我们三姐妹共用一个房间,父母的房间在隔壁。我们家晚饭吃的比较早,饭后,孩子们会先学习,之后就准备睡觉。我们总是想方设法地让妈妈多陪我们一会儿。每隔几分钟,我们都会听到爸爸在那问:"伊冯娜(Yvonne),你还不睡吗?"我们立刻就会替她回答:"不不不,还不困!"简而言之,这就是场争夺妈妈的拉锯战。这种争风吃醋有时还会波及家里的其他亲戚好友。就连姨妈也不例外。虽然我很爱姨妈,但在我眼里,她也占据了妈妈太多的时间。她们两姐妹每天都会写信。我仿佛又看到了放在橱柜上方的蓝色纸盒,那个老佛爷商店的包装盒里装满了姨妈寄来的信件。妈妈和姨妈真是姐妹情深,她们之间的羁绊恐怕远胜于她们与外祖母之间的感情。

我的父母是在哪里认识的?我也不是很确定。可以肯定的是,他们相识于第一次世界大战刚刚结束的时候。我的父亲当时还是一名艺术生。人们都说,1914—1918年的监禁生涯完全改变了他的性格。战争将一个满脑子奇思妙想的年轻人变成了一个十分阴郁的人。内特家族和施泰因梅茨家族应该是通过我那位当医生的姨父结识的。

这些来自阿尔萨斯地区的犹太人家族归化程度很深,法国人和共和人士是他们最为认同的身份。这些家族一直深受德雷福斯事件[1]的影响。我父母那辈的种族和文化身份已经相当模糊。我们这一辈更是在世俗化

---

1 德雷福斯(Alfred Dreyfus,1859—1935)出生于阿尔萨斯犹太商人家庭,在法国总参谋部任上尉军官。1894年,德雷福斯被诬陷犯有叛国罪,他被判处无期徒刑,革除军职,终身流放到大西洋中的"魔鬼岛"。法国右翼势力乘机掀起反犹浪潮。此后不久,该事件便真相大白,但法国政府坚持不愿承认错误。直至1906年德雷福斯才被改判无罪。

的氛围中长大,读的也是公立中学。我们三姐妹虽然都曾是童子军,但是并没有去那些只收犹太教徒的童子军营,而是去的那些不分种族的世俗化童子军协会。

尽管我父母那辈的犹太人并不禁止跨种族通婚,但是跨种族婚姻的数量依旧很少。这也是个阶级问题。我父母的交际圈里包含了所有种族和宗教的人士。我妈妈最好的闺蜜便是一名虔诚的天主教徒,她们肯定讨论过彼此的宗教信仰。不过,我的父母也有相当数量的犹太朋友。我认为,他们对社会的一些问题肯定有着相同的看法。对于法国犹太人来说,德雷福斯事件影响深远。一部分法国人为了中尉的释放而积极奔走呼告。经过长时间的犹豫之后,社会舆论也开始一边倒地倾向德雷福斯。民主和正义都认定他是排犹主义的受害者。这个事件虽然非常重要,但是也并未能阻止我的父亲阅读右派作者的文章。

父亲对跨种族婚姻没有什么成见。有一天我问他:"要是我和一个非犹太人结婚,你会不会不高兴?"当时我心里可能确实有个人选,不过现在已经不记得是谁了,反正我就是想知道他对这件事的看法。那应该是1943年,正值德军占领时期。父亲是这么回复我的:"不会!婚姻是个人的抉择,我绝不会试图影响你的决定。但是,我自己是不会和一个非犹太人或非贵族结婚的。"看着我惊讶的样子,他接着说:"对我来说,文化和教养是婚姻的基础。犹太家庭或是贵族家庭里多少都会有家传的古籍。"他认为,书与文化的习得、沉淀和传承相关,这些至关重要;而婚姻无关金钱或地位,是一个文化问题。

至于青少年该读什么书,父亲则对当时的世俗之见不以为然。他个人完全无法接受"报刊文学"或"通俗小说"。这类书一般都从英语译来,如罗莎蒙德·莱曼[1](Rosamond Lehmann)的作品。他十分推崇名家经典。

---

[1] 罗莎蒙德·莱曼(1901—1990),英国作家,作品大多为女性情感故事,擅长描写青春期少女向成年转变时期的内心活动。

送我的十四岁生日礼物便是蒙泰朗[1]（Montherlant）和托尔斯泰（Tolstoï）的书。在他看来，只要一本书写得好，青少年就可以读。这些书让年少单纯、涉世未深的我大开眼界。要知道，在那个既没有收音机也没有电视的年代，书籍极为重要。

我父亲还立了条规矩：绝不在孩子面前谈政治和钱。所以，在家里，我们只能借古论今。我们经常谈起"一战"，却对现实闭口不谈，哪怕在人民阵线组织大罢工[2]时依然如此。当时，我正在读六年级还是七年级。一些学生，尽管年纪不大，却会因为党派之争而发生争执。那时，所有的人都喜欢讨论政治，比今天的人热衷得多。很多人还会戴上某一党派的徽章。在一个童子军队友家里的墙上，我甚至看到了拉罗克上尉（Colonnel La Rocque）的照片。他是反对议会制且具有极右主义倾向的"火焰十字"（Croix de Feu）运动的领袖。反正，我们家的原则就是不谈政治。这点因为父母双方的政治分歧而更加明确。爸爸读的是偏右派的尼斯地方报纸《侦察报》（L'Éclaireur）。要是爸爸不在家，妈妈就会买《小尼斯人报》（Le Petit Niçois）或另外一些左派的周刊，比如《光明周刊》（La Lumière）或《劳动周刊》（L'Œuvre）。我母亲一家，无论是叔叔还是阿姨们都很热衷于政治，且明显倾向左派。和他们在一起的时候，我们经常谈论西班牙战争。

家里人对国际政治的看法大相径庭。虽然大家都在担心新的世界大战，一些人认为，从1933年德国重新开始进行军备和占领鲁尔（Ruhr）的时候，人们就应该采取措施，而另一些人则认为，不到最后一刻都应遵守《慕尼黑协定》，坚持谈判。1938年，该协定认可了德国对捷克斯洛伐克的占领。

---

1　亨利·蒙泰朗（1895—1972），法国小说家、戏剧家、散文家。他的小说、戏剧和散文都取得了较高的成就。1962年当选为法兰西学院院士。
2　1935年7月14日，法国社会党、法国激进社会党、法国共产党和各大工会组织全国规模的反法西斯示威，并决定起草统一左翼各党派行动的共同纲领，建立人民阵线。

一直以来，妈妈都持有一种与众不同的观点。她总是谈起阿里斯蒂德·白里安[1]（Aristide Briand）和古斯塔夫·斯特莱斯曼[2]（Gustav Stresemann）。这两位曾极力拉近法国与德国的关系。唉！这个在20世纪20年代看起来颇为大胆的观点，随着希特勒的上台变成了明日黄花。至于我的父亲，他一贯痛恨德国人。他时常会在餐后说："德国鬼子永远都不会有此等佳肴！"

我还记得小时候遭遇的一次排犹事件。事情发生在1930年左右，那时我刚五岁。在幼儿园里，我和小伙伴们都待在"幼儿区"里，一些年长的孩子偶尔也会跑到我们这边来玩。我还记得园里那些我们经常攀爬的、高高的紫藤。一天，一个同学突然毫无来由地对着我说："你这个可怜的犹太人！你妈妈会下地狱的！"我完全不明白她为什么会这么说。我哭着跑回了家，但家里人略过了此事。这样的话语居然出自一个小女生之口，排犹主义在一些家庭中的影响力可见一斑。幸运的是，这并不是中学的主旋律。在学校里，老师们教授的都是世俗和共和的理念，对排犹主义并不买账。后来，随着战前"人民联盟"[3]（Ligue Populaire）和"人民阵线"[4]（Front Populaire）的相继兴起，排犹主义言论开始喧嚣尘上。但是，当时的我对此一无所知。尼斯当时的情况并没有那么紧张，一些阶层对法西斯主义也有着一定程度的容忍度。这源自他们对意大利一贯的优越感。

随后，纳粹开始兴起。我的父亲是那么爱国，那么痛恨德国人，让人很难想象他究竟是怎么看待纳粹的。德国得以重新恢复军备让他极为愤慨。无论采用什么体制，德国的力量始终是个威胁。他对他们的称呼不是"德国人"，而是"德国鬼子"。他既不相信纳粹也不相信魏玛政府，

---

[1] 阿里斯蒂德·白里安（1862—1932），法兰西第三共和国时期政治家、外交家。
[2] 古斯塔夫·斯特莱斯曼（1862—1932），德国魏玛共和国时期总理和外交部部长。与白里安一起促成了《洛迦诺公约》的签署，两人因此共同获得了诺贝尔和平奖。
[3] "人民联盟"又称"极右联盟"，为20世纪20—30年代法国几个极右组织联盟，这些组织大多是民粹主义的拥趸，主张排犹主义，对抗德国。
[4] "人民阵线"则为左派联盟，曾于1936—1938年执掌法国政权。

在他看来，他们都是一丘之貉，纳粹并没有什么特殊之处。

在拉西约塔度假的时候，我的父母结识了刚从德国回来的年轻哲学家雷蒙·阿隆（Raymond Aron），他告诫他们要警惕纳粹。在这次相遇之后不久，大批德国和奥地利难民涌向尼斯。我们家也因此认识了弗洛伊德的儿子奥利弗，我们几个还与弗洛伊德的孙女埃娃·弗洛伊德（Eva Freud）成了好友。我们不仅在一起上课，还一起参加了童子军。他们的遭遇骇人听闻，令人难以置信。焦虑开始发酵。

可谁会想到法国也面临着同样的威胁？

1939年9月法国对德宣战以后，我们选择待在尼斯。爸爸已过了征兵的年纪，妈妈则一如既往地找机会让自己发光发热。在很多教师都离开了本地的情况下，她自愿去义教。那时，她还照顾着一位罹患癌症的朋友。

从入秋开始，一切都笼罩在一种诡谲的氛围中。大家很快也意识到了这点。战事拖沓，毫无动员。这种异常的状态一直持续到第二年春天。一入5月和6月，战况急转直下。1940年6月10日，墨索里尼向法国宣战。父亲不想住在一个与敌国毗邻的城市，一想到自己可能会住在沦陷区，他便无法忍受。

6月17日，爸爸将我们送上了去图卢兹的列车。我们将与应征到战区医院工作的姨妈和姨父会合。不过，我们只在那待了几天，因为他们很快便被征调到波尔多。整个1940年6月，计划都赶不上变化。在听了戴高乐将军的电台演讲之后，姨妈和姨父决定前往伦敦。爸爸只好将我们带回了尼斯，妈妈没有陪我们一起回去，旅程十分颠簸。不过，我们最终全须全尾地回到了家。1940年的夏天是个不平凡的夏天。但是谁又能料到事情后来的发展呢？

我眼见父亲日益焦虑，近乎绝望。在他看来，战败是极大的羞辱。他仍以"一战"老兵的思维思考问题，对即将到来的灾难丝毫未觉。他那时总说："现在贝当掌权了，他不会任他们胡作非为。他一定会保护法国和人民。"大部分法国人也坚信着这一点。在很多人眼中，贝当和戴高乐这对"攻防组合"一里一外地守护着法国，分工明确，珠联璧合。幻想很快破灭。我们被强制贴上犹太人的标签。爸爸身上爱国主义者的屈辱感也换成了极致的伤感。无法从事所爱职业的他觉得自己被祖国抛弃了。家里的经济状况变得更加严峻。实际上，战争开始以前，情况已不容乐观，我们一家的生活早已捉襟见肘，只能节衣缩食。20世纪30年代末，爸爸在拉西约塔上做了最后一个项目。那是一间小别墅，样式简朴，与20年代的浮华大相径庭。这个工程的收益帮我们熬过了战争岁月。然而，这仅仅只是开端。父亲完全不曾想到事情还能变得更糟。

  1941年12月，父亲的兄弟在第一次巴黎犹太人大围捕行动中被抓。这次围捕抓了大量的医生、律师和高官。父亲的这位兄弟毕业于中央理工，是一名工程师，曾在"一战"中以军官的身份为国效力。他的情况和我父亲极为相似。他被关在贡比涅（Compiègne）。后来，他因为身体情况太差而被释放，也因此躲过了被关进集中营的命运。在听闻自己兄弟被抓之后，我的父亲是这么说的："这肯定是德国鬼子干的！法国人绝不会这么做的。"他坚信，对犹太人的抓捕只可能发生在占领区。他未曾料到，同样的事情也在解放区发生。维希政府非但没有制止，反而允许法国警察也参与其中。

  家里没钱了。

  大家眼睁睁地看着罗网收紧，甚至还曾一起讨论这个问题。可当时的我能提出什么建议？我们当时最想要的便是安心。时至今日，我仍在想，为什么我的父母和其他那么多人都对这近在咫尺的危险如此掉以轻心。我试图理解他们的轻率。窘迫的经济状况恐怕是一个很重要的原因。

  在被意大利统治的三年中，尼斯的犹太人并没有感受到特别大的威胁。父母的很多朋友其实都曾有机会逃到农村或是山里，但大部分人都没这么做。吊诡的是，有那么多的先兆摆在人们眼前。从1935年开始，我们就看到了大批的德国难民，随后，奥地利难民也接踵而至。这些人大多生活优渥，却在1935年抛弃了一切，离家去国。这些曾经的自由职业者、富商和学者为生计所迫,来到尼斯之后,什么活都肯干。对他们而言,我们已然是某种意义上的命运共同体。可我们却并不能完全理解他们的经历,一切都像天方夜谭。他们当时已经谈到了集中营,甚至提到一些家庭收到的骨灰盒……

我们对这些可怕的经历将信将疑。不过,可以肯定的是,他们被驱逐了,处境凄惨。

到了1941年,逃到尼斯的不再是德国的难民,而是波兰和捷克人。妈妈暗中帮助了好几个难民。他们一无所有。虽然我家并不宽敞,我们仍在家中藏匿了好几个人。我们完全没有意识到自己其实和他们一样。自诩身为法国人的我们坚信自己仍处于庇护之下。

时至今日,我仍诧异于我们当时对这些难民见证的忽视,诧异于我们在仍有机会、本应逃离之时的不作为。大量证据表明,当时的我们大多心存侥幸,缺乏危机意识。这种侥幸心理持续了很长一段时间。在被送往集中营的途中,不少人都曾有机会逃离,总的来说,这种机会并不少见,但是很少有人真的这么去做。这并不仅仅是因为那些留在车厢内人们的质问:"你们要是走了,我们怎么办?"

不。真正的原因在于,我们觉得事情不可能更糟,哪怕已经身处绝境,依旧心存侥幸。

从1943年9月意大利签署了停战协议撤出尼斯之后，情况急转直下。取而代之的德国人彻底打乱了我们的生活。在德国军队进驻以前，盖世太保们便已占领了市中心的怡东酒店（hôtel Excelsior）。对犹太人的围捕正式拉开序幕。他们要求我们在身份证件加上字母J[1]，以示区别。

　　我很快便察觉这是一个新的威胁，不想让家人前往警察局报到。可最后，全家还是都去了。我姐姐丹尼丝认为，若是我们不去，便是对自我身份的否定。

　　我的父母也持同样的观点："我们应该遵纪守法。倘若不然，便给了他们抓我们的理由。"这无疑是德国和法国政府共同精心谋划的陷阱。面对强权重压，犹太家庭逐一自投罗网。父亲和我不是没讨论过这个可能性，但是还能怎么办？我们没钱了。留在尼斯，至少我们还认识一些能保护我们的人。匆忙逃亡并不比留守更安全，只会更危险。

　　丹尼丝和我有两个很要好的朋友，她们家经营着我们中学对面的那家药房。1943年9月，意大利军队撤出不久，她们一家就都被抓走了。这是我身边发生的第一例抓捕。大家都瞠目结舌。当时，我的姐姐丹尼丝和小名米卢的马德莱娜正在童子军营。爸爸赶紧通知了她们，让她们千万别回尼斯。二姐丹尼丝很快就加入了里昂的抵抗运动阵营（Franc-Tireur）。而大姐米卢则不顾一切地回到了我们身边，因为家里还要靠她赚钱补贴家用。我的哥哥让走遍了尼斯的周边，试图找到一个藏身之所。他只身步行深入内地，直达古尔美特地区[2]（Courmettes）。那是一片植被茂盛的山区，我们的童子军营便驻扎于此。在那里受到冷遇的他，觉得该处不宜久留，于是也回了家。危险进一步逼近。我所在中学的校长把正在读高三的我叫了过去。她说，有两个犹太女学生被抓了，若是盖世太保或党卫军要抓我，她也无能为力，让我最好待在家里。

---

1　J是法语单词Juif（即犹太人）的首字母。
2　古尔美特位于尼斯北部的山区地带，离尼斯市大约一小时车程。

要知道,这是一所一向秉承共和精神的中学,童子军营和其他一些我们在战前去过的地方也本是如此。虽然人们的立场开始动摇,极端状况倒未出现。我们学校从小学到高中的历史课一直用的是马莱(Malet)和伊萨克(Issac)主编的教材。在这套教材里,所有的历史事件均通过共和精神来阐释解读。1789年的法国大革命,连同期间发生的恐怖流血事件都得到了这两位历史学家高度赞扬:毕竟,大革命是法国进入现代的标志。他们对法国的辉煌也不吝赞美。不过,在对待巴黎公社的这一问题上,马莱和伊萨克的态度就暧昧得多。在尼斯阿尔贝-卡尔梅特(Albert-Calmette)中学里,大家都是熟人。我们三姐妹都不算出类拔萃的学生,但是校园氛围向来都宽容友好。我从幼儿园开始,一直到高中都在这所学校就读。所以,当校长告诉我,三个月后我就不能再去学校的时候,我的难过可想而知。这不像是会在我们学校发生的事情。不过,我们班的同学,这些同学我从集中营回来之后还见过,会帮我把作业交给老师,老师也依旧会批改。所以,在我看来,学校对犹太人还算是友好的。

这是1943年11月发生的事情。妈妈比爸爸更为焦虑,至少,她表现得要焦虑得多。妈妈在1943年春天做了一次大手术,术后恢复的情况不是很好。日常生活变得极为复杂。父母只得替全家弄了套假的身份。我不再去学校,而是用雅基耶(Jacquier)这个假名办的证件去市图书馆学习。在妈妈的请求下,学校的老师给我们兄妹几个提供了庇护之所。姐姐去了她化学老师家,我则去了古代文学老师德·维勒鲁瓦(de Villeroy)女士家。

维勒鲁瓦家是一个传统、略显古怪的家庭,住在西米耶(Cimiez)街区的一栋漂亮房屋内。他们让我和十四岁的小女儿布丽吉特住一个房间。到了1943年,我们家已经落魄到既没有正经住所也没有钱。维勒鲁瓦一家负担了我所有的支出。他们从未收过我父母一分一毫。

危险继续升级。所有人都察觉到了这点。当我拿着写有自己真正姓氏雅各布的证件去参加高中毕业会考时,是冒了极大风险的。因为考试前一天的晚上，我还是带着假证件出的门。大部分时间，我都尽量避免外出，将自己的活动范围局限在维勒鲁瓦家的房屋和花园内。即便如此，依旧危机四伏。那些住在宽大、舒适、便利房子里的人们很可能会怀疑我的身份，好奇我怎么会住在这里，为什么会每天早上一边照看小孩，一边复习备考。

至于考试，当我得知考试是由法国老师组织的时候，我便放了心，好像这样就足够安全似的。其实，我一贯是个对危险极为敏感的人。我们家在1941年收留的那些难民已经全部被抓。可即便我想离开尼斯，也绝不会一个人走。我们一家的口头禅是："只要我们能在一起，其他都不重要。"

人们被抓的概率取决于很多因素。外来人口无疑是概率最大的。只需翻翻当年被抓捕的人员名单便可以发现，三分之二都是外国人，法国人只占三分之一。这些外国人，尤其是新来的那些，缺少人脉。语言和口音、经济问题、对法国缺乏了解都是摆在他们眼前的问题。仍有一些人冒着极大的风险就地躲藏。阿尔伯特·格伦贝格（Albert Grunberg）在《占领时期的巴黎：一位犹太理发师的日记》（*Journal d'un Coiffeur juif à Paris sous l'Occupation*）一书中说他在自己家的阁楼上住了两年，而他的邻居们，甚至整个街区的人都心照不宣。他可真是福星高照。

从心理上来说，每个人的危机意识都是不同的。很多留在巴黎按要求佩戴黄色五角星的犹太人认为，只要按章办事就能避免被处决的命运。当他们被抓之后，虽然满心困惑，但往往也只觉命该如此。

大多数人觉得一切都是命中注定。很多及时采取了措施的人也并没能躲过一劫。在尼斯，一些犹太人早在意大利占领时就躲进了山里。举个例子，韦叙比河圣马丁镇（Saint-Martin-Vésubie）就曾有不少避难所。而德国人竟然跑到了山上，把上面避难的人都抓了起来。相反，一些在整个占领时期都佩戴了黄色五角星的犹太人却并没有被抓。

当家里人通过一些我不知道的途径拿到雅基耶这个假名所做的证件时，大家都觉得有了保障。不过，我们依然没想着要离开。首先，去哪儿？其次，这么一大家子人背井离乡怎么生活？更别提路上的风险。当得知姨妈和姨父已经平安到达瑞士的时候，我们都松了口气。他们在那里有亲戚照应。要是我们一家也这么跑去，没证件、没人脉、没钱的我们，最后的结局恐怕也是被驱逐出境。

经济问题并不是唯一的障碍。金钱也不是万能的。一些家财万贯的名门大户也照样被抓捕和关押。

卡蒙多（Camondo）家族就是一个很好的例子。我们班的一位同学就是卡蒙多家族的近亲。她当时躲在冈城（Caen），那儿的情况并不比尼斯好多少。她躲过了一劫，而她的父母却因犹太人的身份被关进了贝尔根·贝尔森（Bergen-Belsen）集中营[1]。虽然年迈，两位老人却幸运地从集中营活着回来了。

他们的表亲卡蒙多家族全部被关进了集中营。

---

[1] 贝尔根·贝尔森集中营为纳粹德国集中营，位于德国北部城市策勒附近的贝尔根和贝尔森两村南部。

1944年高中毕业会考的时间很早，3月末就开始考了。为什么这么早？大概因为贝当政府担心盟军会在地中海附近登陆。在尼斯，人们加强了海防，并希望把年轻人都撤出城市。将考试日期提前，就能引导当地家庭和年轻人在夏天到来之前离开城市。当年取消了口试，直接进行笔试。考试的前几个月，除了课本，我连张报纸都没有看，认真地备考到考试前夜。可我依旧对哲学这一科没有把握，甚至觉得连题目都读不懂。自学这门课，然后在考试的时候独立撰写一篇作文，实在不是件易事。我在哲学这科上的差距始终没能补上。奇怪的是，我对其他科目的考试情况一点印象都没有了，连考试的地点和题目都记不起来。

　　对于考试结束第二天的事情，我则记忆犹新。那天早上，我带着照看的小孩待在院子里。中午，我和同学约在乔治-克列孟梭街（Georges-Clemenceau）见面。我们只是想简单地庆祝一下考试结束。那天晴空万里，我们在街上走着……突然，两个穿着便衣的德国警察让我们出示证件，他们旁边跟着一位为盖世太保工作的俄罗斯女人。我的朋友们出示了证件，都没什么问题。可当我拿出证件的时候，那两个德国人立马说我的证件是假的。我据理力争，但是他们根本置之不理，直接把我带到怡东酒店。那里是盖世太保的据点之一。他们还逮捕了我另外两名同学。

　　当我们在怡东酒店时，在我的记忆中，三人都被关在同一房间受审。我依稀还记得，审讯是从我开始的。时间并不是很长。我一直在说"不，并不是这样的。这是我的名字，我就是在那儿出生的"之类的话。为了打乱我的心绪，他们将一打带有和我证件上同样绿色签章的空白证件摆在我眼前。他们是刚好查到了这样一批证件，还是说这些都是他们自己做的，就是为了给我们下套？我没法做出判断。

　　但是，我明白了一点：我们一家的证件都是假的。接下来，我犯了一个致命的错误。我让一个即将被释放的非犹太裔同学给收留我的家庭报信，让他们提醒我的家人们。巧的是，当天，我的哥哥让错过了和妈妈的约会，为了找对方，他们都到维勒鲁瓦家去了。这是从未有过的事情。而我的姐姐米卢当时也住在同一栋楼的另一层。真是造化弄人。因为哥哥的失约，妈妈到维勒鲁瓦家来看姐姐，而哥哥为了找她们，也跑到了维勒鲁瓦家。我万万没有想到他们三个会在一起。报信的同学被盖世太保尾随了。

就这样，当晚，我们一家都被捕了。我只想到了假证的危险，根本没想过全家会因此被捕。很久以后，有人对我说："一定是那两个男孩合伙出卖了你们。"说实话，我真的不知道是怎么回事。战后，我还见过他们中的一个。他们并不知道我姐姐当时也在那栋楼里。

那天，我本来还约了一个发小。她的祖父母也在同一天被抓。本来，我是准备和同学见完面之后去找她的。她看我一直没来，便知大事不妙，警觉地回了家，躲过了检查。带着假证件出门肯定是有风险的，所以我们会非常注意时间，避免因为等人在公共场合逗留太久。我实在是太大意了。

看着一家人都被带到了怡东酒店，我深感绝望。可当妈妈找到我时，她几乎松了一口气。她最害怕的是骨肉分离。然而，前途渺渺，人心惶惶。我们只能自我安慰，最坏的不一定会落到我们头上，并以此相互慰藉。若是真的理性地看待当时的状况，怕是只能陷入绝望的深渊。人必须有所期待。就是身处奥斯维辛-比克瑙之时，在理性之外，我们依旧有着某种信念。用理性去思考自己会有去无回没有任何意义，不如相信仍有一线生机。

怡东酒店当时已人满为患，极为脏乱。看着一车车从尼斯的街道上或是从家中被抓来的人，我们知道，开始收网了。悲剧即将拉开帷幕。虽无法言传，可大家都能感觉到。纳粹告诉我们，我们将被运往德朗西（Drancy）集中营[1]。没人想到，那里竟不是终点。未来要一点点揭开自己的面纱。直到我们到达德朗西，才知道等待我们的究竟是什么。

---

1 德朗西集中营位于巴黎东北郊，是一个转运营。1942年至1944年间，纳粹将关押在德朗西集中营的七万多名犹太人，分七十六批次，用专用列车押送到奥斯维辛等集中营。最后，仅有两千五百人返回法国。

与此同时，所有关在这个酒店的人都感到自己已经与世隔绝。我反复在想，我本该做什么？当时应该怎么做才能避免自己的妈妈和哥哥姐姐被抓？可是，我怎么可能会不想方设法地去通知他们呢？我掉进了圈套，再加上造化弄人。直到现在我依旧背负着这种负罪感。

被整体征用的怡东酒店本是尼斯火车站附近的一家中档酒店。我们都睡在直接铺在地板上的床垫上。以这个酒店的规模，几个持械的士兵足以把守。出人意料的是，那里供应的饭菜还算不错，甚至比我们在外面吃的还要好。我还记得，当时有个阿尔萨斯出身的纳粹党卫兵还曾暗地里安慰我们，尽力为我们改善日常生活。可我们只在那里待了四五天。

纳粹给了我们写信的机会，甚至鼓励我们写信。大多数人都会让人寄来衣物、洗漱用品、箱子和被子等。妈妈当时已经开始写信，而我们几个小孩则"拦截"了这封她写给朋友的求助信。

实际上，这都是德国人精心策划的阴谋。一方面，为了安抚人心，盖世太保们让我们以为可以和家人们待在一起，甚至还能不失体面地活着。另一方面，这样能让他们最大限度地搜刮民脂民膏。要知道，那些寄给关押在集中营犯人们的包裹全都被他们没收了。德朗西和奥斯维辛的仓库都被寄来的东西塞得满满当当。这都是战争时期宝贵的军需物资，后来全都分给了德国人。衣服里往往还夹着金银细软。这些东西一寄到便被德国人收走、挑选、使用、分发，那可是笔巨大的财富。

1944年4月6日，我们被押上了开往德朗西的火车。登车之前，纳粹警告我们："要是你们中有一个人逃跑，整个车厢都要陪葬……"我的哥哥让曾说："要是只涉及自身，我愿意承担一切后果。但是我不能让其他人挨子弹或受到一丁点儿伤害。"在押解过程中，他没有试着逃跑。很多年轻人都和他一样。现在，我们都知道，在押解过程中确实有人逃跑，而这并不一定就会带来血腥的报复，剩下的人只会被更加严厉地看管。不过，纳粹或魏玛政府士兵的威胁足以让人望而却步。后来有人给我讲了一个悲伤的故事。在1944年7月最后几趟发往集中营的列车上，那时，中途逃跑的人已经越来越多，一个年轻人在父母的诅咒声中逃跑了。他的父母则因为担心连累他人而留在了火车上。可见，这种要挟非常有效。这是我们最后一段在常规列车上的旅程，从德朗西到奥斯维辛的道路更加艰难。

我们一家四口，我、妈妈、哥哥让和姐姐米卢，是一起到的德朗西。我们只在那里待了几天。在前往奥斯维辛的前一夜，哥哥和我们分开了。他打听到，年满十六岁的男子可以选择留下。事情看上去非常乐观，人们告诉他，他大概率可以留在法国，为托特组织（Organisation Todt）建造大西洋防线。让当时已经年满十八，当他告诉我们这件事的时候，大家自然一致同意他留下："哪怕有一丝机会留在法国，也要尽力试一试。"我们很快便做出了决定。

留在法国就意味着还有机会逃走，还有机会等到盟军登陆。我们在集中营时，一直深信让是平安无事的。等到被释放之后才知道，在我们离开后不久，爸爸也被送到了德朗西。我们在送往立陶宛考纳斯的流放名单上找到了他们俩的名字。

1944年4月7日到4月13日破晓这段时间，我们都待在德朗西。这段记忆弥漫着焦虑。没有任何信息。物质生活，尤其是饮食比在怡东酒店的时候差得多。除此之外，还需要服苦役。我们做的是削皮的工作。德朗西那肮脏可怕的生活环境现在想来已经变得极为模糊。比起之后的经历，那真的不算什么。当时被关押的人最大的忧虑就是被送上那趟每半个月发出的列车。可除非是医生或是管理人员，要想躲过一劫，几无可能。其他的人也不作此等念想。

4月12日晚上，在德朗西集中营的院子里，我的哥哥让与我们分开了。那些第二天要被送上列车的男男女女，比如妈妈、米卢和我，被安排在一边，让则在另一边。院子里当时或许是用有刺铁网分开的，我已经记不清了，但是我知道，第二天清晨，我们还能见一面。可还有时间道别吗？我不确定。

当妈妈、米卢和我登上火车的时候，我们唯一关注的就是三个人待在一起。所有的车厢都一样，密不透风，人满为患。这些车厢原本的载员量是四十个人或八匹马，可当时却装了双倍的数量。一个位子上塞了两个人。一些人努力往安有铁栅栏的天窗上靠，只为能透口气。

无论男女老幼，所有人都挤在一起。车上连伸腿的地方都没有。就是一个小孩想躺在父母的膝上，也会挤到其他人。不过，大部分人都没有表现出攻击性。当然，人们会抱怨，孩子会哭闹，一些人的脸色也会比其他人更加阴郁。在车上，想挪个地方是件极不容易的事情。虽然四月中旬还不是很热，但是大家都觉得缺氧。很快，车厢内的便桶就满了，散发出令人作呕的气味。我们连口水都没有。在出发前，他们给我们发了顿饭。当时大家都在想："到底吃不吃？吃了之后会不会更渴？之后还会不会有水喝？"我们根本不知道旅途会持续多久。我们到底会被送去哪里？

总有人会从天窗往外看。突然，缅因河畔法兰克福几个字被人念了出来。已经到德国了。我们既希望旅途尽可能短，又害怕面对即将到来的命运。从未经历过此等极端境遇的我们，尽全力保持着自己的体面。拥挤、便桶散发的恶臭、不适……种种遭遇令人难以置信。旅途的尽头等待我们的又会是什么？我们还能待在一起吗？

六十年后的今天，我已经很难记清那列车厢上的具体细节。在类似的情况下，总会有个鼓舞士气、安抚情绪或是领导型的人物。当时的车上老弱病残俱全。一些人仍试图保留一些人性和尊严，另一些人则只想着如何给自己抢个地盘安身。一切都和我所知的一样：在如此境遇下，一些人仍会关心他人，保护弱小；另一些人则只顾自己，哪怕践踏他人也在所不惜。我所说的"践踏"，就是字面意思。谁要是想动一动，让自己更舒服点，就一定会踩到别人。

一边是互助友爱，一边是丛林法则。后面这条法则不仅表现在车厢里，在集中营中更是展现得淋漓尽致。在一个狭小的空间内，气氛总是异常紧张。禁闭让人更加焦虑。

　　关在一起的人们互不相识，年纪各异，来自天南地北。在我看来，人们在押解车厢里的精神状态比在集中营时更糟。哪怕是熟人之间也不愿意浪费精力交谈。说话会让人更渴，而大家都缺水。我们尽力不去在意别人的抱怨，不被他人的情绪影响心绪。

　　在集中营内，人类会对同胞做出一些骇人听闻的事情，比如偷喝别人的汤。在当时的生存环境下，这等同犯罪。不过，团结友爱也随处可见，至少在一些小团体中是如此。我不想用"组织"一词，因为在集中营里，这是个具有特殊意味的词。无论如何，人们之间仍形成了一种紧密的联系。这种非凡的联系无疑能让人打起精神应对极端恐怖的状况。集中营展现了人类最好和最坏的一面。当然，这种团结友爱并未形成系统。不是所有人都得到了照拂。利他主义和为人奉献并没有那么普遍。不过，很少有人真的孑然一身。只要有相熟之人，如姐妹、父母、发小或是在德朗西结识的好友，便会形成紧密的小团体。

　　其中最为坚实的便是家庭成员之间的团结。

1944年4月到5月期间，每隔十五天就有一趟从德朗西发往奥斯维辛-比克瑙的火车。这趟列车每次的运行时间和运载人数都差不多。一切按部就班。这趟车一般清晨发车，两天半之后的半夜到达目的地。半夜到达这点也是计算好了的，为的就是让新来的囚徒搞不清方向。他们让我们在一个被强光照射的站台下车，到处都是探照灯。党卫军在那里等着我们，警犬在狂吠，接着，一群意想不到的人出现了。他们看起来像是苦役犯，都戴着条纹贝雷帽，整齐划一，这无疑让场面显得更为戏剧性。车厢打开时，一片嘈杂，党卫军高喊着："出来，快出来！"只见一群男人跑过来，把车上的人拽出车厢。这群人里没有一个女性。根本没时间取行李，一些人差点连手袋都来不及取。所有人都待在站台上。同一个家庭的成员或友人们费力地守在一起。在党卫军的淫威下，一切都飞速地进行着。我们惊惧不已，疲惫不堪，还要忍受狗的撕咬。喇叭里用德语和法语喊着："五人一列！"大家迅速排好了队。穿过信号桥后，一队党卫军和我们正面相对。门格勒[1]（Mengele）就在那队人里，我永远不会忘记他的脸。我们既不知道自己在哪里，也不知道之后会发生什么。那群来自法国的集中营囚徒，就是那些身着苦役服的人，一个字都不肯向我们透露。有人问我多大了。之前就有人提醒我："一定要说你有十八岁！"我听从了这个建议。后来，我才知道这么做的原因。

实际上，纳粹对我们这趟被送往集中营列车上的人并没有严格地进行年龄挑选。由于斑疹伤寒肆虐，集中营里的人数锐减。因为有多余的位置，挑选也就不那么严苛。没满十八岁的人也没有被处决，一些十五岁的孩子也进了集中营。而其他开往集中营的列车上，只有二十至二十五岁的人才能逃过送往毒气室的命运。

不过，当时的我们自然是什么都不知道的。

---

[1] 约瑟夫·门格勒是德国纳粹党卫队军官，1943—1945年期间曾是奥斯威辛集中营的"医生"，在集中营中对被关押的囚徒进行了大量惨无人道的人体实验和屠杀。

我们没时间去想正在发生的事情。在那种情况下，任何设想都是虚妄。在对每况愈下的未来一无所知的情况下，我们觉得能多活一秒也是好的。

纳粹喊着："累了、病了的人和小孩有专门的卡车，往这边走，之后你们可以再见。"那些没有自觉走向卡车的人便要经过"人工挑选"。他们边推搡我们，边嚷着："往那儿走，往那儿！"男女被分开了，家庭被挤散了。我们先是分成了几列，后又组成了三组。母亲、姐姐和我非常幸运地待在了一起。我们完全没有料到成人、幼儿、老年人会被分开，因为大家都听信了这句保证："只是今晚这么分，之后会团聚的。"

然后，我们就徒步走到了集中营。天还是黑的，几乎什么都看不见。他们把我们领到了一个空的仓库里面，里面铺的是水泥地。我们仍穿着自己的衣服，一些人甚至还拿着自己的手提袋。尽管都缺觉，可没人敢睡觉，大伙就在地上打了个盹。拂晓之际，关在仓库里的我们被一群穿着条纹裙的女人叫醒了。"把你们的珠宝、现金都拿出来，"她们对我们说，"反正最后也是我们的。"她们企图从我们手上搜刮几件值钱或是有用的物件。看到此情此景，我在尼斯就认识的一位同学不愿便宜了她们，便把自己随身携带的那瓶浪凡（Lavin）香水全都撒在了我们身上。对此我至今记忆犹新。现在我的浴室里就放着同款香水。它总会让我想起那个同学。

随后，我们穿着衣服经过一个类似柜台的地方。在那里，他们在我们的手臂上文上编号。很快，我们就意识到自己已进入另一个世界。这不是一个简单的监狱。这些戏码代表着我们已被驱逐。一切都是精心编排的一出戏，对我们施加的影响也经过精密计算。

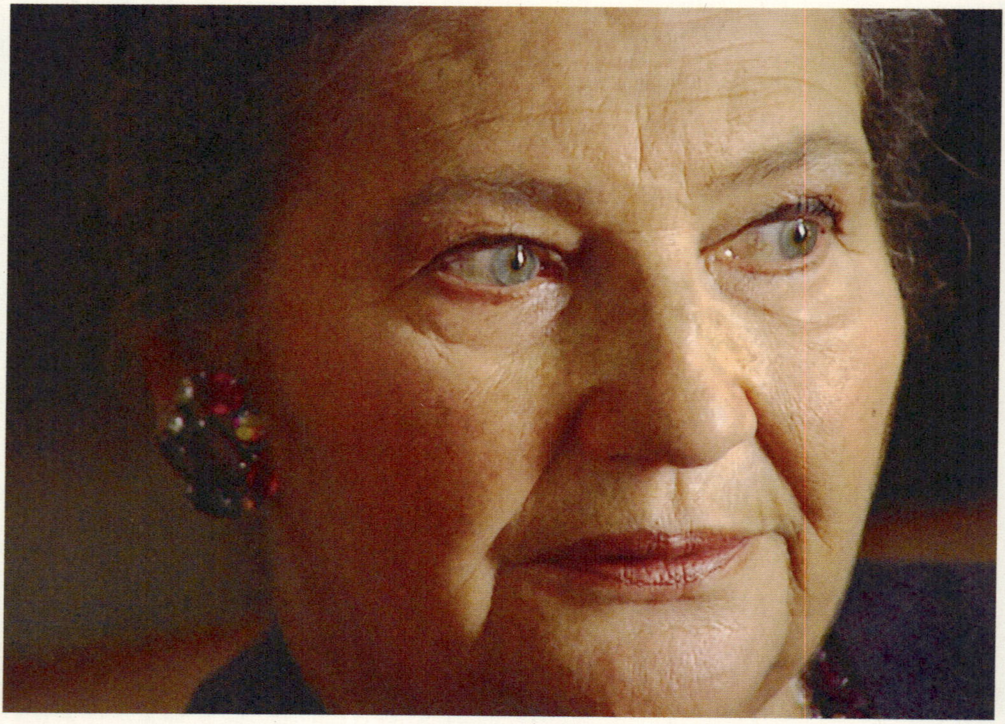

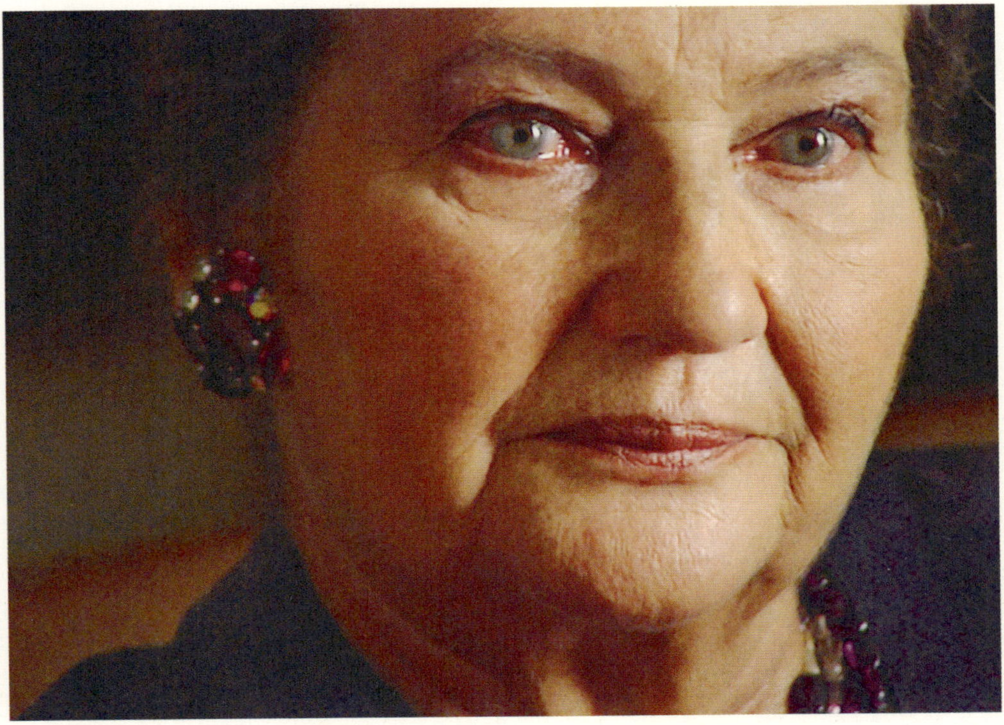

文身之后，他们把我们领进了一个类似桑拿房的地方，我们被剥得一丝不挂，然后被推到了淋浴之下。洗好后，重新分给我们的全是爬满虱子的破衣烂衫。随后，他们给我们剪了头，好在并没有全部剃光。

夜深人静之时，仓库中的人们开始不断询问与自己分开的亲人们的情况。完全没有半点消息传来。卡波们（Kapo，与纳粹合作的囚犯，他们在纳粹集中营中担任领导或行政职务）直截了当地答道："之前和你们在一起的那些人……看看那些烟囱吧，他们都进了毒气室，尸体已被焚化。剩下的就是这些灰了。"

一开始，我们都认为这是用来摧毁大家心智的伎俩。这根本就是人们无法想象，无法理解的事情。至于我……要是他们当时说的是"他们已经死了"，或者"他们去了另一个集中营"，甚至"我们不知道他们怎么样了"，我都会信。

但是，这么直白、这么迅速地说出真相，让我真的难以一下接受。没人会相信这种事情。到了今天，这个恐怖的消息已经褪去了犬儒主义的意味。无论怎么说，这些看守本身也是集中营的囚徒。或许，她们觉得最好不要让我们心存幻想。她们奉行的是一种绝对的现实主义。确实，这才是我们应该知道和了解的，越早越好。可是，直到我们被监禁，听到集中营里那些被关押的法国囚徒也这么说时，我们才真的相信。她们肯定不会编故事骗人。

还有那股味道。那股持续不散的味道。近在咫尺，挥之不去……

看守的粗暴凶残也进一步证实了其他囚徒陈述的真实性。那不是普通的监管。那里也不仅仅只是一个管理严格的集中营。大家都能察觉到一切就是为了打压我们，将我们完全关进另一个世界。与世隔绝的关押地，押送过程，淋浴，那些权且被称为衣服的破布，一样一只、根本没法穿的鞋，一切的一切……

这绝不是普通的关押。经过奥斯维辛之后，波布亥克（Bobrek）集中营[1]发的条纹裙对我来说都是件奢侈品。很快，我们就懂了。汤是用已经锈蚀不堪的军用饭盒盛给我们的，三人一份，没有勺子。每个人都在自忖："我们究竟是掉进了什么样的地狱？"最可怕的是孤独。孤寂最能动摇人心。落单的人都努力地找人结伴，而大部分人能找的都是之前在监狱或德朗西相识的狱友。最可怜的就是那些一到营地就不得不与自己孩子分开的母亲。她们很快就得知了真相。其中一些很快也就跟着去了。

从我们到达奥斯维辛集中营开始，那些探照灯和刺眼的灯光，那些呼来喝去，那些狗，那些穿条纹衫的人，全部都是戏，为的就是用威胁和恐吓让我们失去理智。要的就是让我们对亲朋好友的命运一无所知，要的就是我们无心反抗，服从安排。的确，这些都奏效了，我们被吓得六神无主。在那个黑黢黢的夜里，我们很快变成了这个严密组织的一部分，一切行动听指挥。我们接受了男女分开，列队而行。眼睁睁地看着其他人坐上卡车，俨然不知将再也见不到他们。

一切看起来都是那么纪律森严、安排严密。但是，如此精心规划的组织中仍有自相矛盾的情况出现。那些忍饥挨饿、随时会被杀掉的人，那些下一秒就可能被选中推进毒气室的人，若是得了医嘱，便可以享用白面包。

后来，在波布亥克的时候，妈妈就得到了这样的待遇。她吃上了连党卫军都垂涎的白面包。不过，集中营的头目也随时可能会跑来说一句："杀了她。"她就会立刻被处决。秩序之中，荒诞横行。

在集中营即将被解放的前夕，这种荒诞到达了顶峰。那时，党卫军已知大难临头。大家都以为德国政府，包括集中营的管理层肯定会优先撤离平民和他们的防御组织。然而，直到1945年5月8日前后，德国人

---

[1] 波布亥克集中营为奥斯维辛集中营的附属集中营之一，在奥斯维辛集中营北部三公里处。

忙着转移撤离的都是集中营的囚徒。他们转移囚徒时甚至会堵住避难者和军队车辆前行的道路。当苏联红军逼近格利维采[1]（Gleiwitz）的时候便是如此。当时，党卫军人心惶惶，德国平民也急着撤离，可是，德国人优先转移的仍是集中营的囚犯。要知道，集中营人数众多，最简单的做法其实是就地处决这批人，也不会留下太多证据……他们哪怕就把我们丢在那里不管，大部分人也会死去。可大批囚犯就这么徒步上路了，截断了德国军队、坦克以及平民逃亡的路线。

这有什么逻辑吗？

一些历史学家认为，希特勒的首要目的——这也是浩劫的一个特点——既不是结束战争，也不是赢得战争，而是灭绝犹太人。而对当时的我们来说，生活日渐荒诞。1948年，大卫·鲁塞（David Rousset）的《不笑的小丑》（*Le Pitre ne rit pas*）出版，书中描述了战争结束前后的混乱局势，重点着墨于其中的疯狂。

让我们回到刚到集中营的那天。整整一天，我们都处于惊惧之中。关于淋浴、桑拿、破衣烂衫，有那么多无人解答的疑问。然后，饱受惊吓的我们看到了宿舍。那是一间间砖砌的长条棚屋。屋子里的地上铺着水泥，中间放置着聊胜于无的火炉，摆着一排排被大家称为科亚（Coya）的床铺，这大概是个波兰词。这些床铺着草褥，和没有栏杆的笼子一样。通常，一个床板上要挤五六个人，由于铺少人多，我们偶尔还必须头对着脚睡觉。谁睡上铺、中铺或者下铺并不是固定的。最抢手的是上铺，因为那里位置最为宽裕。整间屋子统共只有二三床被子。妈妈、姐姐和我仍在一间。分宿舍基本就是走哪算哪，容不得谁挑选。

白天，我们几乎不可能待在宿舍。整晚无休的集合让大伙只有一个念头：睡觉。清晨四五点就要起床，然后又是无止境的集合，直到我们

---

[1] 格利维采曾为德国属地，1945年波茨坦会议之后划归波兰，位于波兰南部。

去劳动。因此，对于我在集中营住的第一间宿舍，我几乎毫无印象。除了周日这类少有的空闲时光，我们几乎不曾有过所谓的"宿舍生活"。而且我们很快就换了集中营，未曾来得及和舍友建立友谊。在最初短暂隔离期时，我一直试图结识几个同龄的朋友。妈妈也交到了几个朋友。不过，大部分时间我们三个都待在一起，亲密无间。我们都谈什么？爸爸，哥哥，他们的遭遇，还有姐姐丹尼丝。我们都盼望她没有被抓。

    集中营内最为人津津乐道的话题便是盟军的登陆。与此相关的小道消息总是不绝于耳。虽然我们没有报纸且与世隔绝，从1944年6月开始，此类消息却一直在四处流传。

    我们的工作是把铁轨搬到站台，异常艰辛。纳粹总指派我们做些不知所谓的重活。不过，我记得曾在那些铁轨上捡到过一张残破的报纸。我想或许是党卫军的一位女助手落在那儿的。那个女人平常不太找我们的麻烦，或许是因为她当时忙着和一位平民谈情说爱，或是出于别的什么我不知道的原因。无论如何，她的态度简直算得上和蔼可亲。我怀疑这张本不应该出现在集中营的报纸是她特意放在那里给我们传递消息的。那是张科唐坦半岛[1]（Cotentin）的地图，上面还有进军的箭头。这可不比那些毫无根据的流言，这是让人重燃希望的铁证。

    在奥斯维辛的时候，我总是极力避免参与那些设想自己被释放后要做什么，吃什么的对话。这种对话一聊起来就没完没了……后来，在波布亥克的时候，尽管仍要完成繁重的苦役，我们也依旧精力不济，不过，因为集合的频率不再那么密集，自由的时间相对而言就多了一些。人们的交流也更加深刻。当时，我们和几名法国共产党员关在一起，与她们的交流大多都是严肃的政治讨论，大家还会针锋相对。虽然，大部分情况下，我也不会参与这些讨论，但是，这类交流无疑都是很有深度的。

---

1    科唐坦半岛位于法国西北部的诺曼底地区。

在隔离的时候，我还有空去结识集中营的其他囚徒。那时，大部分人的身体状况都还不错。我们也还没有完全了解集中营的真相。一些人在德朗西就认识了，被同一趟列车押送至此。我们中间年龄最小的大概十五岁，平均年龄在二十到三十岁之间。年纪相仿的一群人很快就熟稔起来。我们一起谈论家庭、爱情和工作。在刚进集中营的时候，这类交谈无疑十分重要。关键是要找到能让大家暂时逃避现实的话题。年轻的少女最爱谈论她们或夭折或中断的爱情。可这并不是一个安全的话题，因为很有可能勾起某些人痛苦的回忆。我们会尽力避免聆听他人的抱怨，实在躲不过的时候，也会尽力去安抚对方的情绪。大部分囚徒至今都记得这些交谈的意义。用他们的话说，这些交谈给了他们站立的力量。那时还有人会吟诵诗歌，这无疑都起了很大的作用。但是我本人并没有记住这种细节。

我和其中的一些人，比如比我小十八个月的玛索琳娜·罗尔丹，成为一生的至交好友。她和我还曾经在集中营里偷了个闲。这可是极为犯忌的事。要知道，那时，跑去另一个宿舍看个朋友都是一种危险。不过，我们成功躲过了监工两个小时。因为躲的时间够长，连卡波都未曾发觉。这次短暂的冒险也让我们管窥到了奥斯维辛-比克瑙的一隅。奥斯维辛集中营是个庞然大物。棚屋鳞次栉比，几无差别，里面摆着各式各样的床铺。最不舒服的是那些看起来像是砖盒一样的床，里面的人只能全部挤在一起。科亚还是改良之后的产物。

在靠近一栋宿舍楼时，玛索琳娜和我听到了有人在用法语交谈。我们碰到了几个比我们年纪稍长的少女。想要识别，或者部分识别一个人的身份，只需看他的编号即可。她们的手臂上有一个红色的三角，里面标着字母F，F代表的即是法国人。她们是因为参与抵抗运动而被关入的集中营，压根不想搭理我们这两个没有加入过抵抗组织的小犹太人。年纪尚小的我们丝毫引不起她们的兴趣。她们的言语也难以入耳。

这对我们也是一种启示。我们就此了解了集中营囚徒之间的分野。我们和她们虽同归，却仍殊途。很多因为政见、信仰、勇敢而被投入集中营的人觉得自己和我们这些被关押的犹太人毫无共同点。

他们中的很多人在被送进集中营前都遭受过严刑拷打，不少人的同伴甚至死于枪下。而我们则仅仅因为犹太人的身份被关押，并没有做什么惊天动地的大事。在他们看来，这就是一道不可逾越的鸿沟。直到去了波布亥克后，我才与两个年轻的犹太抵抗运动战士缔结了友谊。

在比克瑙的时候，我还与吉内特·科兰卡（Ginette Kolinka）成为好友。她的父母都是行商。她后来继承了父母的职业，战后也一直未曾搬过家。我们俩的友谊丝毫没有受出身和教育水平差异的影响。战后我才知道，和我们一起关押的同伴中居然有一位大银行家的妻子。她家里曾藏有莫奈和雷诺阿的画。在集中营里，她从未提及过这些，也没有摆过架子。她曾经锦衣玉食，却闭口不言。

在集中营里，个人的出身、国籍、被捕的背景都很重要。我个人觉得自己最重要的身份是法国人。这大概多少和我被捕的背景有关。我的一些同伴是被法国警察抓捕的，而我则是被盖世太保逮捕的。在奥斯维辛-比克瑙里，犹太人和非犹太人之间虽然有着一条鸿沟，但是国籍和语言的聚集力仍不可小觑。我们这些讲法语的法国人和比利时人便紧密抱团。这是个文化问题，而文化是具有国家属性的。在我们看来，那些德籍犹太人就扎根于德国文化，甚至有些纵容自己的国家。集中营里还关押着波兰人、斯洛伐克人、荷兰人和希腊人。每个人都有国籍，被不同的列车送到这里。她们的生存方式也不尽相同。

我认识的希腊人不多。众所周知，萨洛尼卡的犹太人大多是在1942年底就被送进了集中营，其中的大部分已经死去了。这群犹太人说的语言和集中营里主流的语言并不相同，她们的生活应该更加困难。而那些被关押的荷兰人，看起来都曾属于特权阶级。被迫离开精致舒适生活的她们，想必比一般人更难适应集中营的生活。而斯洛伐克人则刚好相反。她们是最先抵达集中营的一批人，不仅参与了营地的建设，还经历过几次严重的疫病。她们之前的生活肯定比我们的更加艰难。

年长的囚徒更遭罪,她们的适应能力更差。一些人认为应当自律,按时吃饭,好好劳动,给自己定下规矩,不随意行事。但是这些人也不比其他人坚持得更久……我还记得有个女人总把这句话挂在嘴边:"无论如何也要逼着自己喝下那些汤。"那汤的味道实在是让人作呕,一开始,哪怕饿得发慌,我们也喝不下去。那个逼着自己做这做那的女人却很快就得痢疾死了。

最初的几周,我们还能维持良好的心态。我们不再斤斤计较,也不做一些无用的抱怨。因为一开始,我们还觉得自己能全身而退。可一等隔离期结束,士气便一落千丈。我们必须忍受宿舍看守的暴力管理,她们大多都是斯洛伐克或波兰人。这些舍监助理(Stubowa)实行的是恐怖政策。若是我们胆敢在集合哨响起后还磨磨蹭蹭,要是我们不把被子折得整整齐齐,立刻就会遭到她们的拳打脚踢。大家都对她们恨之入骨。可实际上,她们也都是一些极为年轻的女子。

从1939年或1940年开始,她们就一直生活在犹太隔离区或是集中营内,见惯了生死,受够了别离。这些经历让她们心如铁石。她们不仅对我们非打即骂,还将最浓稠最有营养的汤底和剩余的面包留给自己。她们有权在某些特定的日子免去某个囚徒的苦役,甚至还把这种特权作为盈利的手段。一开始,她们在我们眼里简直一手遮天,不过,我们很快就明白,在比克瑙,真正的权力都攥在党卫军之手,他们把持着所有关键部门。

苦役就归他们管。

隔离过后已经是五六月份,情况变得更糟。我的第一份工作便是卸载装满石块的列车。我们并不知道自己所做之事有何意义。大家都认为石头是集中营中必不可少的物品。石块、铁轨,这些都服务于那些似无止境的铁路路堤。女人们大多不懂电工,只能干苦力活。我们把这些石块或大袋的水泥卸载到推车上,那些推车和独轮车很像,不过没有轮子,我们必须用胳膊托着。只要党卫军认为推车装的不够满,就会一把打掉,让石块砸在我们的脚上，或是整个推翻让我们装得更满。若是我们在车厢里选了一块过小的石头，便会遭到毒打。要想不挨打，就要选择那些看起来足够大，但又不会太沉的石头，否则很快就会筋疲力尽。而做完这些的奖励往往是一记白眼。工作没完没了。我们通常日出而作，劳动之后还有一次长时间的集合，回到宿舍通常已是深更半夜。整个奥斯维辛-比克瑙的囚徒都要参加这次集合，若是有人缺席或是报数出了错，集合的时间便会无限延长。在集合时，我们必须挺身直立，一动不动地站在那里。总有些人支撑不住，踉跄几下，甚至摔倒在地。当一切结束，我们终于回到宿舍时，大家就只剩一个念头：睡觉。无论经历了什么，我们最后都会睡着。夜晚总是过于短暂。

白天，我们偶尔也能短暂地休息一会儿。比如，在我们挖那些不知道有何用途的沟时，一旦挖得够深，我们就能避过监视，休息片刻，还能趁机聊上几句……我们的话题无所不包，观点也都比较理性，没有多少幻想——我们都觉得肯定是回不去了，他们迟早会杀了我们，可大家依旧心存希望，"谁知道呢，也许会有奇迹"。

家庭关系是我的精神支柱。哪怕在最困难的阶段，我们一直都待在一起。直到1945年3月，妈妈突然病重。在这之前，我们日夜都守在一起。妈妈一直表现得很坚强。她的勇气令人惊叹。她无时无刻不在为我们打气，安慰我们一定可以活下去，激励我们一定要坚持。不过，她从不会直白地说："坚持下去。"她并不做这类激励人心的讲演，而是用陪伴、镇定和乐观的精神来激励我们。哪怕身患重病、骨瘦嶙峋，她始终保持着一贯的风度。我从没从她或是米卢的嘴里听到过一句咒骂或粗俗之语。

姐姐米卢谨记着妈妈的教诲。妈妈在贝尔根·贝尔森集中营过世后，米卢和我被转押到一个被匈牙利党卫军废弃的军营。在那里，一些人，尤其是法国人开始拉帮结派。在进入某个房间时，我不小心踩到了她们中某个人的东西，或许只是踩到了她的床垫，那人便说了些极为难听的话。我也不甘示弱，粗暴地赶走了她。我的姐姐，尽管当时病得很重，依旧板起了脸，不让我如此粗鲁地对待他人。我被她训得像个孩子，就因为回击了一个骂了我的人。

　　哪怕奥斯维辛的人大多粗鄙，人际关系也相当冷酷，米卢和妈妈始终出淤泥而不染。为了避免回应攻击，她们甚至允许别人侵犯自己的利益，让出本就少得可怜的所有物，无论是汤还是勺子……我本人很少遭受攻击和鞭打。除非遇到明显的挑衅，大家倒也不会轻易动手。我一直挺走运，大伙儿都护着我，也会想方设法地帮我。

　　在集中营，既不能示弱也不可落单。只要健康出了问题，一定要有人可以依靠。生存之战时常会在不期然间变得异常艰难。从奥斯维辛向格利维采大撤离时，我们在寒冷刺骨的冰天雪地里徒步走了七十公里。一些体力不支的人看准了妈妈的弱点，依附着她前行。其实，以妈妈当时的身体状况根本自顾不暇，更遑论照顾他人。我们时刻警惕着别人偷走她那点可怜的食物，因为她完全无力自保。在我看来，她也不愿再为那点汤去反抗了。可在那种情况下，一旦放弃，一切就结束了。不少人会跑来抢你的围巾、外套，甚至是正在使用的勺子和碗。不过，我们之间很团结，没人会攻击自己人。

　　舍监助理的行为同样充满矛盾。她们虽然一副铁石心肠，却总有同伴陪在身边。这个同伴或是她们的同乡，或是在隔离区和集中营同甘共苦多年的伙伴。这些人之间可谓生死之交。这种关系也让她们多少保留了点人性。为了保护伙伴，她们甚至愿意牺牲自己，共享少得可怜的口粮。不过，有过自己家人在眼前被杀的经历之后，她们觉得毒打囚徒根本不算什么事。

　　我曾经因为食物被党卫军打过两三次。一次是在朵拉[1]（Dora）。我们在那里只待了两天。在那之前，我们一路辗转，经过了捷克斯洛伐克、

---

[1] 米特堡-朵拉（Mittelbau-Dora）集中营，位于德国诺德豪森，1945年4月12日被盟军解放。据统计，约有两万人在该集中营中里死去。

奥地利和德国。在死了很多人后，我们最终到达了朵拉这个恐怖的集中营。女人们都被塞进了远离集中营大门的一个棚屋。当得知有同胞被送了进来，住在里面的法国人纷纷带着汤汤水水来看望我们。这些人大约都是些小管事，绝不是那些开凿朵拉隧道的工人。开凿隧道的工人的死亡率是相当惊人的。法国同胞给我们送来食物后不久，党卫军就来了。一个女纳粹发现了汤水，便问是谁拿来的。我答道："不知道，这汤之前就摆在这……"这是唯一能说的答案。我被扇了几巴掌，还挨了几鞭，这在集中营是家常便饭的事。

另外一次挨打是因为我在厨房里偷了点糖。那次，我被党卫军狠狠地教训了一顿。当时，妈妈急需一点糖来救命。结果，我被一名党卫军逮住了。虽然他把我打了一顿，不过并没有把糖没收。这就够了。在集合时，因体力不支而晕倒的同伴会被活生生打醒。我们三个能在一起，真的算是万幸。要是有一个站不稳了，其他两个还能扶一把。我和姐姐都很担心妈妈的身体。想来，对于她而言，看着自己的女儿生活在水深火热之中，一定比身体上的痛苦更加难以忍受。

我在集中营总共待了十三个月，多的是比我待得更久的人。没有什么能和这段经历相提并论。当时的我们与一切正常隔绝。这段经历与一切人们所能想象的、可信的、说得出的经历都截然不同。我们完全生活在另一个世界。之后，我曾听到有人说："这让我想起了集中营……"可是，没什么能和集中营相比。偶尔，我的脑中会闪回一个画面，或是某种似曾相识的感觉。但是没什么能让我想到集中营。完全没有。我们能读到的和人们能写出来的东西与那种绝对的恐怖相比，根本就是小巫见大巫。

今天，当我们重回奥斯维辛集中营时，看到的都是郁郁葱葱的景致。精心修整的草坪，修缮完好、颜色做旧的房屋。连铁丝网都显得那样平和。人们根本想象不到，在每个哨所里，都曾站着一个拿着冲锋枪的党卫兵。我们今天看到的根本就不像集中营。完全不像。无论如何，这些地方并不能让人身临其境。集中营应该弥漫着焚尸的气味。烟囱里飘出来的骨灰足以遮天蔽日。满是泥泞。哪怕穿着厚底高帮鞋，我们都只能在这泥泞中踉跄前行。树木都在极为遥远的地方，我们只能远远地瞧上一眼。党卫军和囚监时刻盯着我们，随时准备用橡皮棍敲打我们。在棚屋之间，时常会飘荡着几个不知是人是鬼的存在，那都是些被折磨得不成人形的囚徒。这些影影绰绰、形销骨立的人大多歪在地上，直到别人用棍棒把他们打到起身。

回到法国时，我深感迷茫。不少同伴也有相同的感觉。我们很难让人明白我们的感受。从另一个世界回来的我们觉得，一切都是那么……我不能用荒谬一词，因为是曾经生活在荒谬之中的我们正在努力地回归现实世界。一切比较都没有意义。那段经历与其说是段回忆，不如说是一种感觉：一种活在人类社会另一边的感觉。已被逼到羞耻心边界的你会觉得一切都不再正常，并一直徘徊于某些问题的边界。我们刚到奥斯维辛-比克瑙就被逼到了羞耻心的边界。他们把我们关在一间空荡荡的房间，一关就是好几个小时。我们身上的衣服被剥光，所有人都赤身裸体。我实在是很幸运。要知道，一般来说，我们应该剃光头。我身边的一些女人就被剃光了头发，而我却没有。不过，我们并没有完全躲过剃刀的肆意攻击。他们还给我们文了身，将我们关在一个类似桑拿房的地方。也是一关就好几个小时，美其名曰给我们消毒。我们坐在台阶上，浑身赤裸地接受看守的评判：这个太瘦了，那个太胖了，这个美，那个丑。我们就如同一群牲畜，任人拨弄摆布，肆意打量评判。他们对消毒的执念让我们不得不经常出入这间所谓的桑拿房。我们的衣物也经常被拿去消毒。当衣服被送回来时，往往还是潮的，上面的虱子和跳蚤比送去消毒前更多。

由于在睡觉或是这种所谓的消毒时经常与人挤在一起，直至今日，我都无法忍受与人近距离的接触，无法忍受他人贴着我。若是需要排队才能看电影，我一定不会去。

在被当作一堆肉对待后，就很难再相信自己还是个人了。这就是我们所面对的斗争。最为艰难的斗争。我们时刻处于饥饿、干渴和困倦中。我那时最缺的就是睡眠。当一个人几天没有睡觉后，就会不知身在何处，晕头转向。我们最深切的体会就是自己的躯体和受辱的精神出现了割裂。好在我们三个人在一起，这保全了我们。我们相互支撑。在我们身边也形成了不少小团体，但是家庭团体无疑是其中最为坚固的。

我在奥斯维辛的时候，运气真的很好。这也许得益于我的青春年少。首先，我们那趟列车上的女性，也不知是为什么，是唯一没有被剃光头的。这看起来是件微不足道的小事，但是对我们来说意义重大。其他的囚徒总是定期被囚监拉去剃头。他们肆意挥舞着剃刀，将她们的头发剃得参差不齐，不啻毁容。

我们至少还有个人样。

我到达集中营时离我离开尼斯的时间还不算太长。我们在德朗西关押的时间比较短，而且那里的物质条件也比奥斯维辛好得多。当时，只有十六岁半的我在外形上和集中营里大部分的囚徒大不一样。当某个人一看就是刚被关进来，依旧拥有健康正常的体型时，其他人，尤其是那些长期待在集中营里的人便会对她表现得更加有恻隐之心。

我因此受到了一位波兰犹太建筑师的帮助。她是华沙隔离区的幸存者，会说一点法语。我仍记得我们的相遇。那是一个星期天。作为一名建筑师，她在集中营里享有一定的特权。她给我弄来了两三条连衣裙。在我看来，那几条裙子真是高雅至极。也许它们都来自那个被我们称为"加拿大"的衣物分拣处。我并不知道这个名字的来由。在那里劳动的女孩们偶尔能从寄往德国的衣物中截下一小部分。我和闺蜜吉内特分享着这几条珍贵的裙子。后来，她还曾多次提到这件事。偶尔我也会跑到工地上去探望那位波兰女建筑师，那里远离那个总是传出尖叫和呻吟的宿舍楼。偶尔，当完成了搬运铁轨的劳动后，我能和她短暂地相处一会儿。

这几条裙子改变了我的命运。它们让我略微显得与众不同。一个曾是妓女，名叫斯特妮娅（Stenia）的集中营女主管让我出列，并用德语问我："你是谁？"

我用法语答道，我是一个法国犹太人。她听得懂一点法语，这也很少见。她问我会不会说德语，我说不会。也许她本想提拔我当集中营内的信使（Läuferin）。这份工作没那么辛苦，是一份不错的美差。斯特妮娅对我说："你长得这么美，而且还这么年轻，不应死在这种地方。我希望能够帮到你，给你找到一个可以活下去的地方。"我答道："我的妈妈和姐姐也在这里。要是我们能一起离开，那自然很好。可我们绝不能分开。"然后，我便回到了列队之中。我本以为再也不会听到这个提议。可几天以后，我在集中营的一条小道上碰到了斯特妮娅，她对我说："马上你就会和你的妈妈、姐姐一起去波布亥克。"波布亥克在人们的口中是一个神秘的地方。大家都戏称它为"波布亥克疗养院"。那里是西门子公司旗下的一个小工厂。我原本以为那里离比克瑙几十公里，可后来发现，它就在附近。那里的环境据说比奥斯维辛-比克瑙集中营要好很多，只有大约二百五十人被关押在那里服役。其中大部分是在工厂里干活，只有很少一部分人需要参与土方作业。

几天以后，妈妈、米卢和我真的被转送到那里去了。和我们一起居住的共有三十五名女性，我们住在工厂的楼上。我们无须再忍受早晚的召集，也不用再辛苦地跑来跑去。远离权力中心的党卫军也不再严格地执行相关纪律。虽然依旧要忍饥挨饿，但是我们不用再过那种非打即骂的日子。从1944年7月到1945年1月，我们一直待在那里。

在被送往波布亥克之前，我们被送到了奥斯维辛集中营大门旁的一栋小房子里。人们再一次要求我们宽衣解带。我明白，这是为了体检。我认出了那个在下火车的地方为新来的囚徒检查的医生。后来，我知道了他的名字，他叫门格勒。我们一个个地走到他面前接受检查。因为极度消瘦，加上身上那些术后愈合得很差的伤口，妈妈被他拉到了一边。我立马就陷入了极端的焦虑，不过很快，斯特妮娅插手了。她对门格勒说，她为我们担保。她坚持要让我们三人一起被送往波布亥克。

为什么斯特妮娅要救我们？对我来说，她的动机至今仍是个谜。在奥斯维辛被解放之后，这个女人被处以了绞刑。作为集中营主管的她让人畏惧。她也似乎从未帮过别的什么人。也许我让她想起了某个人？也许当时的她突然良心发现要做件好事？我想，我大概是唯一一个受惠于这无法解释的人性的人吧。

在奥斯维辛-比克瑙大撤离之后，我在贝尔根·贝尔森集中营再次偶遇了斯特妮娅。那个时候，我非常希望能有份活干。那里关押了太多的囚徒，没有活干的人就没有食物。很多人就这样饿死了。有人说贝尔根·贝尔森里甚至发生过人吃人的事情。斯特妮娅问我："你现在在做什么？"我答道："什么都没干。"然后，她就把我分配到了党卫军的厨房。就这样，她救了我第二次。

我们是1944年7月9日到达的波布亥克，那时离我17岁的生日只剩几天。我们是坐卡车离开的奥斯维辛，尽管波布亥克就在旁边，路途却显得异常漫长。我们大概是围着整个奥斯维辛集中营绕了一圈才到的西门子工业区。他们这样做的目的或许是为了扰乱我们的方向感。当我在战后再次回到奥斯维辛的时候，我惊讶地发现，维斯瓦河畔的波布亥克其实就毗邻比克瑙集中营。

1944年7月6日，我们一行六人进入了波布亥克集中营。妈妈、米卢、我，还有一位稍微年长的牙医和两个二十五岁左右的年轻女子。这三人都是从十号楼出来的，那里是门格勒进行试验的地方。一位医生为她们三个作了担保，及时地把她们三人送了出来。在离开之前，她们还只是被抽了些血，可能很快就要被抓去做人体试验了。作为共产党员的她们在集中营里多少有些人脉。

一到波布亥克，我们就得知这里关押着二百二十名男性和三十名女性，其中有不少法国人。这里对不同性别或是工种的劳动者的区分并不像奥斯维辛-比克瑙集中营那样严格。相对而言，人们的交流也更加容易。当然,大部分时间我们还是只能隔着铁丝网交谈。土方作业倒是给了我们肩并肩交谈的机会,大家也就自然而然地开始攀谈起来。后来,也不知是谁打听到了7月13号是我十七岁的生日,那天,我得到了超常的优待。法国朋友们送了我半块面包,集中营的一个党卫军则给我添了一片香肠当作eine Zulage,也就是法语中的津贴。

转移到波布亥克让我们得以幸存。我被分去砌砖。直到最后我们也不知道这份工作的意义何在。虽然一直很虚弱,妈妈仍一刻不停地劳动。波布亥克的食物并不比在奥斯维辛多,但是质量还是稍好一些。大概西门子公司还是想让工人保有一定的效率。供应的汤里偶尔会有几片干蔬或土豆。

我们在这里交到了几个朋友,还和那两个从十号宿舍楼逃出生天的年轻女子成了好友。这两人后来也都得以幸存。其中一位在20世纪90年代末去世。我很敬佩这位女士,她是个不同寻常、勇气可嘉、充满活力的人。当时,她孤身被捕,不得不和自己的丈夫和三个孩子分离。战后,她成功地找回了家人。当我在医院见她最后一面时,她对我说:"你看,他们希望我们死。可我们赢了。我找回了我的孩子,你有了自己的孩子。我们还有了孙子和曾孙。"在她看来,这无疑是我们与纳粹的斗争中最大的战果。

1945年1月,红军兵临城下。奥斯维辛的所有营地都撤离了。在雪中长征了六十多公里之后,我们到达了格利维采。一些人在旅途中逃跑了。他们赌了一把。要是我孤身一人,我也会这么做的。当时很多同伴都建议我逃跑,可是,妈妈当时连站都站不稳了,所以我根本没有做此打算。不少出逃的人都成功地等到了红军的到来。而那些掉队或累极倒地的人,要么当场死亡,要么被看押的士兵结束了生命。

那三日的大撤离对我来说无异于但丁笔下的地狱。我们以为苏联人近在咫尺。天都是红色的。在这次长征中,很多人都挣扎在死亡线上。可就是在这种情况下,本就所剩无几的几个女人还要忍受盖世太保的骚扰。他们声称已经有多年没有见过女人了。放纵的欲望让情况雪上加霜。

所有人都饥寒交迫、惊恐交加。

　　党卫军比我们更害怕苏联人的进军。大家都觉得自己难逃一死：我们认为党卫军会杀光我们，党卫军则认为苏联人会杀光他们。

　　后来，我们登上了本是用来运送木材的货运火车。这些列车由平车组成，毫无遮挡。那时，天降着雪，寒冷刺骨，我们既没有吃的，也没有喝的。很多人死在了车上。在这种极端条件下，我们开始了为期八天的旅程。整整八天，饥寒交迫的我们几乎没有进食。在抵达布拉格附近的郊区后，每当列车靠近居民楼，人们就会从阳台上向我们扔面包……虽然这些面包大多落在了铁路的道砟上，但是我们多少接到了一些。一过奥地利的边境，就没人给我们扔面包了。在奥地利的车站，党卫军倒是允许人们给我们送水。可不知道是因为害怕还是出于不信任，没人敢给我们送东西。我们只得学会用被绳子挂着的旧饭盒刮一些雪来喝。

　　1945年1月25日，我们到达了已经人满为患的毛特豪森（Mauthausen）集中营[1]。我们的列车上当时有1500—2000人。为了挤上列车，人们手段尽出，相互倾轧。之后，我们到达了朵拉。

　　列车上所有的男人都留在了朵拉。这一路，列车上的乘客伤亡过半。女性更是只剩下一个小队。在朵拉，集中营的囚徒们都在赶制V2火箭。在那待了一天之后，我们又启程前往贝尔根·贝尔森。

　　这里所说的"我们"指的是从波布亥克一同出发的那个由三十五名女性组成的团体。我们的编号非常接近。就算我们想分开，也不太可能。

　　队伍里有一位法国女牙医，一些后来一直和我保持着密切联系的伙伴，还有五十多个茨冈人（Tzigane）。她们中的一位在火车上经历了分娩。那个可怜的孩子完全没有活下来的机会。母亲倒是活了下来。

---

1　毛特豪森集中营位于奥地利林茨市附近。那里曾先后关押了二十多万人，有约十万人丧生于此。

在贝尔根·贝尔森，我被分到了党卫军的厨房工作。这看起来好像平凡无奇，可实际上却是天大的恩赐。当时连党卫军都没有面粉了，我们的工作就是把土豆擦成碎末做成汤底铺满整个汤桶。动作必须要快。我有时觉得自己流的血、擦掉的皮都赶得上放进桶的土豆淀粉了。每天都要填满整整一桶。这就是个不可能完成的任务。

回想起来，这份工作比我在奥斯维辛搬石头时更可怕。有时候，为了更快填满汤桶，我们会背着监工往里面加水。可我的动作永远不够快，是个"一无是处，连削土豆都不会的法国人"。

我经常怕得直哭。

他们总威胁着要把我赶出厨房。可只有待在里面才有一线生机。那时，囚徒们已几乎无物可食。留在厨房，我还能弄到点残羹冷炙。一天，我甚至用一个小木盆装了两三杯牛奶。直到今天，我仍讨厌牛奶。可当时，我却喝下了党卫军的牛奶。我还为妈妈偷了点糖。神奇的是，在被发现并被痛打一顿之后，我居然留下了那点糖。

在贝尔根·贝尔森，人们渐渐相信：大家迟早都会死。每个人都这么想。到了某个点，谁都可能会觉得再也无法忍受了。不过，尽管很多人都想结束这种痛苦，真正自杀的人却很少。

贝尔根·贝尔森集中营没有被设计得像比克瑙那么严苛，配备也不相同。这里没有毒气室。我被关押在那里的时候，要做的事其实很少。使人们乏力的不是繁重的苦役，而是物资的匮乏。我们几乎无物可吃，更要命的是，集中营里已无立锥之地。存在完全失去意义。

随之而来的是斑疹伤寒和痢疾的肆虐。

我们已经完全没法洗漱。死亡成了很多人希冀的解脱之途。我觉得，妈妈就一心求死。

1945年的三四月，斑疹伤寒在集中营迅速蔓延，饥荒也到了顶点。然而，时间是双向的。随着时间的推移，我们也觉得胜利就在眼前，可以星期来计算。

不仅如此，在这最黑暗的阶段，我们却不再觉得党卫军会杀光我们。

我们感到他们既没那个时间也没那个欲望。他们全都怕得要死。

1945年4月，集中营每晚都会遭到炮弹袭击。出于安全考虑，我们时常会在黑黢黢的厨房躲到凌晨两点。可当我们在深夜返回到营地时，所有的地方都关门了，我们连坐的地方都找不到。

好几个集中营陆续撤离到贝尔根·贝尔森，使得这个集中营严重超员。一天晚上，两个波布亥克小分队的朋友，就是那两个从十号楼逃出来的姑娘，刚好负责在晚上运送垃圾车，看见我在营地徘徊，便把我领到了她们的宿舍。我就挤在她俩的床铺下过了一晚。

英国人到来之前，我一直在党卫军的厨房做事。这个厨房刚好在集中营的入口处。一天，我在削土豆时，看到了一队坦克的逼近。一开始，我还以为来的是美国人。集中营最后的那段日子非常可怕。我们既没有食物也没有饮用水。囚徒们只能用饭盒在那些肮脏污浊、什么都有的泥坑里舀水喝。党卫军当时也是什么都缺，后来，他们连这些坑里的臭水也收归己用。

那时，我们已经失去了妈妈。

米卢当时只身待在宿舍，而我绝对不会抛弃她。炮弹的袭击最终导致营内一片混乱。出人意料的是，解放反倒成为我们团聚路上的阻碍。为了防止斑疹伤寒蔓延，英国军队一来就将营地分成了两部分。

没错，他们解放了我们，也结束了我在党卫军厨房的苦役。可当我想返回宿舍找寻姐姐的时候，却被他们拉起的铁网给拦住了。在解放的当天晚上，我和姐姐竟然都没能待在一起。第二天，凭着几句蹩脚的英语，我好歹让他们明白了我和姐姐被活生生分开了。我总算通过了隔离线，找到了米卢。

妈妈能在奥斯维辛集中营里幸存简直是个奇迹。羸弱不堪的她一直非常勇敢。波布亥克集中营自上而下都对她的瘦骨嶙峋印象深刻。在一次纳粹党卫军高官视察时，集中营的头目甚至安排她藏起来。后来，妈妈染上了斑疹伤寒，死在了贝尔根·贝尔森。一天，在我结束了劳动找到米卢后，她告诉我，妈妈去世了。

回想起来，妈妈早已身心俱疲。她并不绝望，却因我们的遭遇而饱受折磨。她对人性的看法也发生了变化。她的所见所闻对她造成了极大的精神创伤。就算她能活着和我们一起回家，恐怕也没法接受爸爸和让的死。

某种程度上，我从未接受她的离去。

妈妈从未离我而去。大家一直都在问我，怎么能有如此旺盛的精力，如此热爱工作，怎么能完成这么多的事情，我确信，这都是因为妈妈。当人们问起是否有谁对我影响深刻或者我是否有崇拜之人时，我的答案始终是："没有。在我看来，我的妈妈是世上唯一杰出之人。"

要是她还活着，或许会在一些事情上与我意见相左。她总觉得我不够随和。

她总能用最温柔的语气传达最坚定的信念。

而我却做不到这点。她并不是一个不食人间烟火的圣人，相反，她非常入世。她对政治的兴趣也比表现出来的多。不过，哪怕是在为自己的信念做斗争的时候，她也不忘顾及他人。

虽然当时就在她的身边，我却不知道她离世的具体日期。或许是1945年的1月底，或许是2月初。我们当时已经没有了准确的时间概念，只能拼凑个大概。但是，她生命的最后一个月仍历历在目。在斑疹伤寒的病症未曾加重前，她尚能勉力行走。

我们三人都感染了斑疹伤寒。我的症状最轻。从3月到4月，我仍在劳动，而姐姐却病得很重。妈妈走后，米卢就被悲伤打垮了。在集中营的最后几周，当我们都觉得胜利在望时，我仍要反复对她说："坚持下去，吃点东西吧！"

她整头整脸都是创口。我惊惧地感到,米卢真的可能回不去了。

等到我们获得解放,回到法国后,我才知道姐姐忍受的痛苦。我们住到了姨妈家。

身为医生的姨父在明知分离会给我们造成巨大痛苦的情况下,依然想把米卢送去住院。我的姐姐最终战胜了斑疹伤寒,却在几年后死于车祸。

和她的孩子一起。

那是1952年。

我们刚一起度过了暑假。

米卢的儿子在我们家的花园里留下了他最初也是最后的脚印。

1945年5月，在卡车上坐了五天之后，米卢和我回到了法国。我们对法国的情况一无所知。当我们离开尼斯的时候，所有的消息都掌控在当局手中。报纸也都是当局宣传的喉舌。我们对法国其他地区的情况知之甚少。

一年过去了。一直生活在另一个世界的我们对外界的情况更是茫然无知。在回法国的卡车上，我们碰到了一些法国军队的联络官。他们中的一部分来自抵抗组织，另一部分则只是在履行他们的职责。其中的一位向我们描绘了一幅世界末日般的景象，"法国正在历经劫难，"他说。在他的口中，整个国家都沐浴在火与血之中。此人大概是维希政府的支持者。我们也曾一度相信迎接我们的将是一片混乱。但是，当我们抵达巴黎时，情况却并非如此。

我们看到的完全是另一幅场景：抵抗运动、九死一生的抗德游击队员、法国的光复和针对法奸的肃清运动。

回归的初期很难用言语描述。我已很难适应在床上睡觉或在桌子上用餐。当时，我的记忆十分混乱，也失去了表达的能力。我甚至怀疑自己是否还能读书识字，是否还能对未来有所期待。

我和姐姐会变成什么样？

我们是否还能正常生活？从集中营返回的人和正常人之间有道界限。我们在线的另一边。在我看来，我们始终没能恢复正常。从表面上看，我们可能和普通人别无二致，可内心已经沧海桑田。至少，在对待某些问题上，我们内心深处的感受始终与普通人不同。

我的姨妈和姨父魏斯曼（Weismann）当时仍健在，住在巴黎。我们就住到了他们家。他们已经知道了妈妈去世的消息，却不知道爸爸和让仍下落不明。

他们二十一岁的儿子刚在战争中阵亡。他叫安德烈。这本是他的父亲在"一战"中阵亡兄弟的名字。后者在1918年10月牺牲的，也恰巧是战争结束的前夕。战争又收割了一代人。

我们一贫如洗。魏斯曼一家虽然是医生，但是也已经一文不名。他们的客户早已无所影踪，房子也被掠劫一空，积蓄也见了底。

他们无钱无衣。到达巴黎的第二天，多亏一位好心邻居的接济，我才有了一条裙子和几件内衣。

整个房子弥漫着一种劫后余生的气息。那时真的是家徒四壁。除了镶嵌在墙壁中偷不走的那几块镜子，房子里什么都没有剩下。每天早上，我都得对着一面被子弹打裂的镜子梳洗。镜子中的我四分五裂。这无疑是一种象征。

我们都没有了寄托。我的姐姐米卢病得很重，而姨妈、姨父更是早就失去了生的欲望。可大家都装着还想继续活下去。唯一的方法就是让自己忙起来。姨父开始重操旧业，继续行医。姨妈做了窗帘和灯罩，努力让房子看起来像点样。

我们还不是最惨的。

无论如何，我们都回到了"家"，回到了我们之前一直生活的法国。那些失去了整个家族的人境遇比我们更惨，人还不在少数。不少和我年纪相仿的青年人回来后连一个亲人都找不到。比如那些开战前就被送往德国或奥地利的人，他们留在当地的家人几乎一个不剩。他们中的很多人展现出了非凡的意志。他们曾被打倒，还需要在精神上克服这种创伤。他们最终重建了新生。

我在贝尔根·贝尔森认识了一个年幼的囚徒，他那时只有十二或十三岁，是盖世太保和党卫军的性奴。后来，我们有幸重逢。回归后的他奋发学习，事业有成。我也认识他的妻儿。

他的妻子有天对我说："他从来不谈集中营。"

1945年的夏天，法国的物资极度匮乏。人们缺衣少食。市面上货物的价格也贵得离谱。大家都过着朝不保夕的日子。虽然人们都全力地帮助我们，可偶尔也会好心办坏事。应热纳维耶芙·戴高乐-安东尼奥[1]（Geneviève De Gaulle-Anthonioz）的邀请，米卢和我到瑞士去了一个月。她是一名抵抗运动者，也曾被送往集中营，要在当地办一次讲座。

我们住在尼翁（Nyon）一栋租用的别墅内。很快，我们就有一种进了修道院的感觉。每天早晚，我们都需进行祷告，可参加这次活动的人中有犹太人、不可知论者和天主教徒。我是里面年纪最小的。他们还为我们准备了一些自认为对我们有帮助的活动，如英语课和打字课。一天晚上，我们想出去玩，组织者还规定我们必须要在晚上十点前回来。有几个姑娘去跳了会儿舞，最后我们晚归了十五分钟。对此，他们是这么评价的："在经历了那么多事情之后，你们怎么还有心思玩耍？"

还有更夸张的。一位在洛桑给我们做向导的瑞士人，外表一副和蔼可亲的样子，却总想从我们这探听一些骇人听闻的事情。有一回，在一家商店内，他竟当着店主的面问我："听说党卫军曾让人和狗交配……"那是1945年8月。

还是在瑞士。姨妈的表亲们曾邀请我去做客。他们把我带到了日内瓦几家大商场里，让我自己选衣服。我买了几双鞋，给姐姐挑了几套针织衫。临别时，这些亲人还送了我一块天梭表，不锈钢的，最简单的样式。过海关时，法国海关查得异常严格。他们恨不得扒下我的衣服，让我为手表和鞋子支付高额的关税。这种行径让我出离愤怒。

我拿出了集中营的关押证明。一点作用都没有。这就是我与法国机构初次交锋的经历。

这种无法理解他人、也不被人理解的荒谬感始终伴随着我。

---

[1] 热纳维耶芙·戴高乐-安东尼奥是戴高乐将军的侄女，战后致力于慈善事业。

整个1945年夏天，一个念头一直萦绕在我的脑海："人们会问我们很多问题，但是并不会相信我们的答案。"很多集中营囚徒在归国时身体状况就已极为糟糕。一些人很快便得以入院医治，另一些人则还没来得及送去医院就已离世。人们对这些人的遭遇或怜悯或惊讶或怀疑。我总觉得，我们这些幸存者相当遭人嫌弃。我们就像一群局外人，让人不知如何安置。一些带有侮辱性的、异常的甚至令人难以置信的问题层出不穷。我们很快明白，必须得学会随遇而安。我甚至惊讶地发现，一些比我年长的老抵抗运动战士对这类问题毫无怨怼。也许，集中营的经历已让大家对虐待习以为常。当然，总有被激怒的时候。

集中营幸存者之间的关系也并不总是那么融洽。1955年，我曾前往位于巴黎布兰维利耶街（Rue de Boulainvilliers）的法国抵抗运动集中营幸存者同盟会（Fédération Nationale des Déportés Résistantes，简称FNDR），想在它的诊所开一份医学证明领取津贴。对方毫不迟疑地拒绝了我。后来，我又去了隶属法共的法国爱国抵抗运动集中营幸存者同盟会（Fédération Nationale des Déportés et Internés, Résistants et Patriotes，简称FNDIRP）。可因为我从未登记注册，他们也拒绝了我的要求。最后，是一位医生帮我开的证明。

除了布痕瓦尔德集中营[1]（Buchenwald）以外，其他集中营中的犹太人很少有人幸存。战后初期，这些幸存者并没有形成组织。犹太孤儿慈善会（Œuvre de Secours aux Enfants，简称OSE）可算是唯一由犹太人组织的机构。这个慈善会招募了一批医生，为父母都被送去集中营的孤儿们提供了一个容身之所。除此之外，似乎就没有其他类似的犹太人组织了。

1945年夏天，针对"二战"期间与德国法西斯通敌的法奸诉讼正式

---

[1] 布痕瓦尔德集中营是纳粹在德国魏玛附近所建立的集中营，建立于1937年7月，是建立得最早，也是最为臭名昭著的集中营之一。该集中营于1945年4月11日被盟军解放。

开启，对贝当的诉讼也位列其中。我从报纸上看了相关诉讼的概述，惊异地发现对犹太人的迫害和关押竟未引起丝毫的重视。贝当一案的结果一直悬而未决，大家都在关注法国人在这个问题上出现的分歧，对犹太人身上发生的惨剧却只字不提。当然，人们都知道幸存者们回归了，也知道这些人的家属，或是仅存的家人们将他们从卢滕西亚酒店（Hôtel Lutetia）或车站接回了家。

为人所津津乐道的只有那些曾被关押的抵抗运动者。他们大多被塑造成伟大的英雄，回家后也都找回了自己的家人和朋友。而回归的犹太人则几乎无人问津。这些犹太幸存者大部分都是年轻人，很多都有外籍血统。回到从小长大的地方后，他们却发现自己已经一无所有，家破人亡。很多人连个容身之处都没有，更别提租房或谋生的资金。这些人贫困交加，却无人在意。

那时的法国，好几件重要的事件已经发生。我们错过了光复，也没能赶上战争刚刚胜利的那几天。而我们后来遇到的每个人对这段时期的感受也不尽相同。

这个时期成为我们生命中的空白。我至今都无法将其还原，也永远不可能用自己的眼睛去了解那段时间所发生的事情。

最难忍受的大概就是别人看我们的眼神。一些人对我们深表同情。他们很想和我们聊聊却又不知道该说什么。他们总在担心说得太多或太少。

我们也会遇到一些对我们的遭遇毫不在意的人，听到一些冒犯或粗俗的评论。每到夏日，当我和姐姐身着短袖的时候，手上的编号就会显露出来。这时，就会有人议论纷纷。"我还以为他们都死了"或"哎哟，居然还有活着回来的啊"。他们心里想的大概是："他们为什么会在这里出现？"在法国，这么多年来，这类奇怪的，尤其是关于我手上文身的言论一直未曾消失过。在德国，20世纪50年代初的时候，一位法国的领事曾问我手上文的是不是衣帽间的号码。普里莫·莱维（Primo Levi）在《假如这是个人》（*Si c'est un Homme*）一书中也描述了归国后遭遇的可怕误解。

回到巴黎后，一个我很喜欢的朋友轻描淡写地对我说："你肯定遭受了不止一次的侮辱……"我本不该因此痛苦或背上包袱。

诚然，集中营内确有强奸犹太妇女的事情发生。但这种事并没有发生在我的身上。

纳粹的排犹主义在这方面倒是保护了我们。与犹太妇女的任何接触都是被禁止的。

战后，人们对这种事情的好奇心和饱含怀疑的异样眼光深深地冒犯了我。这种眼光让回归蒙上了阴影。

后来，在我与法国-以色列中心（Maison France-Israël）的一群犹太年轻人辩论时，这种怀疑再次出现。他们中的一个人曾当面问我："您到底做了什么才得以活着离开集中营？"这不啻问我为了自保，到底杀了多少人。

那天，虽然身体抱恙，我仍说了自己想说的话。就是不想听我作答的人也只能听我发言。

不过，当集中营的幸存者们相聚之时，他们就会感到一种强烈的存在感。人们本想杀掉他们，但是他们依然活着。他们的对手输了。多少年了，这种事情我们看得太多了。讲出我们的经历真的很有必要。

未曾经历过的人很难明白。他们可能认为我们的讲述有一种残酷和愤世嫉俗之感。可对我们而言，这是表达的唯一途径。

我仍记得，一次，我们几个集中营幸存同伴们一起前往里昂拜访另一名同伴。一行十来个人坐在一列没有包厢的列车里，在大庭广众之下谈论着当年的事情。同车的旅客恐怕都会诧异于我们所用的那种残酷而愤世嫉俗的语气。

1945年5月末的时候，我得知奥斯维辛集中营女性幸存者友好协会（Amicale des Annciennes Déportées d'Auschwitz）成立了。我本想加入这个协会，以便找回当年的同伴。这个协会的管理和组织由法共统领。在我看来，她们其实并不是奥斯维辛-比克瑙中最具代表性的团体。的确，她们中的一些人从一开始就被关进了集中营，并在那里待了很长时间，很多人没能回来。但是，她们并非当时集中营中被关押的大多数。我们不应只关注幸存者，还应关注那数以几十万计的逝者。泽格·克拉斯菲尔德（Serge Klarsfeld）和他所主持的面向集中营犹太人受害者后裔的协会给这类互助和纪念的工作开辟了一个新的方向。

让我诧异的是，半个多世纪过去了，依旧无人了解事情的真相。没人能真正体会这些事情所引发的焦虑和创伤。我一直在阅读相关的见证和历史书籍。那段时间发生的事情真的超乎人类的理解和想象。一本关于集中营关押的书籍给我留下了非常深刻的印象，我甚至给作者写了封信询问书中所记究竟是事实还是虚构。他是这么回复我的："这是我父母的故事，只字未改。"

人们并不了解，有多少家庭在战争中几乎惨遭灭门。我本人的同伴中就有很多人的家人几乎全部埋骨波兰。待他们回到法国之后，完全举目无亲。

集中营的经历留下的烙印极深。这是一种感官性的、不可抹去、难以描述的东西。有很长一段时间，我都害怕进警局，害怕碰到穿制服的人，害怕穿越边境，生怕会遇到什么问题。与此同时，我又特别想挑战权威。也许是因为我的父亲当时没有足够警醒，没能料到后来发生的事情。他坚信自己处于保护之下，却为此付出了生命的代价。在很长一段时间里，我都活在这种恐惧中，哪怕我对自己的祖国有着强烈的归属感。

直至今天，某种特殊的味道，一丝寒冷，哪怕一个幻象都能让我产生一种被我称为闪回的东西，勾起模糊而残酷的记忆。这种情况总是来得猝不及防。有时，一个起初看起来非常正面，甚至是幸福的画面都可能会引发焦虑。哪怕看着一群孩子都能把我带回大屠杀的年代。

最近，我陪孙子去参加了一个宗教仪式。他旁边有两个漂亮的小姑娘。其中的一个小女孩让我想起了巴黎或耶路撒冷的犹太人大屠杀纪念馆馆藏照片上的孩子。只要想起这些照片，我就会心如刀绞。

这些照片都是在那些被送往集中营的犹太家庭所遗留的空屋中找到的。照片里的孩子们大多盛装打扮。这是当时照相的习惯。那时，人们往往在婚礼和家庭节日时才照相。

在比利时梅赫伦（Malines）的纪念馆中有很多这类照片。上面的孩子都为了照相而盛装打扮。在这个纪念馆的墙上，我们可以看到一个家庭在战争中的遭遇：随着战争的发展，照片上的面孔越来越少，家里的人被一个个送去了集中营。最后，只剩下一张脸，要么是个被藏起来的孩子，要么是个幸存的大人。这些盛装打扮的孩子，他们那无可挑剔的发型和水手服，对我来说是一幅幅极为美丽也极难忍受的画面。

那些被藏匿起来的孩子也同样是受害者。我的一位堂姐妹，我父亲的一个侄女就是个例子。她在战争中被家人藏起来了，想和我谈谈这段经历。这是件痛苦艰难的事情。他们并不清楚自己的亲人们是怎么去世的。无从想象就更加难以承受。真相过于残酷，异常恐怖。在我们到达比克瑙后，没过多久，那些久在集中营的前辈，他们通常都是些极端现实的人——恐怕也找不到其他更好的说法了——就告诉了我们真相：从烟囱里排出来的烟便是我们曾经所识之人的残余。我们在集中营的日子让我们多少能够承受并带着这种痛苦继续生存下去，我无法用接受一词，因为这种事情是无法接受的。而这些逝去之人的后代，他们，没法承受这种死亡。他们什么都不知道，还要伴随这种无知和空虚生存下去。

现在总有人发出这种论调:"别再谈犹太大屠杀了。后来发生了那么多可怕的事情。每个年代都有它的悲剧。"这些人完全没有意识到,在很长一段时间里,大屠杀一直都是个无人敢谈的话题。

在美国,直到20世纪70年代,犹太幸存者仍拒绝作证。就算在以色列也同样如此,过了很久之后才有人发声。这种情况直到艾希曼审判[1]之后才有所改观。

在以色列,甚至有人提出了这样一个观点:欧洲的犹太人本可以自救,他们本来完全能够抵抗纳粹,却任人宰割。这种不切实际的幻想多少含有某种蔑视,至少也是种不理解。这也能解释为什么犹太人沉默如此之久。我有几个去了以色列的同伴就从来未曾向人提起自己曾被送入集中营。

直至今日,我认为这一代人所受的精神创伤的深度仍未被人们准确的理解。时间什么都没能消除。在法国,我们仍旧会谈圣巴托洛缪大屠杀和宗教战争……法国大革命就更不用说了!

而很快,集中营一代就要退出历史舞台了,但犹太大屠杀离我们并不遥远。我们总能听到人们在说,应该忘记,应该原谅。可这两者根本就不是一回事。我们要不惜一切代价地避免遗忘。

至于原谅……谁能原谅?在《向阳花》(*Les Fleurs de Soleil*)一书中,西蒙·维森塔尔(Simon Wiesenthal)讲述了1942年在伦贝格[2](Lemberg)发生的一个故事。一名年轻的党卫军在死前向他忏悔自己所犯的罪孽并希望能得到他,一位犹太人的原谅。西蒙·维森塔尔拒绝了他。在之后的讲述中,作者不断地在自问,自己是否做了正确的选择。在书的最后,他请了很多人物来回答这个问题:一些哲人、一位天主教的神父和一位

---

[1] 阿道夫·艾希曼,德国纳粹高官,也是在犹太人大屠杀中所执行的"最终方案"的主要负责人。他于1960年在阿根廷被捕,并于1961年被判处死刑。
[2] 今为乌克兰利沃夫市。1942—1943年曾有数万名犹太人在此被杀。1943年此地的犹太人隔离区被拆除。

拉比。

我参与了这场辩论。对我来说，我能理解维森塔尔的立场：原谅的权力并不属于我们这些幸存者。

有权决定是否原谅的是那些已经死去的人。

所以，现在的问题是，如何与已发生的事情和解共生，如何让人与人和平共处。

我希望能与德国人达成和解。

我也希望整个欧洲能够成为一体。

但前提是不能遗忘。

从集中营回来后，我发觉自己完全变了。之前，我一向快乐、爱美，大部分时间都很肤浅，总追求一些无用的东西。回来以后，我开始区分最为重要和不那么重要的东西。我总在自问："这重要吗？"

我对他人也比以前严格，因为我会以这个新的要求来对待他们。我对一些以前不会太在意的事情也更加敏感。

很快，我就打定主意出去工作。

我的母亲一直受困于家庭妇女这个身份。她总对我说："必须经济独立。要学一些以后好就业的专业。"虽然孩子是她的幸福源泉，但她在经济上却时刻要仰丈夫的鼻息。她那个年代的妇女可不敢抱怨这个。那时婚姻关系的约束力非常强。就算妻子一方有财产，也归丈夫管。

我们这代自然是不愿继续保持这种女性的生活环境。对我来说，学业是一个必需品，一份责任。然而，若是当时我需要再考一次高中毕业会考，恐怕我也没那个勇气。不过，当我从集中营回来后，我很快就得知自己考过了那场在被捕前一天参加的考试。

当时摆在我和米卢面前的有两条路：工作或继续学业。当时的我还没法预见自己以后的职业生涯。我的姨妈和姨父当时重新开始了他们的工作，保证了我们衣食无忧。这让我和米卢能安心学习。并不是所有人都能像我们这样幸运。

1945年9月，我成为巴黎政治学院（Science Po）的新生。那时，政治学院会组织专门针对女生的入学考试。我获得了免试入学的资格。

当时入学的很多学生都有着特殊的背景。我就像加入了一个聚集了一群背景各异的学生所组成的"会议"。作为一个从外省来的，没有什么背景和关系的学生，我总觉得自己是个异乡人。后来进入法学院后也依旧如此。

战后的巴黎百废俱兴，物资贫乏。但是人们依旧出门会友，歌舞升平。我不是个会打扮的人。年少之时，我也懂得眉目传情，可并没有约会的经历。而那时，我对跳舞、调情一类的事情已丝毫不感兴趣。我也曾接受过一些邀请，但是不到十分钟我就待不下去了。

就是婚后头几年，我仍拒绝参与社交活动。我既不想和人交流，也不愿出现在公共场合。我还记得，在一次高朋满座、极有格调的宴会上，我整场都待在窗帘之后。

1946年初，政治学院的朋友邀我一起去滑雪。这是自战争以来，我的第一次旅行。安托万·韦伊（Antoine Veil）就是这群朋友中的一员。我们去了他的家乡格勒诺布尔。在很多方面，无论是文化还是历史，他们家都和我家非常相似。我又找回了家的感觉。当时我十九岁，安托万二十岁。1946年秋我们就结婚了。我们的长子出生于1947年底。第二年，次子尼古拉出生。

1947年，安托万获得了议会专员的职位，之后人们又推荐他去德国负责奥地利和德国事务的特派专员身边工作。那时的德国还处于盟军的管理下。我们接受了这份工作。一些近亲并不理解我们的这个选择，我们其实也知道。1950年1月，我和我的丈夫一起去了位于莱茵河畔的威斯巴登。

对我来说，德国已经今非昔比。既不是同一个政府也不是同一群人民。我无法把过去与现在勾连，所以，我并没有感到憎恨。我曾经的经历实在过于异常，与日常生活，无论是法国的还是德国的，完全脱节。

离战争结束已有五年。我们住在美国占领区，碰到的大多都是法国人和美国人。在商店都很少碰到德国人。我的两个儿子倒是上了德国人办的幼儿园，开始学习德语。而我终生都没有学德语。

在这个战后的德国，没有什么能让我想起集中营。人们都正常的生活，正常的说话，没有人咆哮。凡此种种，让人很难想象五年前德国的样子。

后来，在我进入欧洲议会之后，曾遇到过几个在第三帝国时期已然成年的德国议员（指那些在纳粹统治时期已经成年，心智成熟，有能力改变当时状况的人）。我问了几个在当时听来相当刺耳的问题："他们当时在干什么，他们那段时间跑哪儿去了？"

我总在思考，这等穷凶极恶的事情怎么会发端于德国这样一个如此发达和文明的国家。一天，在斯特拉斯堡的一场音乐会上，我曾向耶胡迪·梅纽因（Yehudi Menuhin）请教了这个问题。他不仅是位伟大的音乐家，同样也是一个学识广博之人。在他看来，纳粹之怖无理可循，连如此精深的德国文化都没能阻止。在德国四处奏响深入人心的音乐也并没有起到丝毫的作用。

德国与犹太人的历史真的非常特殊，令人匪夷所思。在19世纪初期，欧洲对犹太人的歧视其实已近消失。1805年开始，法国的犹太人就已能成为公民。尽管屠杀仍时有发生，尤其在东欧地区，犹太人也会在工作上受到歧视，但是隔离区已然快要消失。1930年以前，大方向就是如此。

悠久和独特的德国文化对犹太人的态度实际上比很多欧洲国家要好得多。莱茵河畔的一些大城市尤为如此。这些城市里有着为数众多的犹太团体，长时间都受到特殊身份的保护。与其他的基督教地区相比，莱茵河畔的免税老城会给犹太人提供一些优惠便利的条件。然而，德国人对犹太人的抓捕也正是从莱茵地区开始的。

这个地区的犹太人也是最早逃往法国的一批难民。其中的一些人后来被关进了居尔（Gurs）集中营[1]，随后被送往其他的集中营。

纳粹主义横扫了德国的传统，狠狠践踏了启蒙时期以来所建立的现代思想和宽容政策。它建立了一种与民族国家传统相悖的、基于种族灭绝的意识形态。希特勒所倡导的排犹主义真的是别出心裁。他不仅只在感情上对犹太人的深恶痛绝，还建立了一整套灭绝方案。尤其在1942年的万湖会议[2]之后，人们甚至可以怀疑，对纳粹而言，灭绝整个欧洲

---

[1] 居尔是法国西南部巴斯克地区的一个小镇，"二战"时最早建立集中营的地点之一。
[2] 1942年1月20日，纳粹德国的高级官员在柏林近郊万湖召开了臭名昭著的"万湖会议"。此次会议的目的在于"最终解决犹太人问题"，把对犹太人的迫害升级到肉体消灭。大多数学者都认同，万湖会议是第一个论及犹太人大屠杀的会议。

的犹太人似乎比取得战争的胜利更为重要。纳粹在这方面的方案是那么严丝合扣,真是前无古人。可尽管如此,德国犹太人仍以德国人自居。在比克瑙,我曾碰到一位被关押的德国犹太人女性,她依旧觉得自己的国家十分优越。

她仍以身为德国人而自豪。

有人偶尔会问我，从集中营回来之后，我是如何找回生的欲望的。在我看来，唯一一个站得住脚的理由是：我们没有别的选择。无论是个人还是国家都是如此。在佛朗哥政权消亡后，人们也对西班牙人提出了类似的问题：在内战之后，你们是如何这么轻易地就重建了一个新的国家？在欧洲议会里，我看见几个父辈打得你死我活的西班牙议员之间也能以"你"相称。被枪杀之人的儿子和杀父仇人的儿子相谈甚欢。

当悲剧已经发展到这种程度，也就只剩两个选择：永远困于其中或是重新活下去。战后，我选择了活下去。我的大欧洲情怀和为和解所做的努力——真的是努力——都来源于生的欲望。我属于会这么想的一类人："如果我们不做，我们的子孙将遭遇更加可怕的事情。"在面对大屠杀或"种族清洗"时，虽然我们肯定还会与其多次交锋，总有一些时候，站在对立面的双方中的大多数人还是会想方设法地握手言和。

与此同时，和解的过程应该具体问题具体分析。将所有人都送上法庭和组织几个盛大的审判在我看来都是行不通的。而人们也不可能既往不咎，一笑泯恩仇。所以，在内战或大屠杀之后强行将双方拉在一起也是行不通的。1999年，在科索沃这个因塞族和科索沃独立分子之间的矛盾而分裂的前南斯拉夫地区实行的调解政策显然就没成功。当人们对矛盾的双方说："分裂不好，要像对待自己的民族和宗教一样接受其他的民族和宗教"时，这事就基本已经黄了。因为双方刚刚经历了一场死斗，创口仍需时间来抚平。只用这种观点来进行调解往往是不够的。集中营的经历决定了我在欧洲一体化一事上的立场。我坚信和解对欧洲人民来说是必需的。

我也知道，这需要时间。

在我的童年时期，"一战"的影响无处不在。1945年至今的时间间隔比两次世界大战的间隔要长得多。对整个法国社会的家庭而言，"一战"的影响远比"二战"的深远。现在，当人们站在布列塔尼地区的"一战"阵亡将士纪念碑前时，往往会被上面的数字所震撼。列在上面的都是农民，全是步兵。战争时，他们往往会被派到最前线，成为人们口中的"炮灰"。这些人的阵亡率可以达到十分之一甚至更高。在1916年的凡尔登战役中，当一个步兵从战壕爬出来冲锋的时候，他几乎可以肯定自己是回不来了。若是途径东部高速公路进入巴黎，还能很清楚地看到1914年德军深入的范围和造成的严重影响。"一战"造成了悲剧性的影响：到处都是孤儿寡母，国力也极度衰退。

随后，各方开始极力掩盖事情的真相。斯坦利·库布里克（Stanley Kubrick）的那部讲述兵变的电影《光荣之路》（*Les Sentiers de la Gloire*）曾长期在法国禁播。在我年少之时，关于"一战"，无人能表示中立。我的父亲属于那些明明已经是胜利一方却依旧希望能够"复仇"的那群人，他们宣称，只要有机会，就一定要杀光所有德国人。在当年那些爱国的报刊上，我们总能读到一些将德国展示成法国"世仇"的文章。1945年以后，弗朗斯瓦·莫里亚克（François Mauriac）曾说："我是那么爱德国，现在一下有了两个，真是让我喜出望外。"

尽管法德两个民族之间的裂痕如此之深，可"一战"一结束，一些有识之士就很快意识到，假如法德不能和解，战争将很快以更加残酷的形式再次打响。20世纪50年代以来，第三次世界大战的阴霾逐渐成形。人们总是担心德国人为了统一会不惜与苏联决裂。

我对这些问题的看法都基于我在集中营的经历。确实存在让大家和平共处的理性之法，前提是大家能定下一些方式。其中之一便是记忆。在这方面，德国人真的是做得很不错。在教育方面，他们比我们做得更好。他们组织的展览和纪念活动都比我们多。这种情况会持续多久？谁也不知道，但至少他们的努力是有目共睹的。更让人叹为观止的是，自从发现没有犹太人的德国不是真正的德国之后，他们立马便向俄罗斯的犹太人伸出了橄榄枝。

1954年，我和丈夫从德国回到法国。他被国立行政学校（ENA）录取了。之后他去摩洛哥实习了一年，我也跟着去了。然后，我们回到了巴黎。很快，我们的第三个儿子出生。在我丈夫从国立行政学校毕业之际，我对他说："很快，你就要开始自己的职业生涯，现在该让我出去工作了。我会到一个诉讼代理那里去实习，做好当律师的准备。"在怀第三个孩子的时候，我学习了法律，然后才告诉我的丈夫自己想做一名律师。可安托万却说："律师这个职业要为各种人辩护，并不适合女性……"战役还未打响似乎就已落败。我开始寻找其他的职业。很快，安托万给了我一个建议："这几年来，一直有女性当上法官。做法官的话，你就能一直在正义这方了……"当时，我并不把法官视作一个审判者，而是法律和正义的维护者。国家司法学院（École Nationale de la Magistrature）那时还尚未成立，我在巴黎准备并通过了司法考试，之后便在法院实习。当时之所以有女性选择这一职业完全是因为这份工作的薪酬不足以吸引男性。1955年的法国正处于全面复苏的阶段，对于学法律的男性来说，私有企业的待遇更有吸引力。

我被分配到了监狱管理局（Administration Pénitentiaire）。我虽然自己就曾是名集中营的囚徒，但与热纳维耶芙·戴高乐-安东尼奥不同的是，我总是极力避免做任何比较。以拥有集中营的经历为名，热纳维耶芙·戴高乐-安东尼奥全身心地奋战在那些境况极度困难的幸存者周围。而在监狱工作的我则选择不与任何人建立如此直接的联系。我始终认为监狱是一种必要的惩戒手段。一方面，监狱可以阻止犯罪分子再犯罪；另一方面，社会必须要有自我防卫的手段。不过，我的个人经历让我对惩罚的意义和监禁条件的看法产生了一定变化。任何时候都不应让人失去自尊心，也不能侮辱他人。

当我在1957年入职监狱管理局时，为数不少的典狱长都曾经历过抵抗运动和集中营。他们中的一些人之所以选择这个职业，就是因为他们曾经受过的苦。他们十分希望能对监狱制度进行改革。当时大部分监狱的状况都十分糟糕。我也不是说现在的监狱堪比宫殿，但是在20世纪50年代的法国，居然还存在着一些中世纪的牢房。这些牢房个个人满为患。这类牢房后来大多都被拆除了。

那些年刚好刮起了一阵改革的风潮。大家的改革热情有目共睹，新的思想也不断涌现。犯罪学家、法学家和医生们全都携手合作。一些囚犯也加入了这场集体的反思，在释放者重返社会这一问题上贡献良多。我们一直想拉近囚犯与他们囚禁以前生活的距离，让其亲朋好友的探望变得更加容易。我们会根据他们重返社会的概率对其进行分组。还开办了面向二十到二十五岁囚犯的监狱学校。可惜的是，到了20世纪60年代末，改革精神渐渐疲软，人们不再那么锐意改革。

在监狱管理局，我一开始并不怎么受欢迎。我的任务是巡察各地监狱和培训典狱长。一个女人坐在这种位置上真的不容易。不过，在受到短暂的排挤之后，一切开始柳暗花明。这份工作让我非常着迷，我甚至会要求家人选个离监狱近的地方度假。我们从来没有足够的时间去很好地完成我们的监督工作，所以我不得不拿出自己的私人时间。一年盛夏，不顾丈夫和儿子的强烈反对，我抛下他们跑去了尼姆的监狱……

那时，负责这项工作的只有我一个女性。我在监狱管理局的"居留办"（Bureau de Détention）工作，负责有条件释放、重返社会再适应帮助、青少年囚犯的教育和医疗组织。我还想帮助那些几乎被人遗忘的女犯，她们的境况十分令人忧心。那些因为重罪而获判长期监禁的女犯会被置于严厉的管束之下。我曾专门探访了雷恩的中央监狱。那里的副典狱长是个女性。这种情况十分罕见，最高领导的职位一般都由男性担当。很明显，这位女副典狱长对我们改革的想法一点也不买账。她在监狱所推行的便是严厉的管理制度。犯人们的生活毫无自由。她们被严禁交谈。哪怕一个犯人在食堂与另一个犯人交换食物，也会立刻引起怀疑。

在我入职时，弗朗斯瓦·密特朗是司法部部长。1958年戴高乐将军上台之后，他任命埃德蒙·米舍莱（Edmond Michelet）接替了这一位置。米舍莱曾是被关入集中营的抵抗运动战士。上任后，米舍莱面对的即是一大群与阿尔及利亚战争相关的犯人。他们大多是"阿尔及利亚民族解放阵线"（Front National de Libération，简称FLN）或"阿尔及利亚国家运动"（Mouvement National de l'Algérie，简称MNA）的积极分子，支持阿尔及利亚独立。这些犯人觉得关押的条件太差，国家解放阵线的高级别负责人一直在为其申请获得政治犯的待遇。这一要求遭到了拒绝。我们当时并不认为阿尔及利亚战争算是冲突，甚至不觉得这是场政治交锋。

埃德蒙·米舍莱确信与国家解放阵线的磋商势在必行。他的个人情感也坚定了这一政治信念。在我看来，这些关押者的关押条件是与解放阵线进行协商的一个重要砝码，甚至会影响我们与阿尔及利亚政权之后的关系。《法国观察报》(*France Observateur*)曾经报道过法属阿尔及利亚监狱的糟糕条件。一个曾在毛特豪森待过的记者甚至将其与纳粹集中营的贝鲁阿吉亚[1]（Berrouaghia）监狱相提并论。埃德蒙·米舍莱与热尔梅娜·迪隆（Germaine Tillon）相交甚密，我也认识后者。这位前抵抗运动战士当时是阿尔及利亚总督身边的重要幕僚之一。她专门负责社会援助和教育政策。时任司法部部长的米舍莱将我推荐给了她："在监狱管理局有个年轻的女法官，她是集中营的幸存者，何不派她去调查一下阿尔及利亚的监狱？"

戴高乐将军上台时，很多死刑尚未执行，而戴高乐决定终止死刑。在当时，这一决定遇到了相当大的阻力。阿尔及利亚的法国人威胁着要自行处决这些犯人。我们十分担心监狱会发生暴动。必须要保护那些已被判刑之人。

1959年5月，我启程前往阿尔及利亚巡视当地的监狱。去之前，我没有和任何人打招呼。住的旅馆都很寒酸，连个电话都没有。当时，阿尔及利亚的管理层最为苦恼的问题是：究竟是否要将那些死刑犯送回法国本土。于是，我便向司法部部长——汇报了每所监狱的具体情况。贝鲁阿吉亚监狱的问题在于周边的安全问题，内部的破败和管理制度的松懈。监狱的纪律过于压抑。那些受尽刁难之人则终日以泪洗面。当我到达康斯坦丁的监狱时，典狱长和我说了这么句话："若您是来视察断头台

---

[1] 贝鲁阿吉亚位于阿尔及利亚首都阿尔及尔西南方向八十多公里处。

的，我可以向您保证它肯定锋利，我们总在用它……"

这就是我当时工作的背景。

在我递交了报告之后，所有的死刑犯都被送回了法国本土。他们的关押环境并不一定比之前好多少，但是至少他们的安全得到了保障。我们也带回了受伤的女犯。一些是因为安放炸弹时受的伤，另一些则是遭到了虐待。我将她们都安排进了波城的一间小看管所，那里的条件虽然不怎么样，但是看守是个很有人情味的人。这样她们就能待在一起，关押的条件也相对没那么苛刻。在那里，她们可以打牌或者看书。当时我们认为，这些女囚应该很快就被释放，也很有可能成为新政权的精英骨干。然而事实上，她们中的大部分后来都被遣送回家了。1962年，大赦方至。其间，出于安全考虑，一些阿尔及利亚女犯被送回了雷恩女性监狱。那时正是"法国秘密军组织"[1]（Organisation de l'Armée Secrète，简称OAS）猖獗之时。我、吉塞勒·哈利米[2]（Gisèle Halimi）和其他几名律师一直在为她们的释放而积极奔走。我还亲自前往弗雷讷（Fresnes），通知阿尔及尔战役中的著名战士亚瑟夫·萨迪（Yacef Saâdi），他已得到赦免。他对我说，他希望阿尔及利亚民族解放阵线的所有人，无论官职高低，都能得到赦免。虽然人们偶尔会让我来决定是否释放这些阿尔及利亚犯人，但是一切的决定都要得到司法部部长和部里大多数人的认可。

那时，只要涉及印度支那战争和阿尔及利亚战争这类问题，政党内部的意见就会出现极大分歧。压力无处不在。法国最后一任阿尔及利亚的总督罗贝尔·拉科斯特（Robert Lacoste）出身于社会党。大家都认为，

---

[1] 1961年，一群不甘心失去阿尔及利亚的法国前军官组成了秘密军组织，目标是消灭所有阿尔及利亚独立的支持者。1961—1962年间，该组织在阿尔及利亚和法国制造了大量的恐怖事件。

[2] 吉塞勒·哈利米是法国著名的女律师、女权主义者和政治人物。在20世纪50年代，她曾积极维护阿尔及利亚独立分子的权利，为他们进行辩护。

按理说，他会采用和平和谈判的方式来解决问题。可上任后，面对敌对势力和各方态势，他便退缩了。唯有戴高乐将军主动发起了和平协商的倡议。他的司法部部长埃德蒙·米舍莱和内阁也对此表示赞同。

我当时就处在这样风云诡谲的政治氛围之下。

那个时期，法国政坛的分歧已经处于白热化。这不像"国家在经济中的地位"这种问题，戴高乐主义者和社会党在这一类问题上的观点其实非常相近，我们所面对的是去殖民化引发的矛盾。几年以后，人们又在欧盟一体化的问题上针锋相对。在后一个影响20世纪60年代政坛的问题上，我更赞同社会党人的观点。戴高乐主义者倾向"独立"，态度更为强硬。他们希望用一种松散而非融合的方式实现欧洲一体化。严重的政治分歧使得被我们称为"第三势力"（Troisième Force）的政治势力只能夹缝求生。

20世纪50年代中期，我非常支持孟戴斯-弗朗斯[1]（Mendès France）。他提出的一些新观点让我们重拾希望，可惜他未能获得议会大多数选票。为了阻止他将想法付诸实践，国民议会里甚至出现了一些非常规的政治同盟。没人希望他成功，而他也绝不妥协。当时，第四共和国已经陷入瘫痪。很多反对他的人其实是想做一个清算，希望能结束这一政体。至于我，我往往会根据议员候选人和实际情况去投左派或右派。我也从未积极参与过什么政治活动。另外，作为一名法官，我不应对某个党派公开表示支持。不过，从1968年开始，我一直是法官总工会的成员。这个组织的元老们觉得法国的司法需要进行深入的改革，无论是其职能或招聘的机制均是如此。

---

[1] 皮埃尔·孟戴斯-弗朗斯，法国社会党国务活动家、法兰西第四共和国总理兼外交部部长、经济学家。

在这点上，我同意他们的观点。

当时的司法系统真是一团乱麻。戴高乐政府的前总理，法学专业出身的米歇尔·德勃雷（Michel Debré）从1959年开始就致力于这方面的改革。不过很快，改革就搁浅了。60年代初，一切都以经济发展为中心。经济至上的情况一直延续到1981年以后。在议会中，国立行政学校的毕业生取代了法学专家。司法和正义不再是人们关心的重点。

在1974年以前，我从未想过进入政坛。德斯坦在总统竞选时提出要让女性进入他的政府。那时，我在司法部的立法部工作，时常能和部长见面。我负责为他初步整理一些立法相关的问题，列出要点以便其准备议会演讲。另外，我还起草了一些与家庭权利相关的议案。我就是这么进入政府的。不过，那时我觉得自己肯定待不了多久。我总觉得："我一定很快就会犯错，然后回到司法部门。"

可以肯定地说，我之所以能从政，完全因为我是个女人。我刚好碰到了人们希望女性从政的时机。对德斯坦而言，这并不仅仅是出于选举的考量，而是一个不可或缺的革命。在他七年的总统任期内，至少头几年，他一直致力于法国政治和社会的现代化。他是真的相信女性，并不是装模作样。

谈及这些，并不是说女性就不再遭受歧视了。我很清楚，女性在很多方面依旧深受其害，包括政治生活。但从个人经历而言，至少在我从政的初期，我没什么可抱怨的。我既不属于某个政党，也不是什么社会活动家，也没有参加过选举，更不是什么议员。我就这么幸运地被人请进了政府。

1974年，德斯坦在总统竞选时提出要让自愿终止妊娠合法化。当选之后，他便着手促进这个计划的实现。在以希拉克为首的内阁中，让·勒卡尼埃（Jean Lecanuet）任司法部部长，我是卫生部部长。在促进自愿终止妊娠合法化这件事上，德斯坦更倾向从公共卫生而非司法的角度切入。指针已向我倾斜。不仅如此，总统还认为这样一个计划由一个女性来辩护更容易。而且，他在这件事上非常坚定，毫不犹豫地推行这一计划。他的内政部长，米歇尔·波尼亚托夫斯基（Michel Poniatowski）之前一直在提醒他：非法人流已呈泛滥之势并对日常社会秩序造成了严重的影响。

　　当时的总统多数派里包含有中间派、戴高乐主义者和基督教民主党，这些人中反对这一计划的不在少数。就连总理雅克·希拉克一开始也并不看好这一议案。他觉得这不过是总统的突发奇想。由于充分了解该议案在其阵营中是多么的不受欢迎，他不是很明白我为什么要如此坚持。可当政府做出决定后，该议案就变得势在必行了，必须要通过立法投票。

　　之后，希拉克开始给予了我全方位的支持。首先，是精神支持。他经常给我打电话。其次，是政治支持。当需要对法案进行一些修正，尤其是那些与自愿终止妊娠相关的修正时——这非常重要——他总会站在我这边。

　　在议案投票结束后，我觉得周边，无论是我身边还是更为上层的政治圈，尤其是总统多数派的一些成员，对我的态度开始发生变化。这种变化并非立刻出现，因为大部分人认为我的声望肯定是昙花一现。很多人说："人们是注意到她了，可她始终是个新人，这种声望维持不了几个月。她有那么重的文书工作要做，最终一定会以失败告终。"那时，很少有女性会在政治上冒险。

　　可出人意料的是，我的声望不但没有减弱，还得到了民调的证实，并且随着时间的推移逐渐增强。专家们都觉得不可思议，他们从来没有见过如此高的声望可以延续这么久。哪怕之后我不再涉足法国政坛，我的民望依旧。这无疑让我所属的政治阵营产生了某种不快。一些人私下会说："无论如何，西蒙娜·韦伊是个连话都说不清楚的笨嘴葫芦，无知透顶。她就是傻人有傻福。她就会煽情，知道怎么在民众面前哭，这是她唯一会做的事……"

从20世纪70年代开始，我已经对一些事情习以为常了：我在左派中的形象远比在一些保守的右派中要好得多。在后者这个圈子里，经常有男性对我说："我的夫人非常崇拜你！"原话就是如此。好像只有女人可以欣赏其他女人一样……

1977—1978年间，很多人担心自愿终止妊娠法案的成功会让我一举登顶。人们担心我会因此生出不该有的野心，危及我们这一阵营中的其他候选人。1979年，当欧洲议会首次举行普选时，德斯坦让我代表"法国民主联盟"政党（Union pour la Démocratie Française，简称UDF）参选。当我成为欧洲议会主席，离开法国政坛后，有些人如释重负。

后来，一些人，或者说一些女性，总试图让我回归法国政坛，甚至提出让我参选法国总统。这种提议通常都来自女性，她们总说不能让事情再这样下去了，必须要继续为女性主义抗争。直至今日，每当有选举，总有人给我写信："法国需要您。"确实，在1984年的欧洲议会选举中，我领导的右翼联盟取得了前所未有的胜利。我们取得了43%的选票，并成功成为欧洲议会中的绝对多数。这无疑是一次完胜。不过，法国右派却极力降低这次胜利的影响。我又一次意识到自己踩到了一些天然盟友的痛点。他们生怕我会以总统宝座为目标，强势回归法国政坛。确实，在法国机构里，一切都围着总统的位置转，好像除此之外就没有其他的政治目标了。

当时，若是我参加了某个政党，或是积极参与某些活动，抑或有什么很重要的责任需要承担，我或许会投身这场战斗，哪怕就是为了让一个女人成为总统候选人似乎也是个不错的理由。可我完全不想加入任何一个政党。这与我本性不符。要做出太大的牺牲。

我承认，我的政治生涯确实是一帆风顺，甚至可以说如有神助。我选择了独立。因为我从不觉得自己能够服从某个政党的纪律，或是成为一个好的斗士。我太爱提意见了。当我进入一个组织，我必然会提一些意见……哪怕会让人震惊，甚至引起误解。我曾经属于右翼联盟，可很多左派都向我抛出了橄榄枝。可若我属于左派联盟，右派人士大约也会说："为什么她不加入我们？"我学会了如何在边缘生存，然后就一直处于这种状态。这很符合我的本性。

在我提出某个议案时，我总会设想自己是反对派的一员，然后将自己的议案批得体无完肤。很多时候，我觉得那些攻击我的言论实在是太没有水平了。我自己的批评比他们的要好得多。哪怕是我自己提出的议案，我也很快就会提出抗议。反正，这些议案最后也从来不曾像我设想的那样。不过，我也承认，当有人批评我时，哪怕是一些具有建设性的意见或仅仅就是一些建议，我的第一个反应也大多会是"不"。更准确一点，我会说："不，不过我会看看。"这个"不"其实是一种不信任的否定。我害怕被人左右，失去控制权。我的心态很难解释：怀疑是我的天性，但是在一些问题上，我又极为坚持。我经常听人说："简直没法和你商量！"

一些时刻被我挂在心上的事情，这五十多年来已经被我反复思量多次。怀疑它们会让我极为痛苦。

我也经历过一些激烈的冲突，包括和我同阵营的一些人。在自愿终止妊娠议案的辩论中，我看到不少自己非常喜欢和尊敬的人突然变得声色俱厉。他们对我口诛笔伐，说出来的话远超我的想象。要是这些批评来自一个与我而言毫不重要，毫不相干的人，我完全不会有什么感觉。可若是那些我十分尊敬的人这么说我，我就会被伤得很深。

米歇尔·德勃雷就是个例子。出于人口学的考量，他非常反对自愿终止妊娠的议案。他认为这将对法国的生育率造成极大的影响。他是一个坚定的反对者，但他对我本人和观点始终保持尊敬。他的语气和用词也是可以接受的。而一些与我相识或不相识的公众人物则对我进行了非常猛烈的攻击。这些人中不仅有我的政治同盟,也有一些我十分尊敬的人,我们也曾一度交好。他们用极其粗暴的语言攻击我。让我觉得哪怕议案的发起者是个男人,辩论都不会这么艰难。话说回来,男人恐怕很难让这部法案得以顺利通过。

除此之外,还有排犹主义。无论是在堕胎法案的辩论阶段,还是投票阶段,甚至是法案通过后的那几年,我都曾收到侮辱性的信件。打开信件碰到一些侮辱性的语言或恶劣的图画可不是什么让人愉快的事……这些信件我保存了大部分。可惜,没能全部留存下来。我的秘书们最后向我坦诚,一些信件的内容实在过于可怕,她们看完就马上撕掉了。还有很多信件是在我离开政府部门之后才送达。我本应更为警惕,让部里帮我保管这些信件并对其进行分类。大量此类信件都被销毁了。

我保留了很多包含排犹主义内容的信件。这些信上都标有反万字符和辱骂之语。自从提出自愿终止妊娠法案之后,这种信件就未曾断绝。不过,我要强调的是,不是所有反对这一法案的人都是排犹主义者,这两者并不能混为一谈。不过,确实有很多排犹主义者借着反对法案的名义肆无忌惮地大放厥词。

从20世纪70年代开始,在提出自愿终止妊娠法案之后,我就遭到了"国民阵线"(Front National)的猛烈抨击。当时他们还处于政坛的边缘,宣扬起排犹主义来也比现在更加露骨大胆地多。我对这些攻击毫不在意。这都是意料之中的事。当对手已经无可救药且令人反胃时,他也就无法触及你本人。让人担忧的是,有那么多的人被这个政党牵着鼻子走,为他们投票,甚至搞不清楚他们代表的到底是什么。

后来,排犹主义言论也会出现在和我相关的其他争论之中。1993年,欧洲议会对是否允许在动物身上试验化妆品展开了激烈的争论。作为欧洲议会的前议长和现任议员,我收到了成千上万封要求禁止一切动物实验的请愿书。那时最重要的动物保护协会都使用动物大屠杀,后来甚至用上了动物灭绝这种词汇。他们开始与一些曾受过纳粹迫害的欧洲议员接触，并直接联系上了我。他们是特意找的我，因为在这种背景下，我似乎自带环保的色彩，拥有一种不会因纷杂政见而却步的同情心。

至于带有排犹主义色彩的人身攻击，这些年来已经少了很多。也许是因为排犹主义已转向他途，以其他的形式呈现；也或许是因为我的敌人们不敢继续从这种角度来攻击我。

好在，任何事物都有两面。今天，关于自愿终止妊娠法的讨论已被收入学校的教材。对于很多人来说，这件事情已经成为历史。有时，当有人找我签名时，我会和一些家庭面对面。年轻人看着我尚在人世甚为惊讶。对于他们来说，我已经是个历史人物，一个过去的人物……另外，发表人物传记，做人物访谈，这不一般都是等人物盖棺定论之后才会做的事吗？

1984年，我在为欧洲议会选举组队的时候，不得不接受当时《费加罗报》的老板罗贝尔·埃尔桑（Robert Hersant）成为候选人名单上的议员，他同时还是其他几个与政府关系较为密切的媒体的老板。此人曾为维希政府摇旗呐喊，也发表过不少排犹主义的文章，可谓臭名昭著。这个提名让我无比头痛。大家都在说，要拒绝这么一个媒体大亨可不是件易事。对于这份选举团队的名单，我踟蹰不已："要么我就这么全盘接受，要么我就拒绝领队。"可是，若是我拒绝，就代表着作为集中营幸存者的我放弃了斗争，而这也是我无法接受的。为了过去，我连辞职的权利都没有。

实际上，战后人们对维希政府帮凶们的纵容和选择性遗忘已让我不再有什么幻想。我已经学会用怀疑的眼光审视一些人的经历，但我也知道一概而论的弊端。战后，人们曾试图通过政治阵营或社会学的方式将人进行划分，说那些有钱人是怎么选的，穷人是怎么选的。可实际上，无论哪个阶级都有绥靖派、观望派和抵抗运动者。

从1945年开始，我就成了——在某种程度上，现在仍是——一种不说是愤世嫉俗，至少也是对现实毫无幻想的那种人。直至今日，谈起犹太种族大屠杀，人们依旧会长篇累牍、悲痛万分，还会为此凭吊。可是，对很多人来说，这个词毫无意义，无从想象。只需比较已经发生的历史，我们就能发现，很多人根本搞不清发生了什么。

1971年，我受邀参加《悲伤与怜悯》（*Le Chagrin et la Pitié*）的私人点映会。我对这部电影的题材非常感兴趣，期待很高。这部电影是导演马塞尔·奥菲尔斯（Marcel Ophuls）根据安德烈·哈里斯（André Harris）和阿兰·德·赛杜伊（Alain de Sédouy）写的剧本所拍摄的。其副标题是：占领期的法国村庄编年史（Chronoique d'une Ville Française sous l'Occupation）。

整部电影由一系列对占领时期住在克莱蒙费朗和奥维涅的居民的采访组成，试图呈现一幅1940—1945年期间的法国和法国人心态的画卷。里面有一个特别有意思的片段，是专门针对皮埃尔·孟戴斯-弗朗斯1941年在克莱蒙费朗接受军事法庭诉讼的采访。这种针对性极强的诉讼往往极为难打，表现了维希政府消灭一切抵抗苗头的决心。孟戴斯-弗朗斯被控临阵脱逃，而事实则是，他正极尽所能地继续战斗！

《悲伤与怜悯》的主要部分是为了展现占领期法国人的心态。在电影中，克莱蒙费朗被表现成了一个极为绥靖的城市，基本没有抵抗运动战士的踪影。

这让我非常震惊。

从1939年战争伊始起，斯特拉斯堡大学就被迁到了克莱蒙费朗。1940年11月11日，该城市爆发了大规模的学生游行。

当我在斯特拉斯堡担任议员时，斯特拉斯堡大学的大厅里就竖立着一块巨大的纪念板，上面写满了当时被杀或被送往集中营的人员名单，里面不仅有犹太人，还有抵抗运动者，而且正是克莱蒙费朗地区的。所以，很快，我就发现这部电影充满偏见。里面的法国人基本不是流氓就是懦夫，很少有人对被处决的人表示同情。除了社会党和共产党员，基本无人抵抗。可就算是这些共产党员的抵抗方式也让我吃惊。

相反，一名在当地执行任务的武装亲卫队军官倒是被展现的几乎可以称得上讨人喜欢。他有着坚定的信念，言语坦诚。是个可以为了实现理想积极争取一往无前的人。他也毫不遗憾自己参加了苏德战争。自始至终这个角色都是一个真诚和前后一致的人，完全不像那些庸庸碌碌的法国人。像这种基于大量访谈而形成的纪录片，一切都取决于剪辑过程。人们通常只会选取自己想要的内容，保留自己愿意展现的部分。很快，我有不少曾在该地区进行过抵抗的朋友都对此影片表示了反感和愤慨。他们也曾参与采访，但他们的证词却未被采用。

一场大规模的辩论席卷法国。

当时，我是法国广播电视总局（Office de Radiodiffusion-Télévision Française，简称ORTF）的管理委员会成员。

实话实说，在讨论是否要购买这部电影的讨论会上，出于片子里法国人形象的考虑，我是坚决反对购买这样一部价格昂贵且双方没有协议的片子。

人们认为这属于审查。最后，这部片子还是在法国上映了并取得了巨大成功。除了寥寥无几的反对声，大多数人都对其称赞有加。人们似乎相当满意于自己的父辈都是群无耻之徒。

20世纪70年代以前的电影对占领期法国人的英勇或许确实是有点夸大其词。像《铁路战斗队》（*La Batail du Rail*）这一类的片子便是如此。当时的电影大多只着力刻画抵抗运动战士，忽略了大批默默拯救了许多犹太人的无名英雄。可到了70年代，人们又转向了另一个极端。电影中的法国人根本无法和邻国的民众相提并论，面对敌人，他们毫不抵抗、贪生怕死、投敌叛国。这成了一种教条，甚至成了金科玉律。

然而，哪怕就从我个人的经验来看，这些都只是整幅历史画卷的一部分，故意引导人们产生偏见。无论什么阶级和什么出身的人中都有英勇无畏之人。

比如维勒鲁瓦一家。在尼斯的时候，这个略显古怪的贵族家庭收留了我。他们这样做既没有什么缘故也不图任何回报，再说，我家也没什么可以回报他们的。当时，我既没有身份证明，也没有粮食配给证。他们像对待自己女儿一样的对待我。当《悲伤与怜悯》在电视上播放的时候，我都替他们感到委屈。当时，甚至很少有人敢站出来说这部电影歪曲了法国人的形象。

到了20世纪90年代，舆论再次转向。只要有心查看数据，人们就会发现，在法国获救的犹太儿童比例是最高的。这些孩子之所以得以幸存，是法国各阶层共同努力的结果，无论是穷人还是富人，为了他们都不惜以身犯险。

战前在法国生活的犹太人有差不多30%的人被送往集中营，而在一些邻国，这个比例可以高达80%。荷兰的犹太人甚至减少了80%以上。希腊萨洛尼卡的犹太社区则完全消失。

现在，看到人们向那些正义人士致敬，我十分欣慰。在经历了漫长的调查之后，以色列政府颁发了两千多枚"国际正义人士"勋章。不过，被解救的儿童有成千上万，而他们的庇护者们却不曾提过任何要求。他们要么深藏功与名，要么总是谦逊地说这是他们应该做的。只有受到不可忍受的非公平待遇时，他们才会愤然抗议。

当时，确实还有一些儿童营救组织，如犹太孤儿慈善会和修道院。后者通过教会的网络将一些孩子送到了瑞士。可当法国警察和盖世太保们逐家逐户搜捕犹太人时，是广大普普通通、孤身奋战的法国人收留了那些孩子。他们只是简单地说了一句："这都是我的孩子！"便将他们养育了好几年。人们总会说"冬赛场围捕"多么残酷，可当时的德国人本想抓捕两万五千人，最后只抓到了一万三千人。很多犹太人都收到了法国人的提醒，甚至直接被他们救下。

然而，历史不能重写。将法国人全都视为英雄或懦夫都是不准确的。不偏不倚地用图像来重建占领时期的所有维度并重现当时的氛围过于困难。在我看来，路易·马勒（Louis Malle）拍摄的《拉孔布·吕西安》（*Lacombe Lucien*）并不真实，里面的画面都不太可信。希望用电影的方式重现大屠杀几乎是一个不可完成的任务。

整个20世纪70年代，对"二战"的记忆以片段的形式逐渐恢复。这些记忆并不总是美好的，远远不是。人们开始提出一些切中要害的问题，开始反思战后人们对战争的集体性遗忘。历史学家对此功不可没。

1976年，我与《维希法国》（*La France de Vichy*）的作者罗伯特·帕克斯顿（Robert Paxton）以及其他的一些见证者和历史学家一起观看了《影像档案》播放的一部关于贝当的影片。帕克斯顿惊讶地发现，在贝当的诉讼中完全未曾提及犹太人相关的问题。一位参与了这次节目的法国记者用了一种在我看来很是稀奇的方式解释了这一现象。

当时我仍在政府工作。

我给这位记者写了一封长信，向他解释了我在战后的经历。他始终未曾回信。贝当诉讼案中对犹太人问题的沉默正是我们所经历的日常。

人们对犹太人的命运三缄其口。

1979年年初，人人都在谈论美国一部大火的连续剧。这部连续剧在德国让很多人震惊不已，甚至引起了轰动。这部名为《大屠杀》的四集连续剧讲述了一个德国归化犹太家庭1933年之后所经历的风风雨雨。这家人对是否离开德国产生了分歧。大部分成员都认为身为德国人的他们不会有什么危险。结局自然非常凄惨，这家人中的好几名成员都死在了集中营。

这部在美国和德国获得巨大成功的片子也引起了法国的关注，人们开始商量是否要将其引进。当时，欧洲议会也即将开始进行首轮选举。

1979年，法国电视二台问我是否愿意观看这部片子，若片子在电视台播出了，是否愿意参加一场辩论。我同意了，观看了这部4集连续剧。整部片子略显讽刺和夸张，但仍不失趣味且信息量丰富，至少能让人们了解当时法国的情况。前两集比后面两集拍得好得多。从个人角度来说，我同意其在电视台播放。后来，我也参加了那场辩论。

这部片子被安排在《影像档案》这个节目中播放，之后还安排了一场辩论。当时的受邀嘉宾还有一名生活在法国的茨冈人代表和著名的抵抗运动英雄、奥斯维辛集中营幸存者、法共党员玛丽-克洛德·瓦扬-库蒂里耶。除此之外，在场的还有一群十五六岁的法国青少年，他们刚在一位记者的带领下参观了奥斯维辛集中营。

很快，气氛开始变糟。影片放映时，那些青少年根本无心观看。他们的窃窃私语和嬉笑之声还干扰了其他的观影者。这让我极为不悦。影片结束后，辩论开始了。

一些人问我，播放这部片子是否必要。我答道："我们差点就回不来了。大家都一致认为，决不能让这种事再次发生。"可惜，影片过于乐观，也将集中营的受害者表现得过于团结。我还向他们重申了人与动物之间的界限其实极易被突破。

玛丽-克洛德·瓦扬-库蒂里耶则十分认同影片中所展现的那种团结友爱的集中营。在她看来，集中营中无处不在的互助精神应当成为大家的榜样。这大概就是我和她之间的差别。

不过，年轻人对此事的反应令我大失所望。他们连一个问题都没有提。

他们对此似乎毫无兴趣。

20世纪70年代，为了争取妇女的权利，我们必须奋力抗争。

偶尔，我也会想今天的青年人是否还有抗争意识。对于新生代来说，最大的危险恐怕是相信斗争已经胜利。

时至今日，很多三十岁的女性依旧会倍感失落。她们本以为一切都已不同。但是，就业市场中的歧视依旧严重。在一些传统上被视为男性工作的领域，女性仍难展宏图。人们付给女性的工资仍比给男性的低。

当只有一个晋升名额时，人们也更愿意给男性。困难依旧重重。出生在20世纪70—80年代的女孩们觉得我们已经胜利了。确实，反歧视法已经得到投票通过，理论上来说，男女已经平等，可在现实生活中，这点还远未实现。

20世纪60年代正值黄金三十年的顶峰，政府希望能全民劳动。而当时，大部分法国女性都待在家中。

那时，只有在最贫困的阶层，外出工作的女性比例才相对较高。她们从事的大多都是低技能职业，其收入对家庭至关重要。大量的女性都不工作。这无疑是一个值得开发的劳动力储备。基于同样的考虑，政府鼓励大量劳动移民进入法国，并给他们分配了最苦最累的工作。经济的发展不仅要靠大脑，也需要依靠双手。

于是，在60年代末，政府设置了"女性劳动委员会"（Comité pour le Travail Féminin），致力于激励那些有一技之长的女性外出工作。

人们也对是否鼓励兼职进行了多番磋商。为了满足经济发展的需要，人们希望能在最大幅度上提升劳动力的数量。大家将女性和移民几乎画上等号，将他们都当作满足经济需要的调节器。进入工作市场的女性们为20世纪60年代到70年代初的经济发展做出了极大的贡献。

可一遇上1973年的经济危机，女性马上成为最早被辞退的一批人，人们又将她们赶回了家。这次她们完成了逆向调节的功能。

我现在唯一感兴趣的是历时性的长期演变。在我看来，几代以来，都是母亲激励自己的女儿们为独立而战。我曾遇到过很多不同国籍身居政经界高位的女性。当我问她们："您斗争的勇气从何而来？"多数人的答案都是:"我的母亲。"

她们大多出身于中产阶级,母亲都没有外出工作。从我们母亲那一辈开始,对女儿的教诲就开始发生了显著的变化。

我们的母亲都激励我们努力学习,告诫我们:"不要和我们一样。"

从她们的身上,我们获得了斗争的勇气和精神。

尾声·对话集

## 与姐姐丹尼丝：
## 我们的经历和感受截然不同

在童子军伙伴的帮助下,丹尼丝·雅各布在十九岁时加入了里昂地区的抵抗组织。她在为格利耶尔地区抗德游击队运送电台的任务中被德军抓获。德国人对她进行了严刑拷打,但她始终只字未吐。她以化名的身份被送往拉文斯布吕克[1](Ravensbrück)集中营,那列火车送往集中营的囚徒被称为"46000批次",后又被送往毛特豪森集中营。

丹尼丝·雅各布于1945年4月获救。

---

[1] 拉文斯布吕克集中营位于德国柏林以北约八十公里处。

丹尼丝与西蒙娜总在周日相见，但她们从来不谈集中营的事情。当我向西蒙娜建议录一段她与她姐姐的谈话时，她十分犹豫。她告诉我，这种对话很难进行。犹太人和抵抗运动战士在集中营所经历的并不完全相同。"我们的经历和感受截然不同。"建议没有被欣然接受，我只得想方设法地说服她。最后，我答应只调查她们被集中营所打断的生活，绝不提返回之后的事情。

　　我第一次见丹尼丝是在她毗邻卢森堡公园的家中。她身材高挑、容貌美丽，很有风度地接受了我的提议。她的稳重让我印象深刻，而她漂亮的公寓则让我有些不知所措。西蒙娜之前就和我简单描述过这间公寓，可我并没有太上心。我第一次感到了西蒙娜对录像访谈的焦虑。于是，我只挑选了她们在尼斯所度过的童年、被送入集中营以前的生活和雅各布这个归化的犹太法国家庭相关的照片。西蒙娜·韦伊对和姐姐一起翻翻照片，聊聊家族往事的提议倒是非常感兴趣。

　　对西蒙娜而言，丹尼丝始终是她的姐姐。

大卫·泰布尔

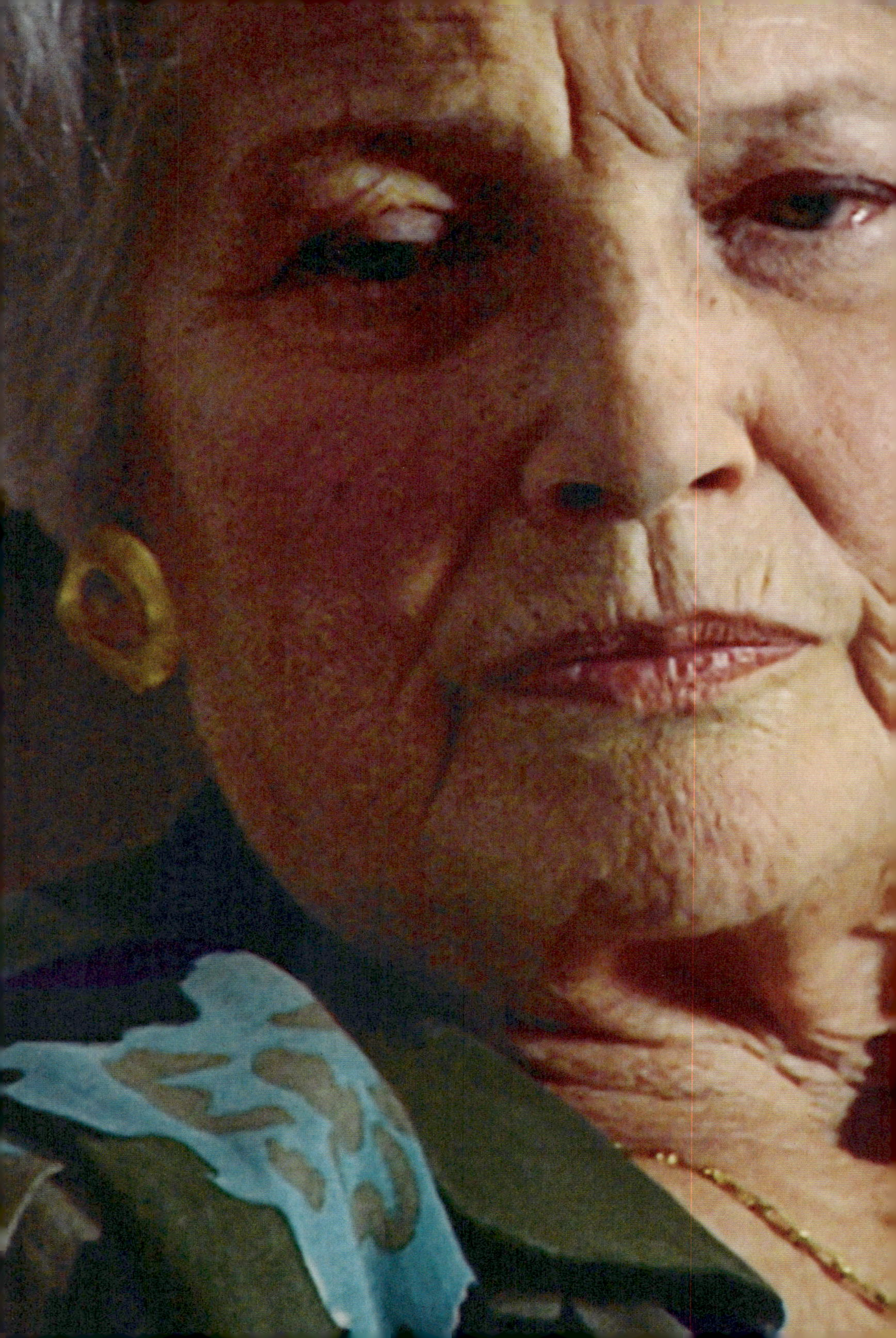

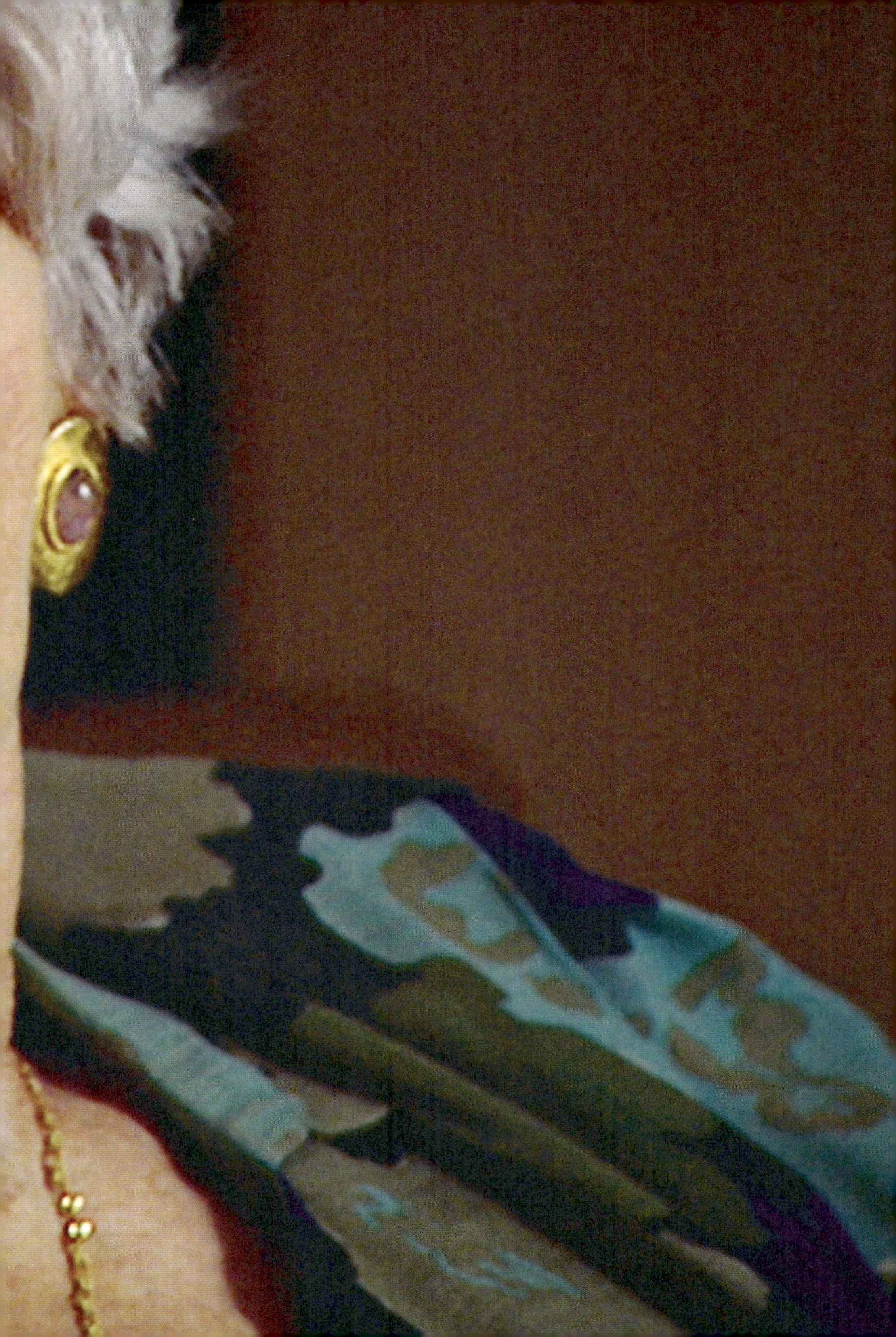

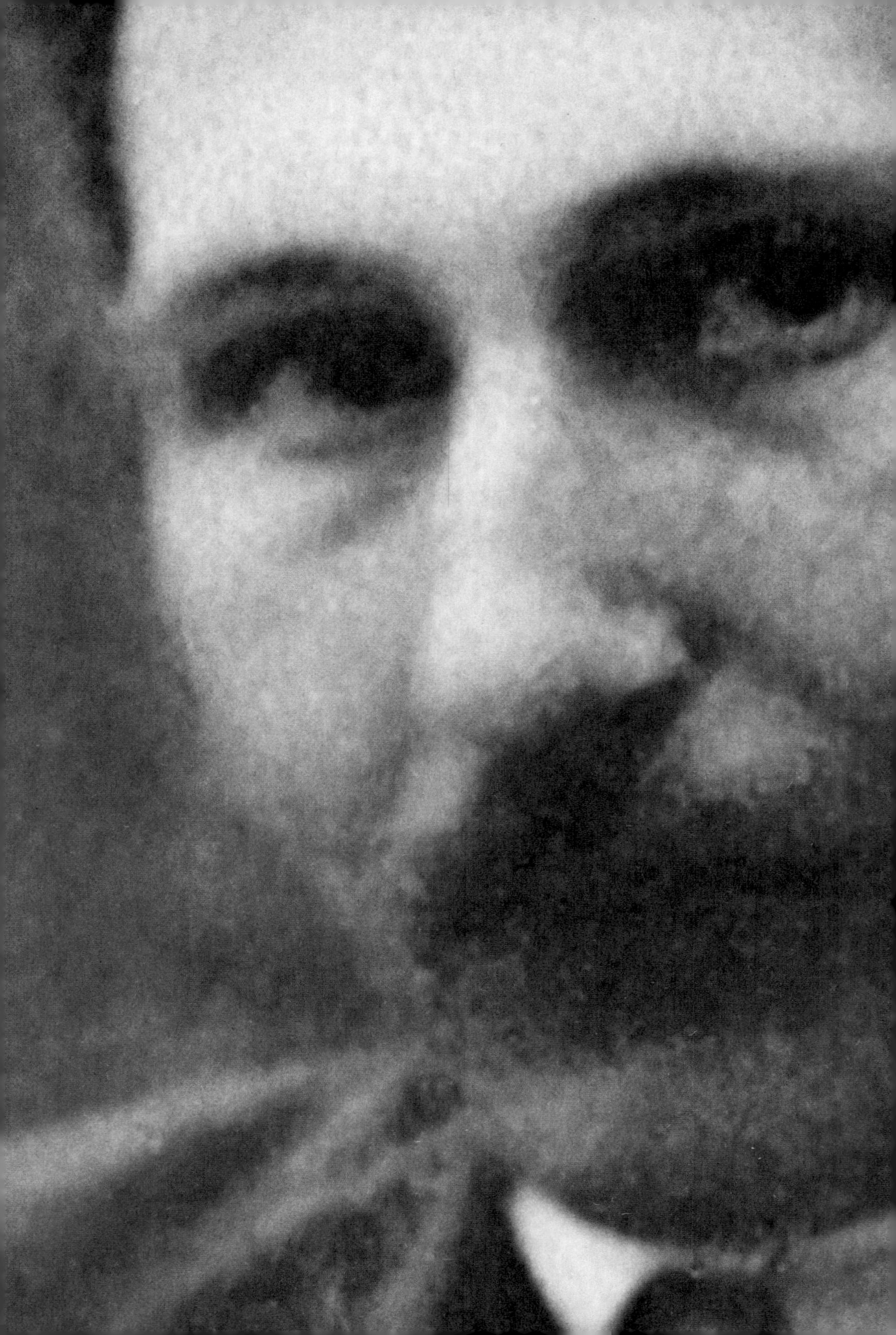

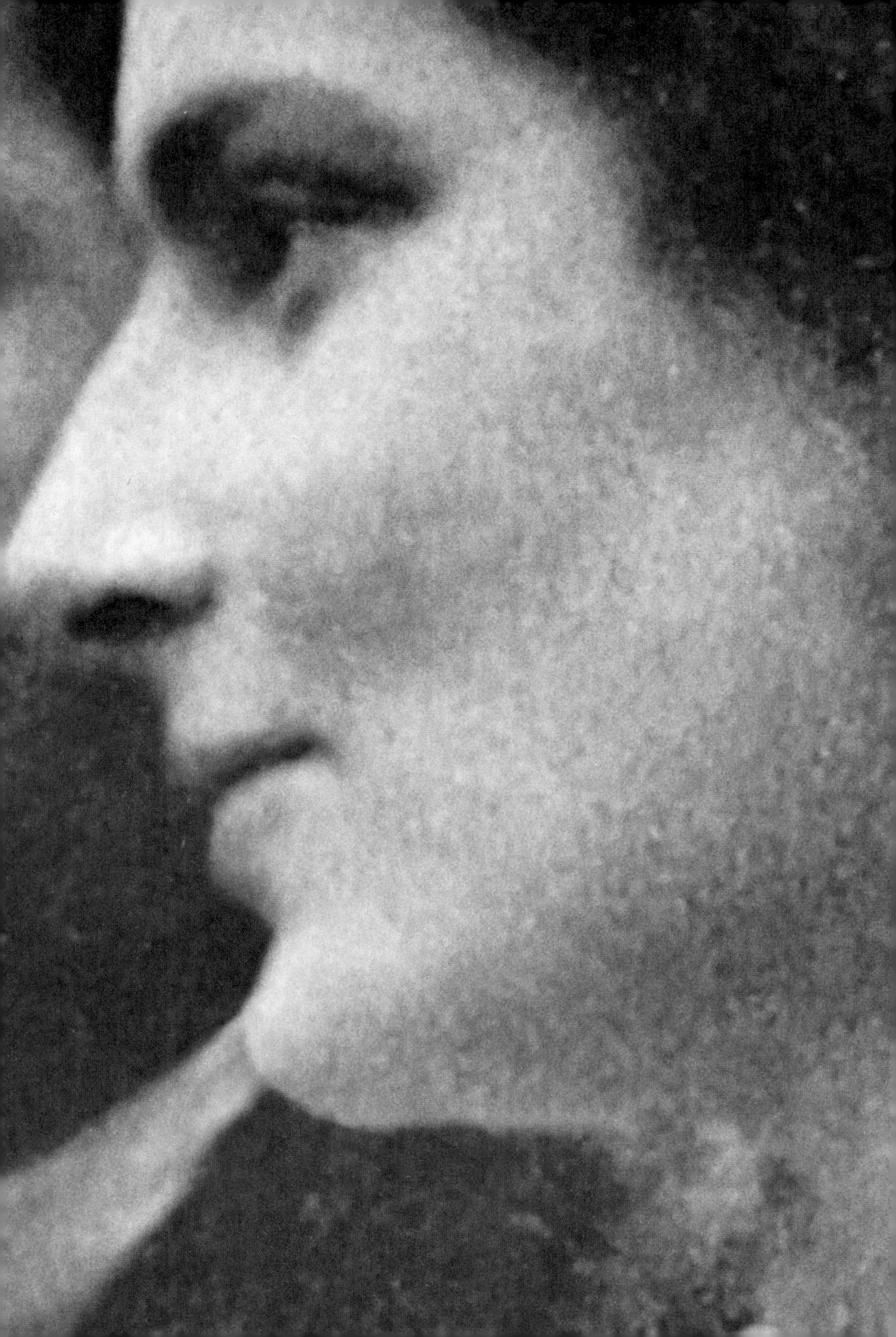

丹尼丝：这是我们父母新婚时的一张照片。我从没见过这么大的尺寸。米卢很像爸爸。可惜，她已经不在了。我被捕时，身上就带着这张照片，很小的一张。德国人还以为照片上的人是我。那时我已经二十岁了。他们没发现，爸爸的穿着打扮都是过去的式样。他们倒没坚持搜走这张照片，于是我得以将它保留了下来，后来还带去了集中营。

我被捕的时候，身上还有个降落伞，里面装着一副产自英国的平光眼镜，本来是用来伪装跳伞员用的。德国人还真以为那是我的眼镜，连眼镜盒一并还给了我。我就将这张照片折起来装进了眼镜盒。

后来，我翻拍和放大了这张照片并用相框将它装裱了起来。（见前两页）

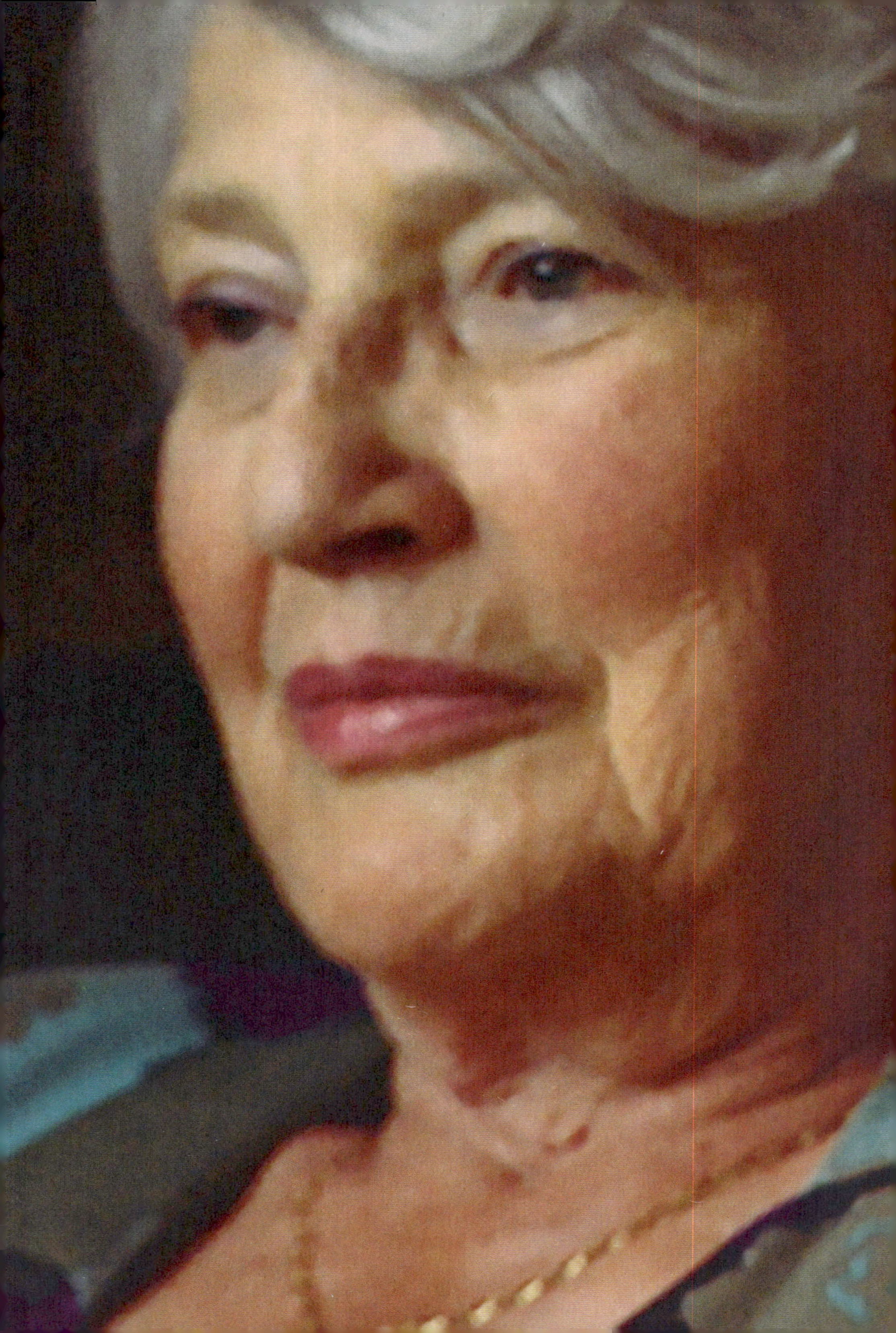

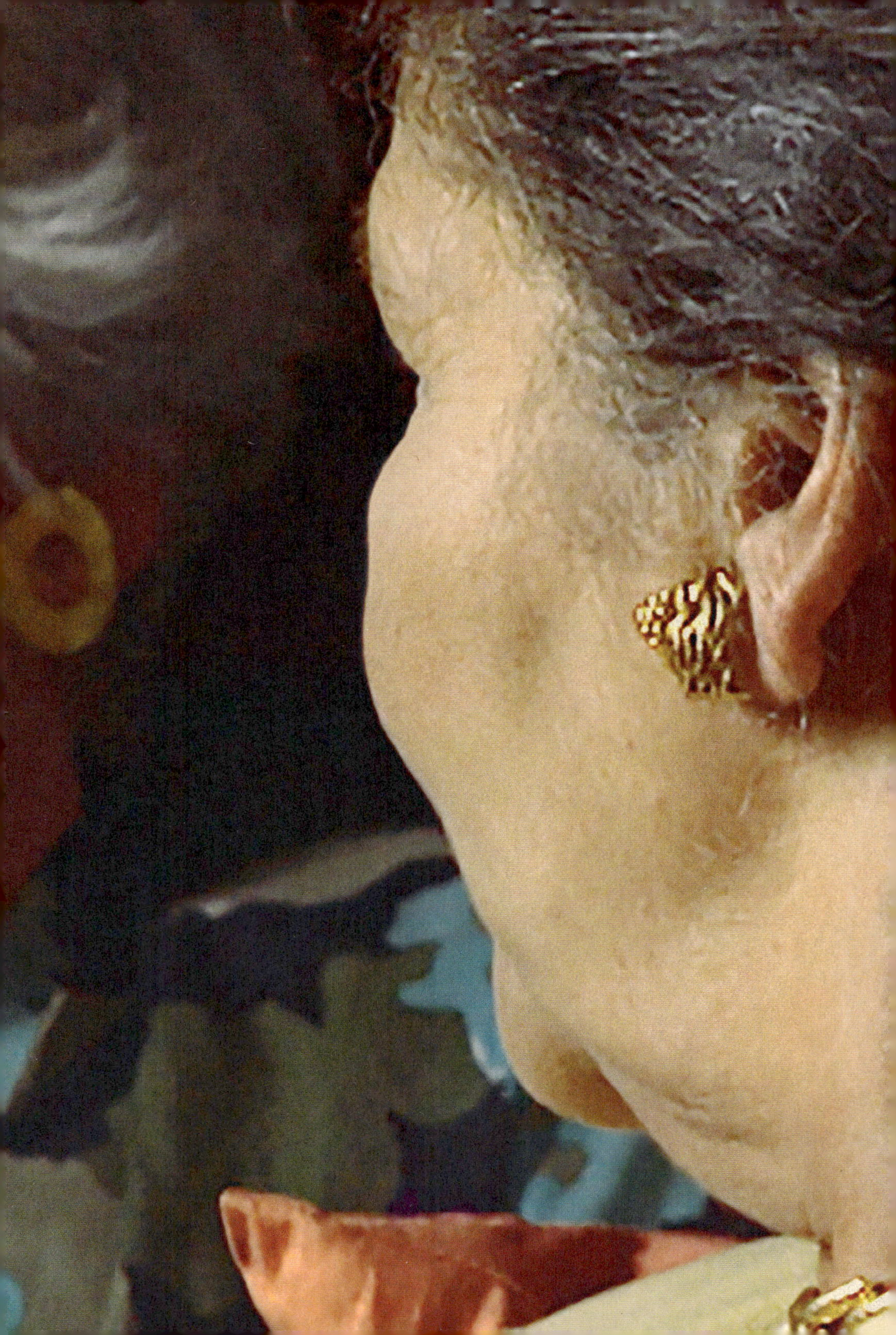

西蒙娜： 这张照片上的米卢可真漂亮。妈妈还是显得那么忧郁。

丹尼丝： 爸爸那时候多潇洒啊。

西蒙娜： 他的八字胡很漂亮。

丹尼丝： 我在他的战俘盒中找到了他的空军徽章。

西蒙娜： 他在狱中待了四年。"二战"以前，他一直都和狱友们保持着联系。

他始终都非常蔑视德国人。

西蒙娜： 这应该是一张1914年的照片。我们差点认不出他来。他当时还是张圆脸，后来就不是了。

在美院学习的时候，他经常和艺术家们来往，自己也总有很多奇思妙想。

他在1914年被捕，并被关了四年。这段经历让他变得更加消极和严厉。

丹尼丝： 这应该是在被捕前拍的。

后面还有很多他在关押期间的照片。（见后两页）

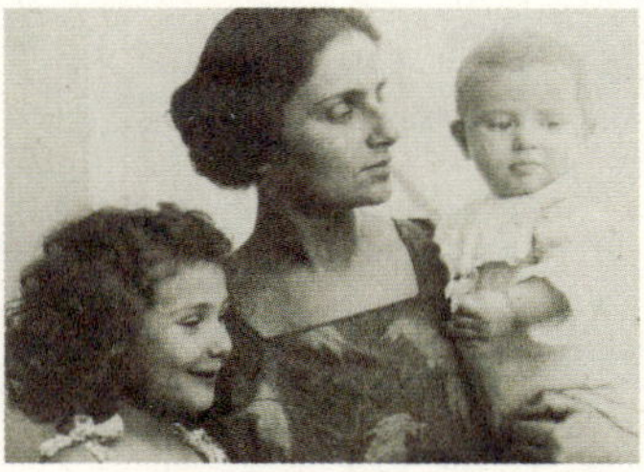

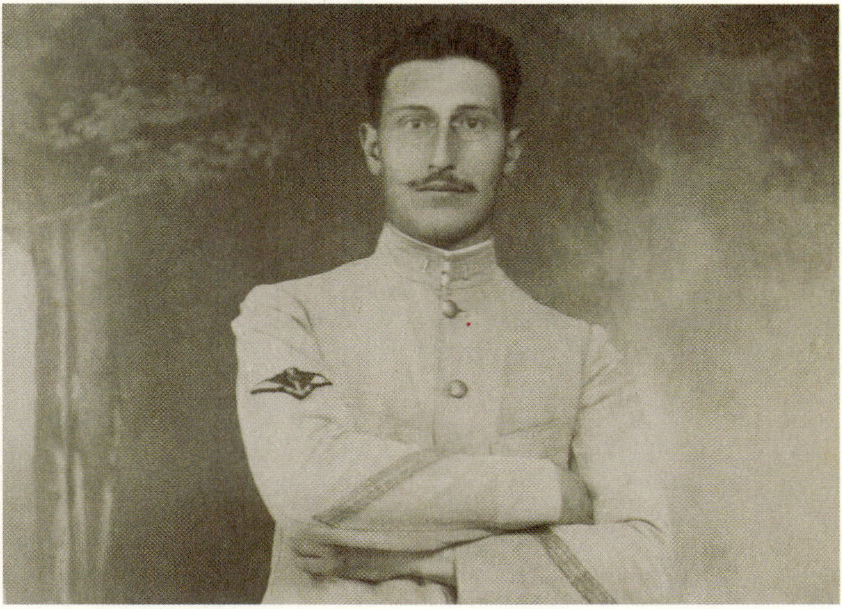

Branche　　　　　Vola(r)
Ligney　　　　　Deom

Cailleux — Hischmann — Giraud
Jacob

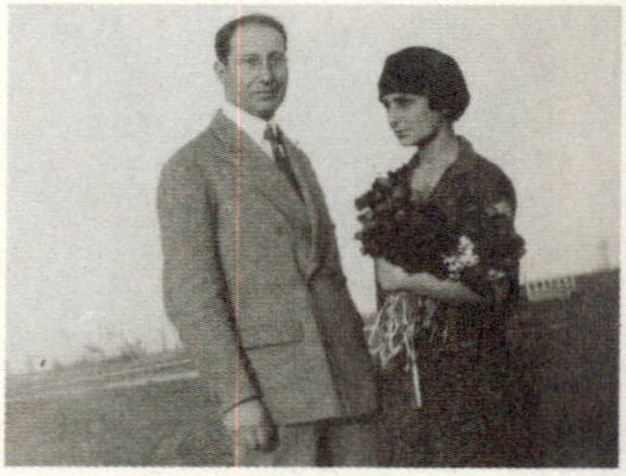

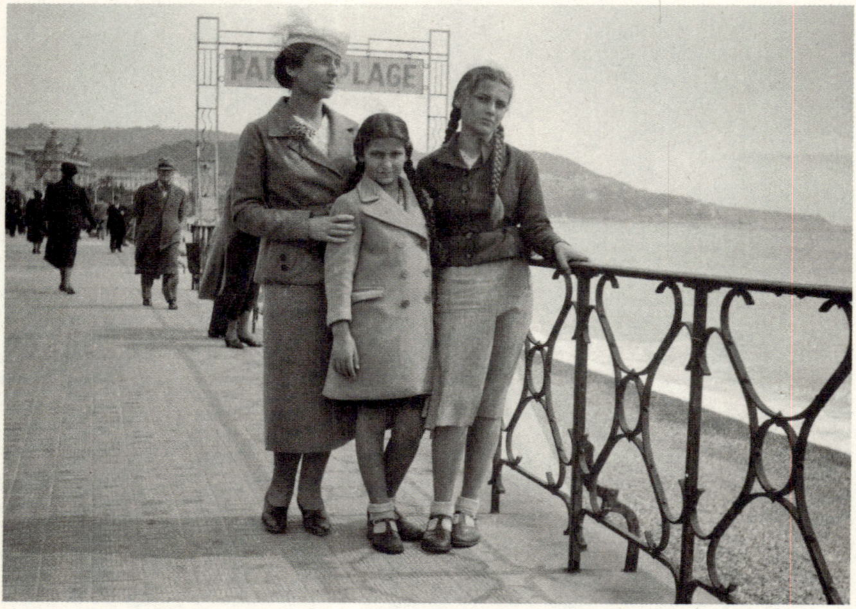
PLAGE

西蒙娜： 这应该是在比奥，或在某个海岸。我们可以看到成片的银莲花。

丹尼丝： 这张照片很有电影感。很像雅克-亨利·拉蒂格（Jacques-Henri Lartigue）的作品。

西蒙娜： 这张照片有些年头了，很有年代感。

丹尼丝： 爸爸总戴着领带，不过这套装扮肯定不是去野餐的。拍照的会是谁呢？

西蒙娜： 李普曼（Lippmann）一家吧。

丹尼丝： 当时爸爸经常去比奥出差，我们也应该一起去的。

西蒙娜： 哦，这是"辫子时期"的照片。

丹尼丝： 我们三个当时都留着长发，我也不知道为什么。每天早上，妈妈都会给我们编辫子。

西蒙娜： 我一点都不喜欢扎辫子。

我一直不明白为什么我们非得扎辫子。尼斯的朋友们都叫我们"辫子小妞"。

丹尼丝： 米卢鬓角的漂亮卷发也被梳成了辫子……

这张照片是在尼斯的英国人林荫大道（La Promenade des Anglais）上拍的。现在这些漂亮的栏杆都没有了。妈妈的帽子可真漂亮。

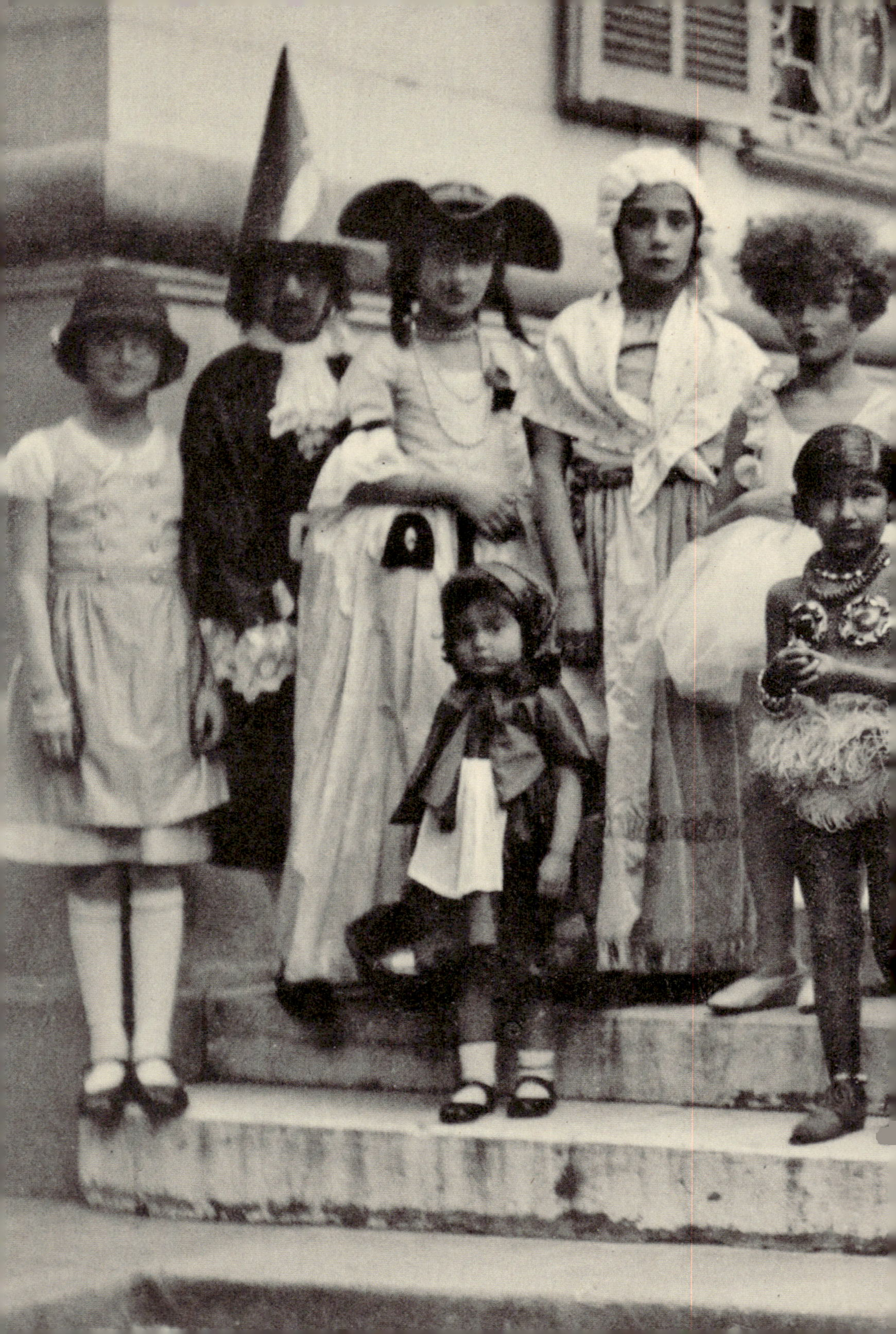

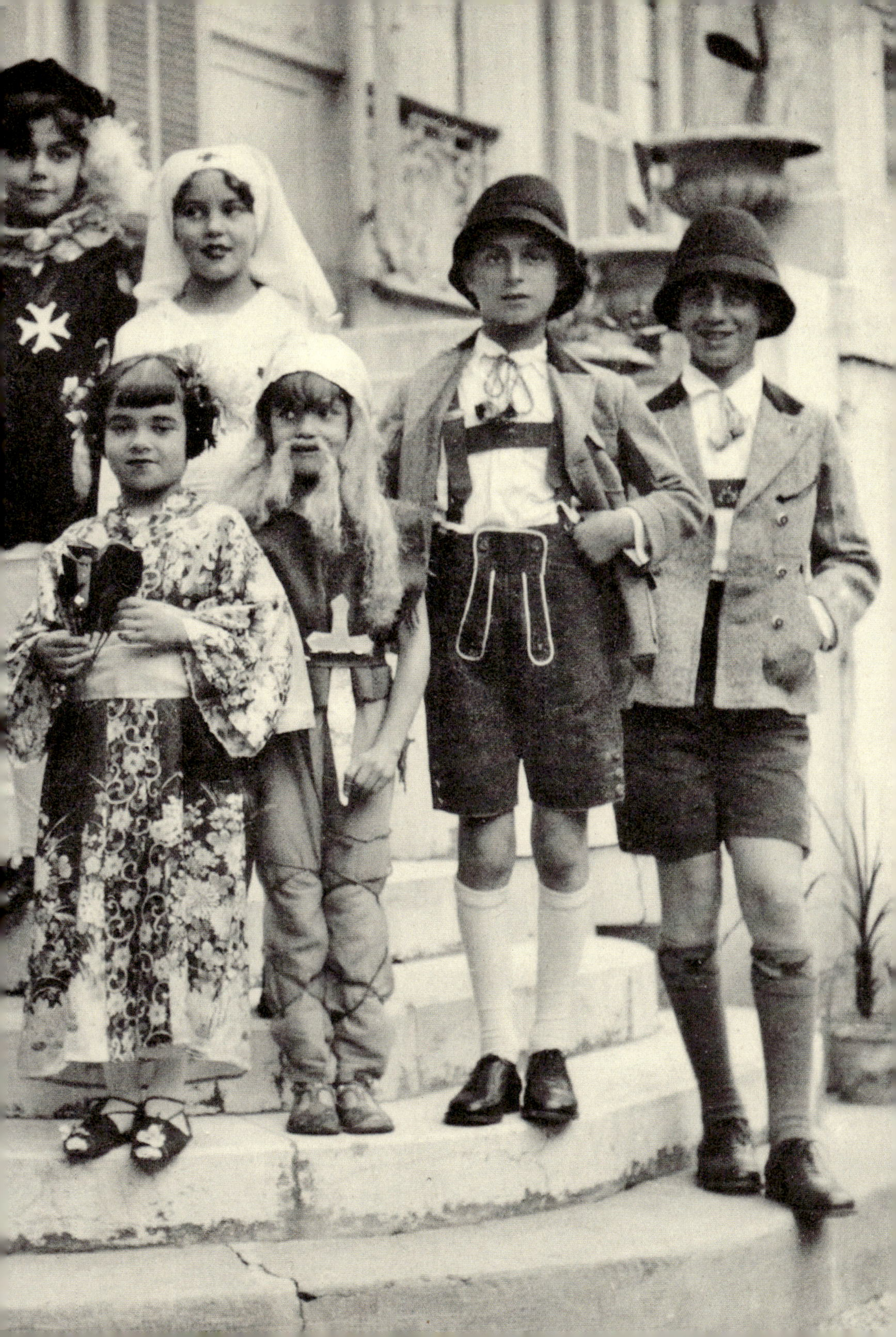

西蒙娜：我扮的是约瑟芬·贝克[1]（Joséphine Baker）。

丹尼丝：这是场化装舞会。你当时都中毒了。为了让你扮成约瑟芬·贝克的样子，我们往你身上涂了很多粉，搞得毛孔堵塞，皮肤完全没法透气。

西蒙娜：我都不记得小时候生过病。

丹尼丝：我们都得过猩红热和百日咳。米卢还得过肾炎。除此以外，除了小儿常见病，我们几乎没病没灾。那时，大家都盼着生病。

西蒙娜：我们觉得自己待在家里的时间太少了。

我们的朋友们每年至少都请过一次病假，而我们一直都好好的！

丹尼丝：这张是我们的兄弟让对着镜子用禄来福来（Rolleiflex）相机拍的自拍照。那时，他总会调好相机自拍。多亏了魏斯曼姨妈，这些照片才没有遗失。底片都还留着。

大　卫：让想当摄影师？

西蒙娜：电影摄影师。

在战争期间，他曾在拉维多琳（la Victorine）和尼斯的其他几个制片厂工作。1943年的时候，他正跟着摄影师纳特金（Natkin）学习。

他特别喜欢拍风景照。带雪的树枝、篝火之类的。他也曾是童子军，经常野营，拍了很多自然风光。

这张相片上的让看起来有点忧郁。

---

1　约瑟芬·贝克，出生于美国的圣路易斯，后加入法国国籍，是一位著名的黑人舞蹈家、歌唱家。曾在"二战"期间帮助法国抵抗军传递情报，后被授予"战争十字勋章"和"抵抗奖章"。

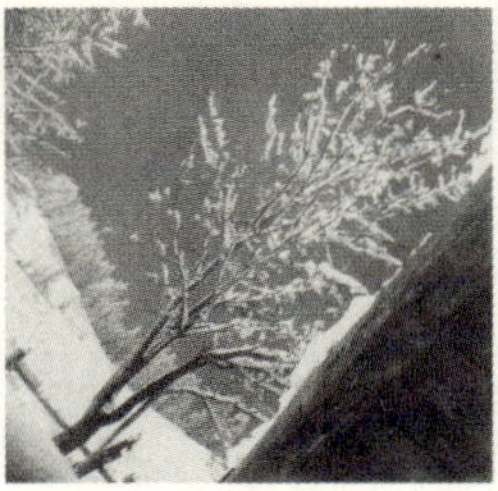
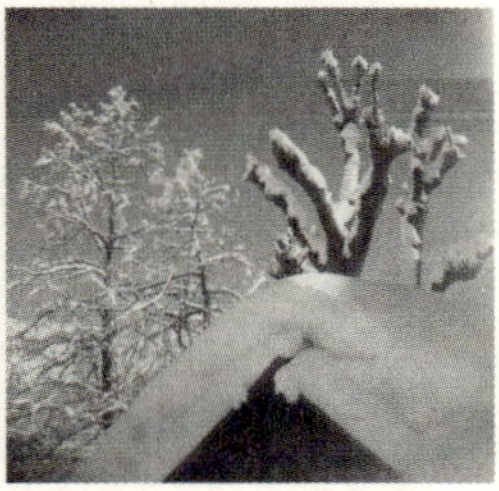
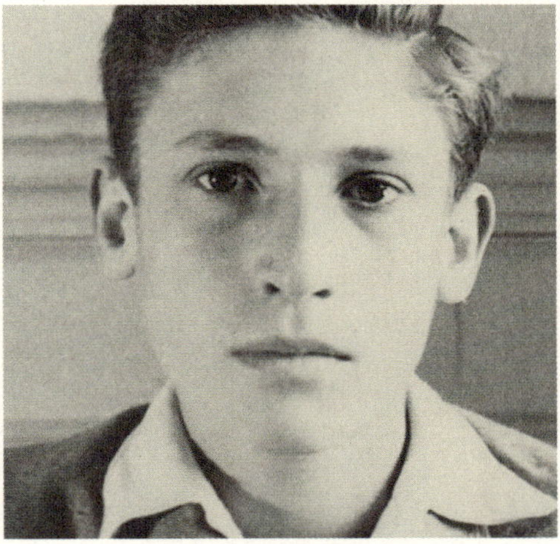

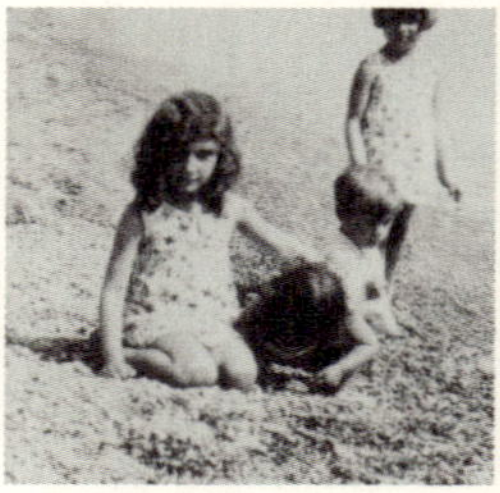
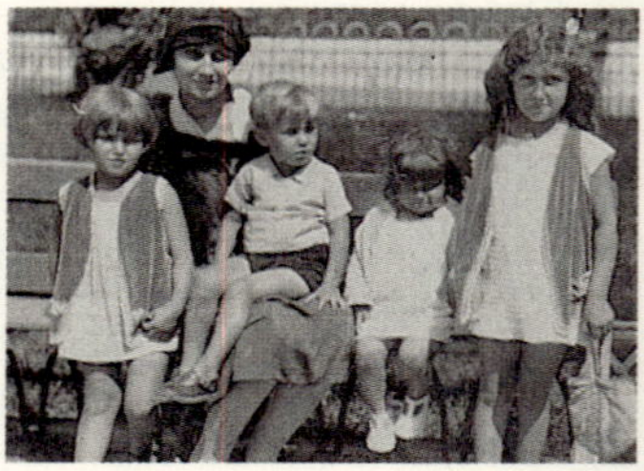
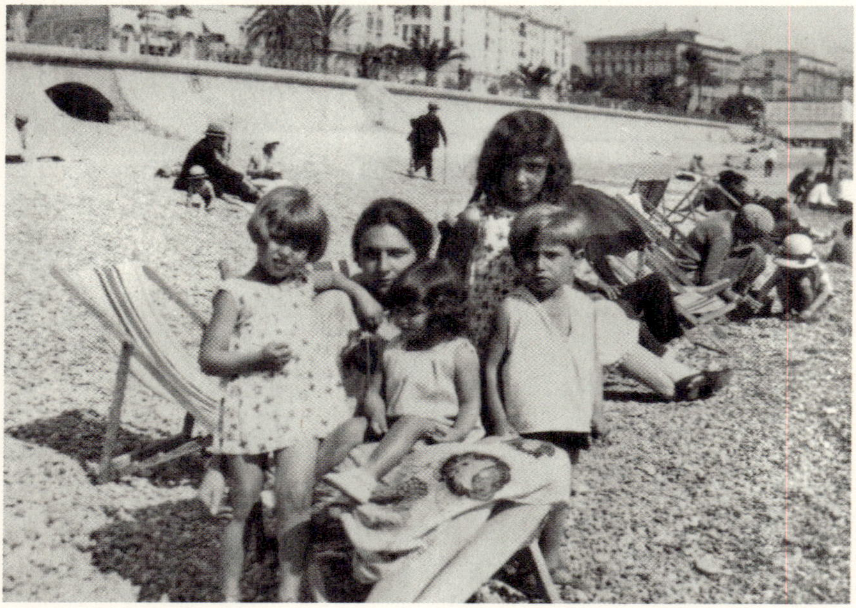

丹尼丝： 这张是在尼斯布满卵石的沙滩上。

西蒙娜： 左边的是米卢，她有一头漂亮的自然卷长发。那个在赌气的小东西就是我。在这个时期的大部分照片里，我都是这个德行。让也在照片上，他那时有一头灿烂的金发。你也是。

丹尼丝： 我们那时总穿一样的裙子。

西蒙娜： 这简直是我的噩梦。

有一年，爸爸和妈妈的朋友李普曼夫妇想给我们一个惊喜，送了我们每人几条裙子和一件外套。等你和米卢长大之后，这些衣服都留给了我。搞得我穿了好几年同一款式的红外套。

西蒙娜： 阿尔萨斯-洛林公园是离家最近的一个大公园。

妈妈总是戴着帽子和我们去那里，她平常很少戴帽子。

丹尼丝： 瞧，你又噘着嘴。

西蒙娜： 我又在赌气。大概因为坐在妈妈腿上的是让而不是我。

西蒙娜： 这张我坐在妈妈的腿上。这是我最喜欢的位置。

从照片上可以清楚地看到英国人林荫大道。当时的海滩上还没有什么设施。

好像就有几把折叠椅，几个更衣室。这张应该是在林荫大道的中段、靠近阿尔伯特一世公园（Jardin Albert-Ier）的地方拍的。

现在那里已经被完全开发了。这个地方可能已经成为私人海滩。

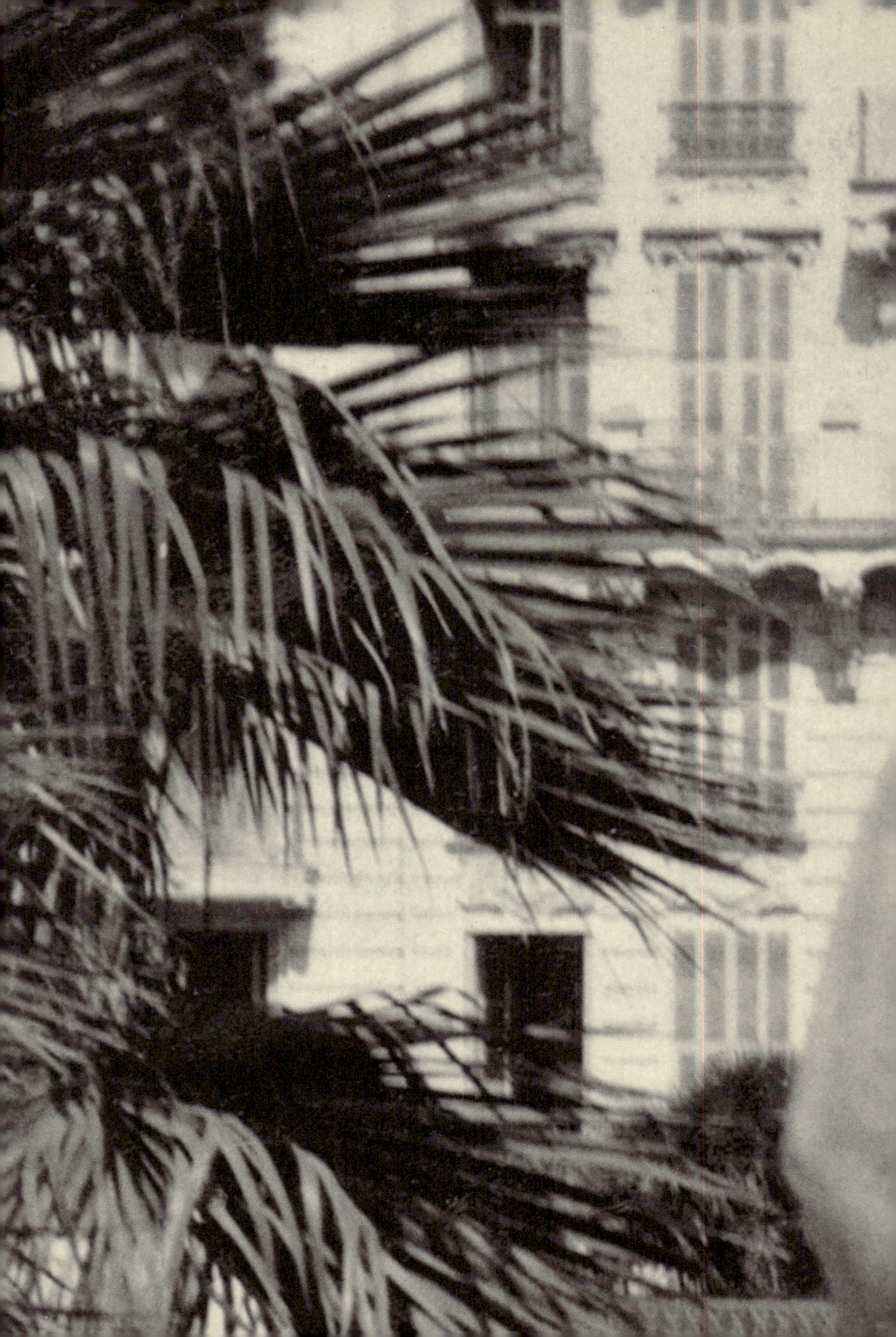

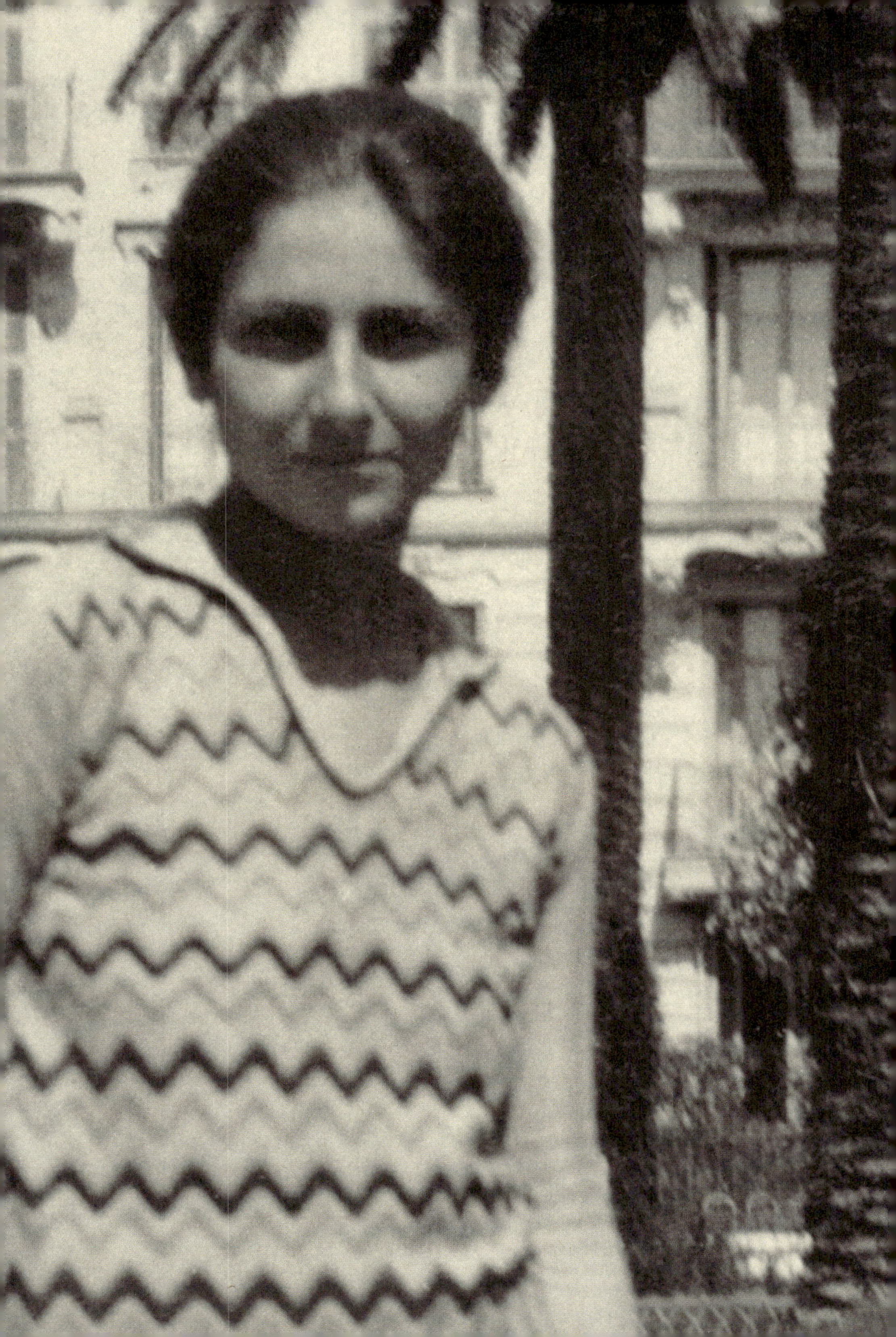

丹尼丝： 我对妈妈的这件毛衣印象很深。

西蒙娜： 这张照片可真美。我知道这是在哪儿拍的……这肯定是在阿尔萨斯-洛林公园。

妈妈不让我们喝华莱士喷泉（Fontaine Wallace）里的水，因为什么人都在那儿喝水。

我也记得这件衣服。妈妈特别喜欢它。她穿着它照了很多相片，滑雪的时候也是。她经常穿它。

在我的记忆中，这个公园很大，里面的玉兰树总是花满枝头。可当我再次去那的时候，一切都似乎变小了。

丹尼丝： 这是我们兄妹四人。

西蒙娜： 米卢真美。这是在拉西约塔。我们的泳衣有点奇怪。

丹尼丝： 这是妈妈织的……并不是什么梦幻泳衣，只要遇水就会垂下来。

西蒙娜： 我记得我有一条特别喜欢的吊带泳衣。我在这儿穿的是件布的，不是编织的。我们在孩子里也算是过于腼腆的了。

西蒙娜： 这张是和我们的表哥、表姐一起照的，我们经常一起去拉西约塔度假。他们是姨妈的孩子。普赛表哥在"二战"结束前战死在了卡尔斯鲁厄[1]（Karlsruhe）。我们在尼斯的时候，表姐和我们一起住了很长一段时间。

从集中营回来之后，我们再次重逢。她和自己父亲的朋友结了婚，已身怀六甲。我们住在同一栋房子里。他们那时还是新婚燕尔。（见前两页）

---

1　卡尔斯鲁厄位于德国西南部的巴登-符腾堡州。

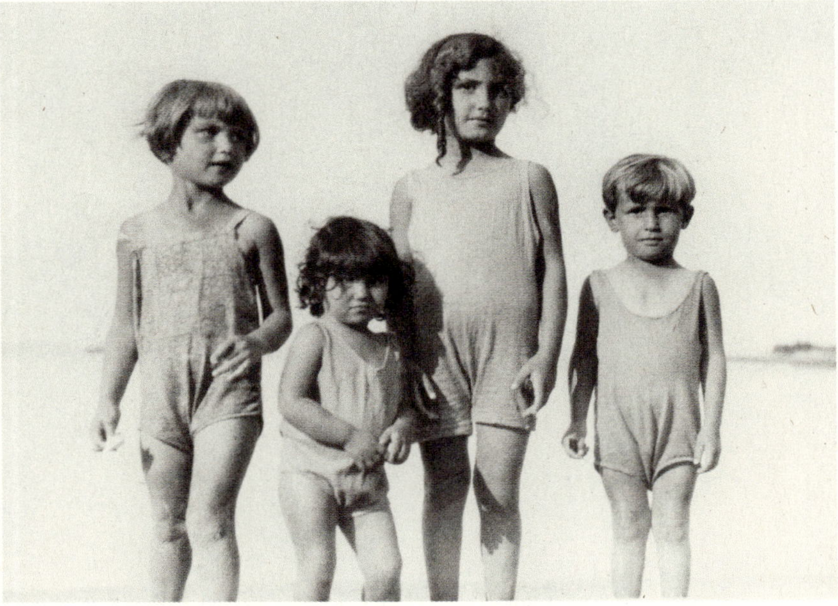

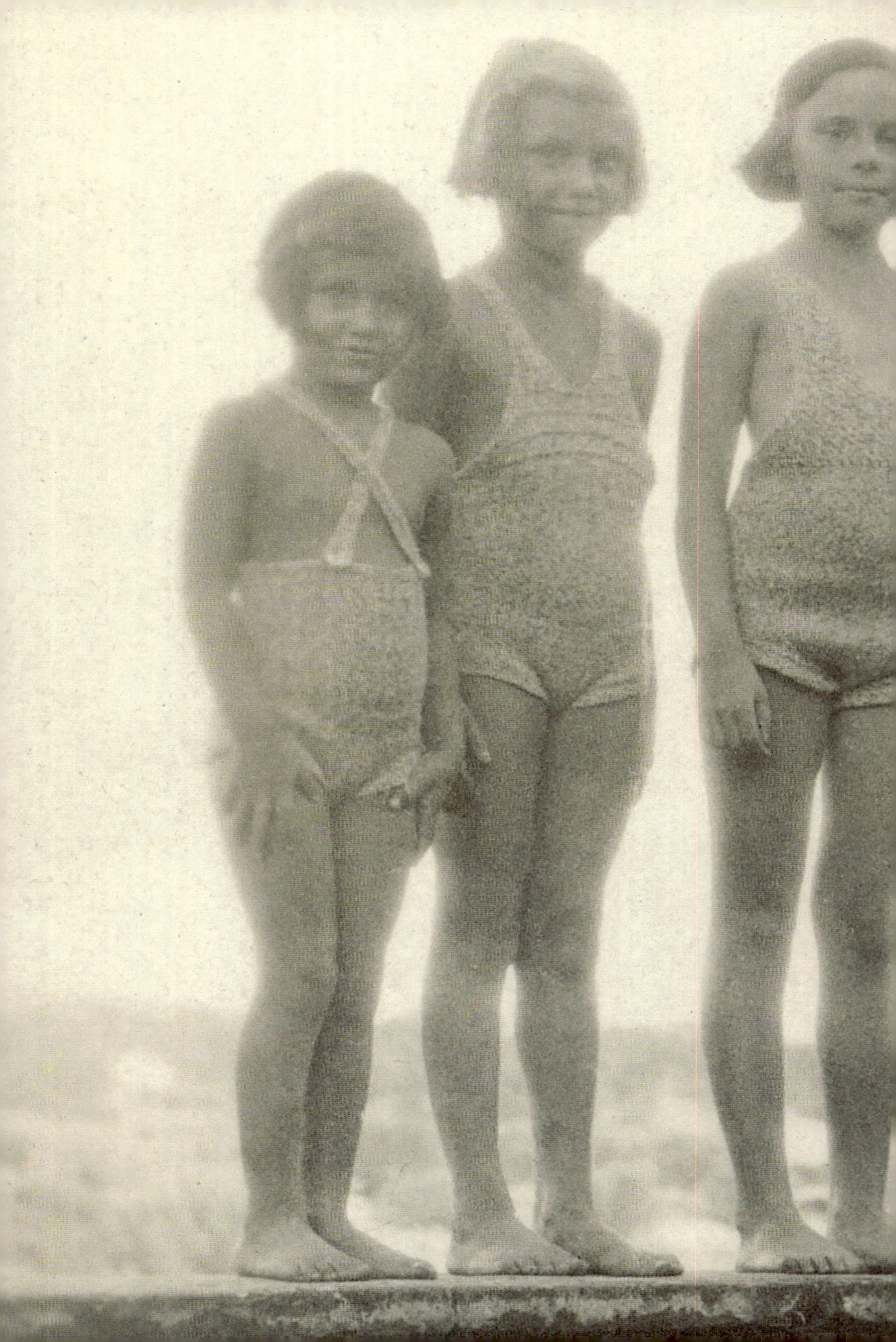

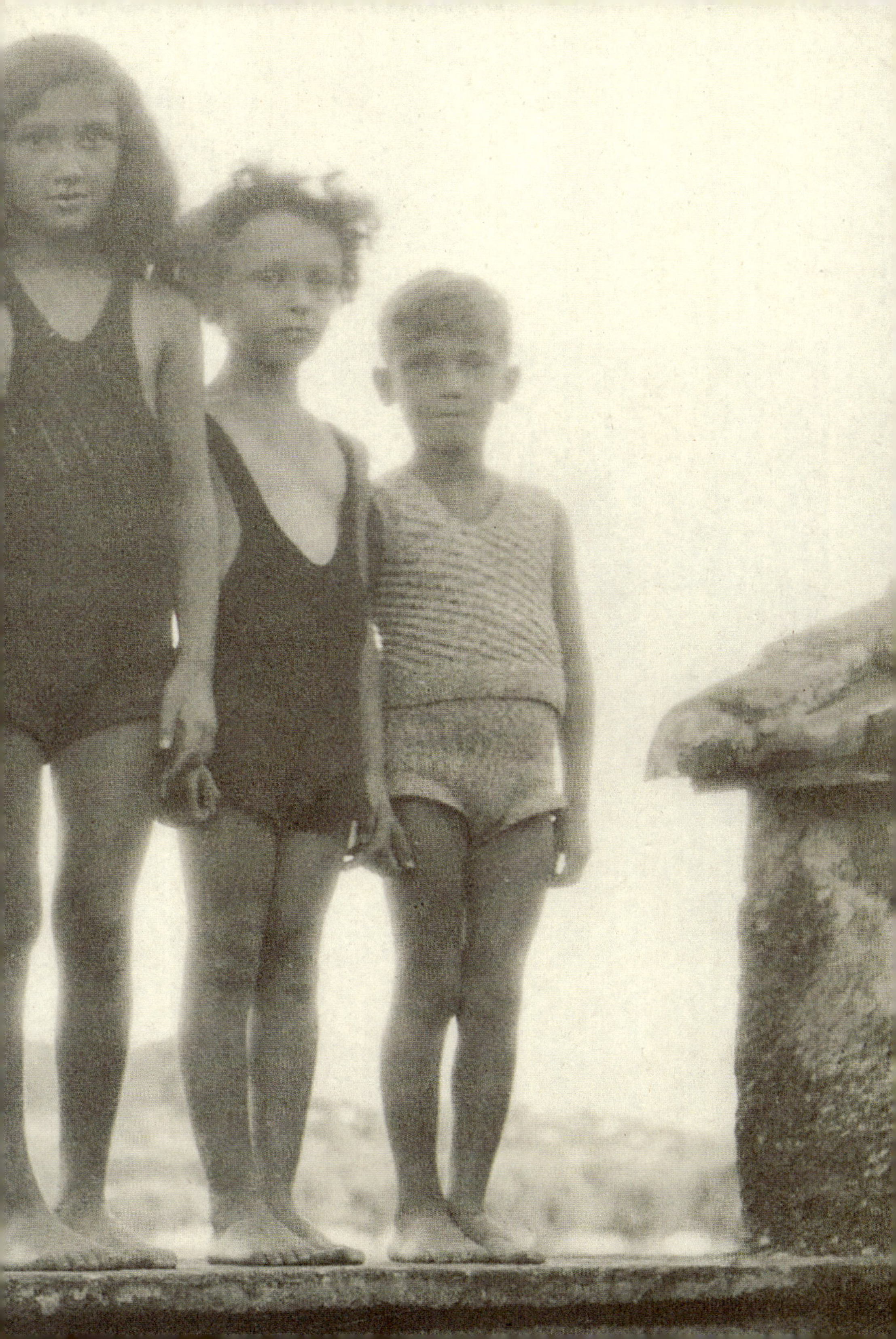

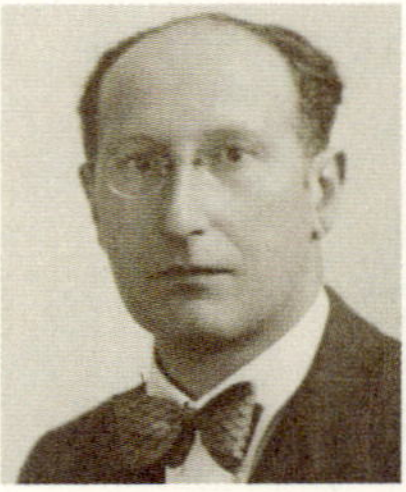
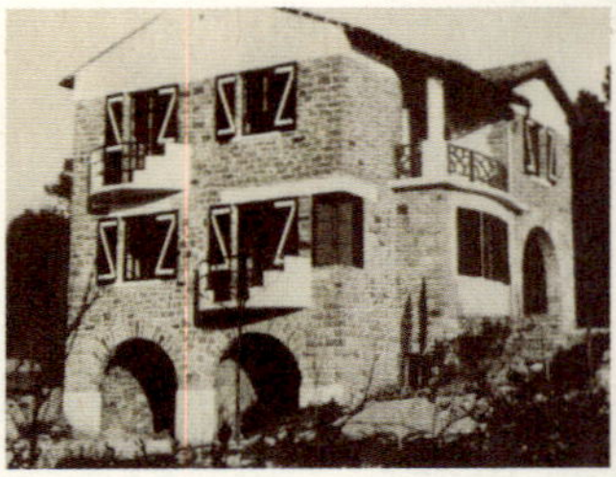
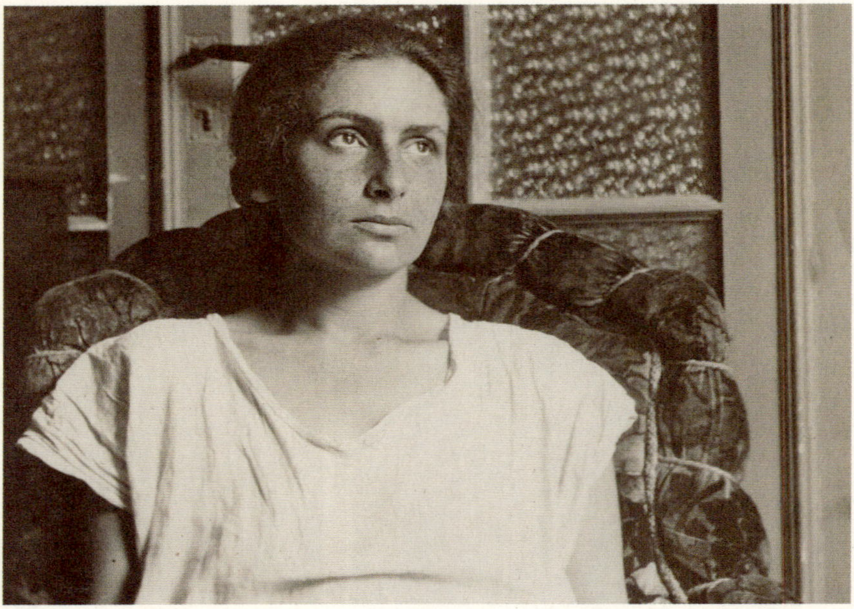

丹尼丝： 这是爸爸。

西蒙娜： 这张是"二战"前拍的。他是不是总戴着蝴蝶结和无框的夹鼻眼镜？

现在，这种装扮又开始时兴起来了。我觉得爸爸的模样非常具有现代感。

丹尼丝： 爸爸近视吗？我们好像从来没问过。

西蒙娜： 我想这张应该是找摄影师拍的证件照。

西蒙娜： 这是爸爸在拉西约塔建的一栋房子。

爸爸工作的建筑公司当时在那里买了地。他们觉得拉西约塔靠近马赛，一定会发展得非常快。可未曾想到，1929年的经济大萧条让当地的发展远不及预期。当时，整个蓝色海岸的建筑业都受到了极大的冲击。

有意思的是，建筑商们在圣特罗佩[1]（Saint-Tropez）投资时，都觉得这个交通极不便利、孤零零的小渔村不会发展得太好。

西蒙娜： 这张是妈妈。

她在照片上总是显得很忧郁。这张照片一看就是摆拍的。妈妈好像还化了妆，她平常是从不化妆的。

我小时候还是很像她的，长大后就一点都不像了。而你，丹尼丝，你在少年时期和后来都很像她。米卢的话，得看是哪张照片。

---

[1] 圣特罗佩位于法国南部的普罗旺斯-阿尔卑斯-蓝色海岸大区，是法国著名的海滨度假胜地，深受富翁、明星们的追捧。

西蒙娜： 这是我在战争期间拍的一张证件照。

我记不清是1941年还是1942年了。到了1943年，我就没有辫子了，所以，不是1941年就是1942年照的。

丹尼丝： 没有辫子了？

西蒙娜： 没了。在1943年的照片上，我就是短发。

丹尼丝： 我回来的时候仍留着长发。

丹尼丝： 这张是摄影师照的。这是专门为《童子军报》(*Notre Journal d'Éclaireuses*) 拍摄的照片，西蒙娜被选为了模特。

西蒙娜： 我们童子军小组的女孩们来自各个阶层。其中有一个新教徒、一个犹太教徒，其余都是"中性人"。我们雅各布家的女孩就是"中性人"。

这丝毫没有影响我们按照严格的道德规范行事。我们都认真地履行了童子军的"誓言"。

丹尼丝： 我们的这个小世界完全被战争给打乱了。但是它依然发挥了不小的作用。看看那些犹太童子军在抵抗运动中所发挥的作用就知道了。天主教会的童子军也一样。

童子军的训练为我们之后的地下生活打下了一定的基础，让我们能更快地适应边缘化的生活。

我后来在里昂的抵抗组织中遇到了一个朋友。她曾是童子军的领队，非常喜欢那些被我们称为"夜间游戏"（夜晚探险一类的童子军活动）的活动。她也是我弟弟让的童子军领队。她总和我说，这些经历对她后来的地下活动和对敌斗争大有裨益。

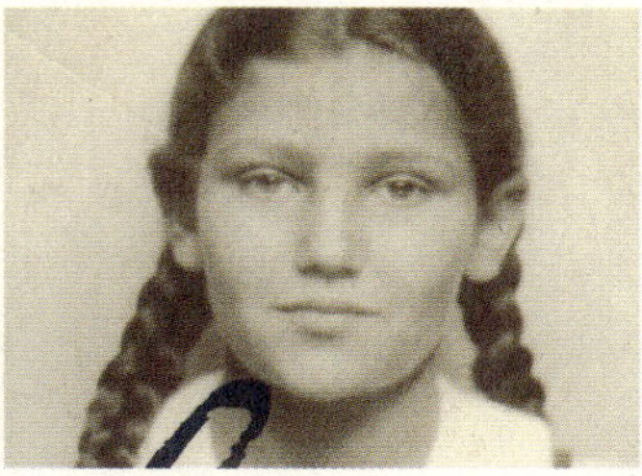

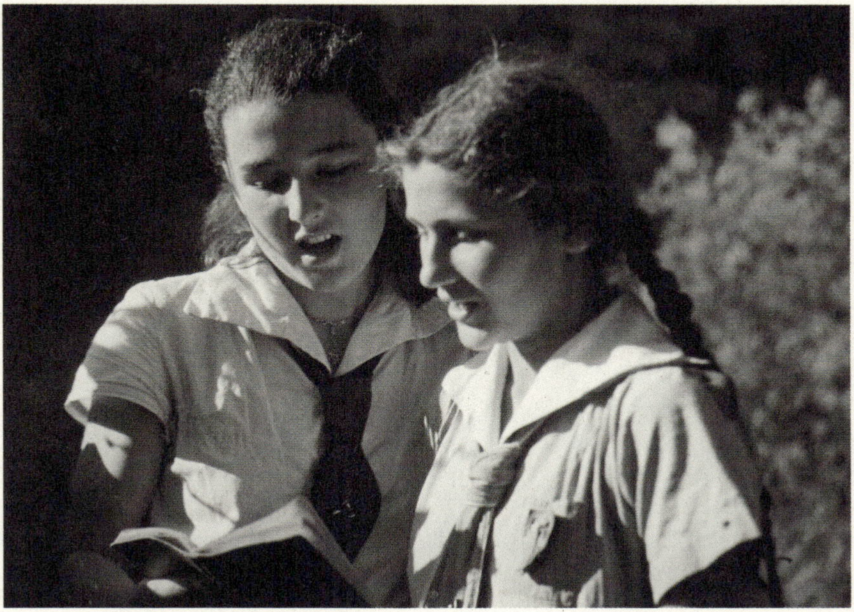

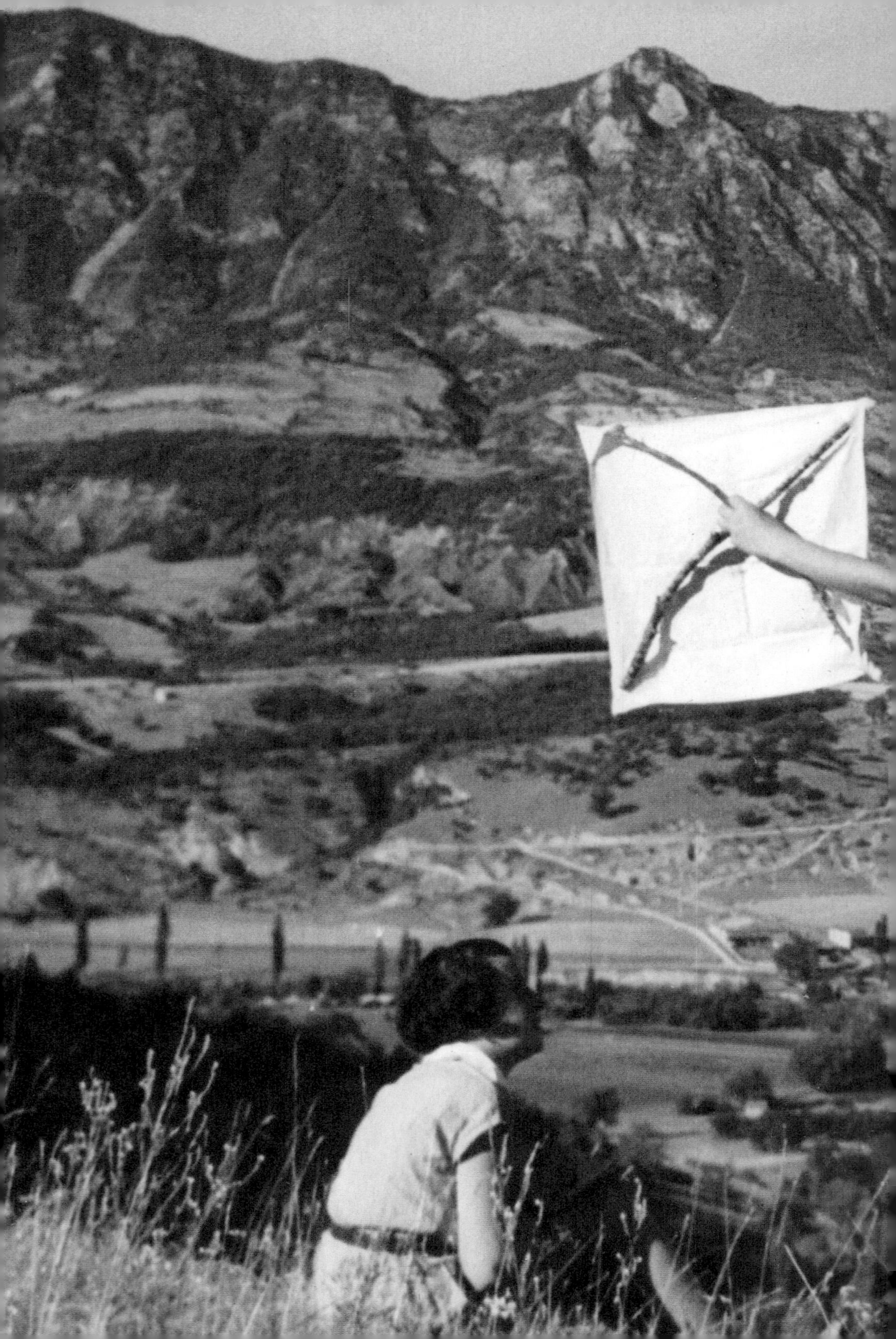

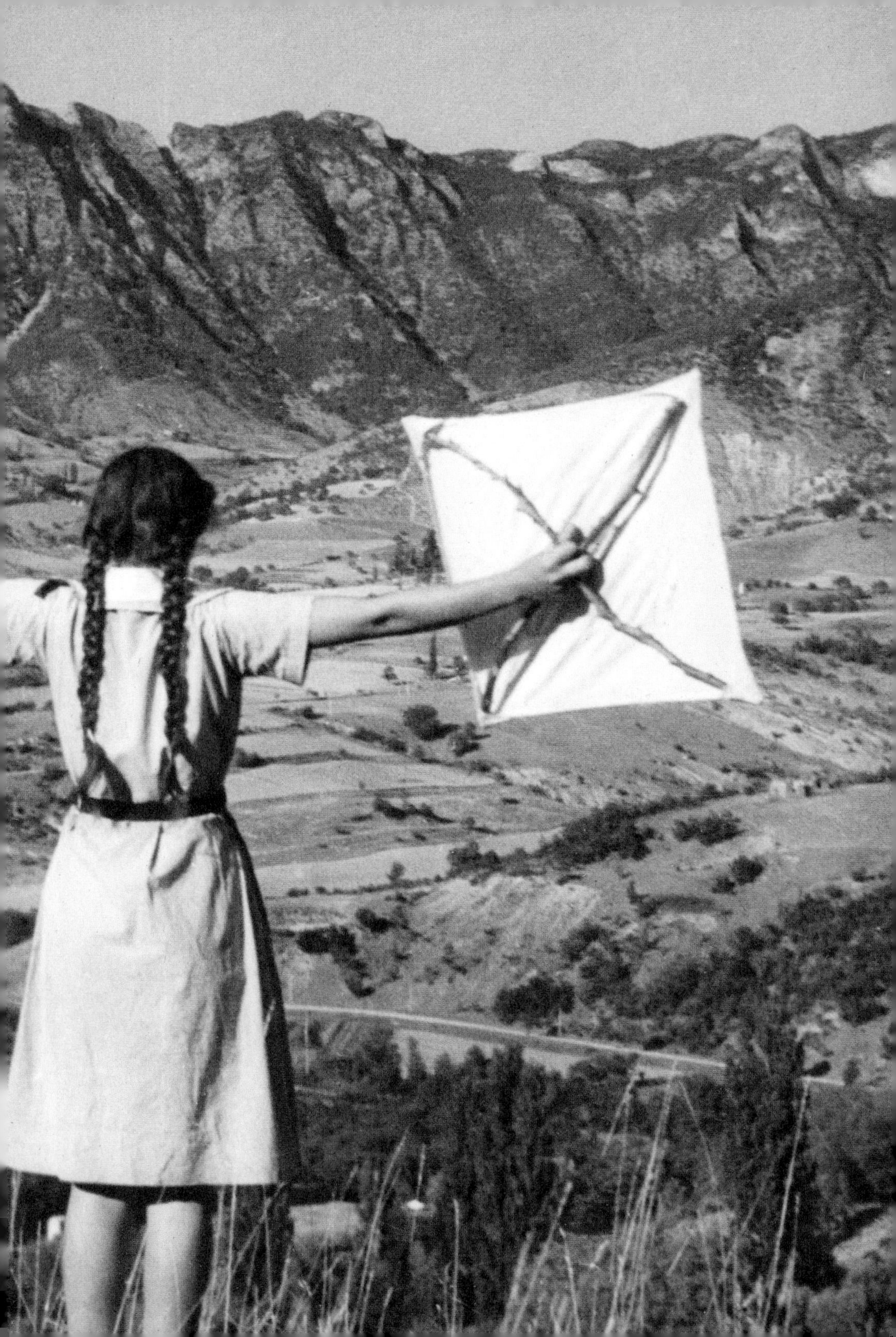

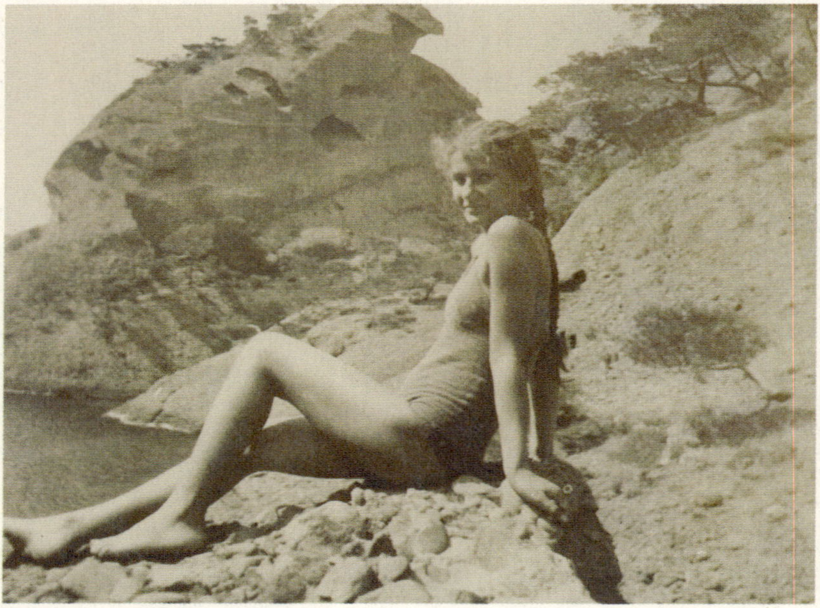

丹尼丝： 这是在菲戈罗勒（Figuerolles）。

我们最后一次去拉西约塔是在1942年。

西蒙娜： 梳着辫子的我。这张是在被送往集中营前不久拍的。

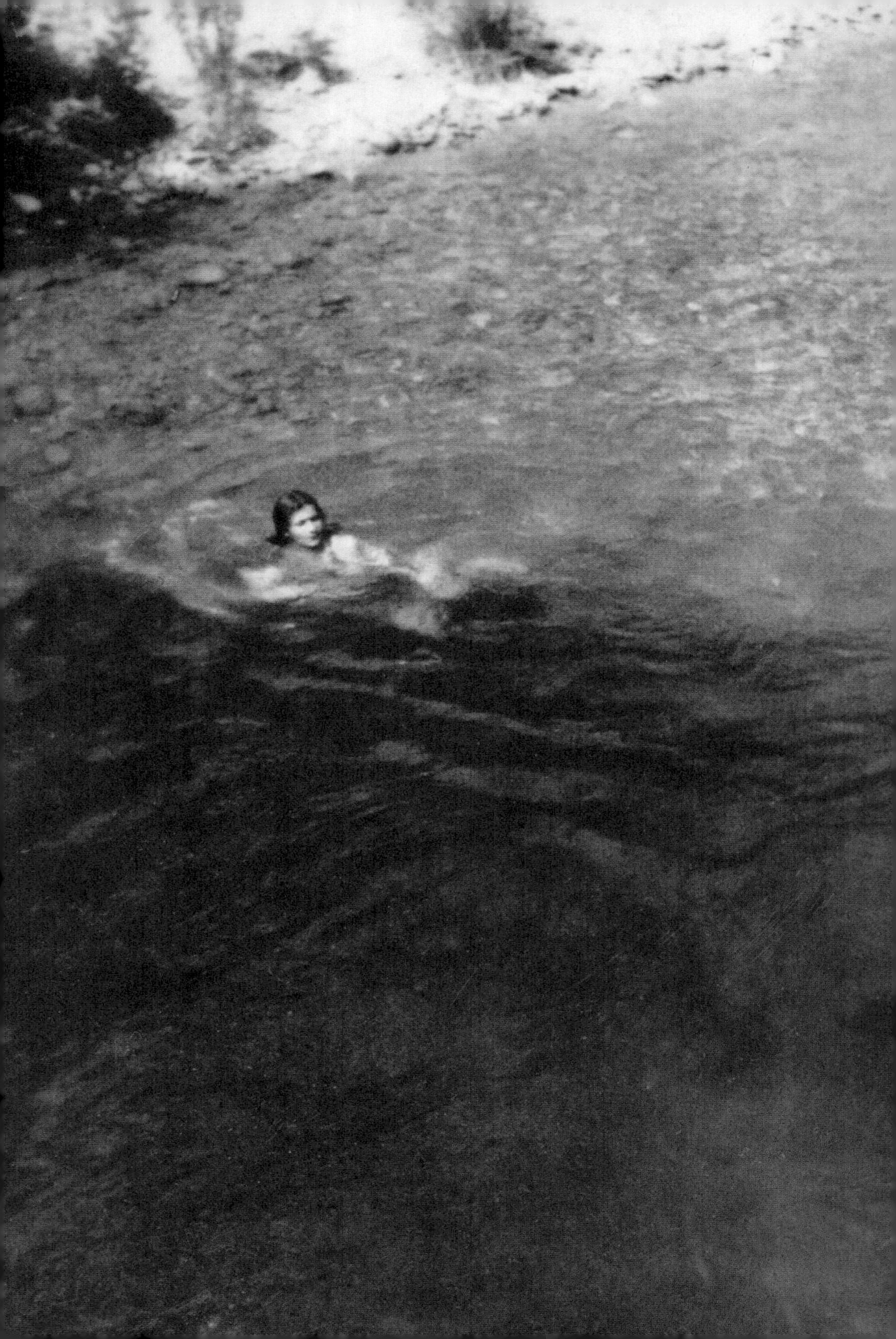

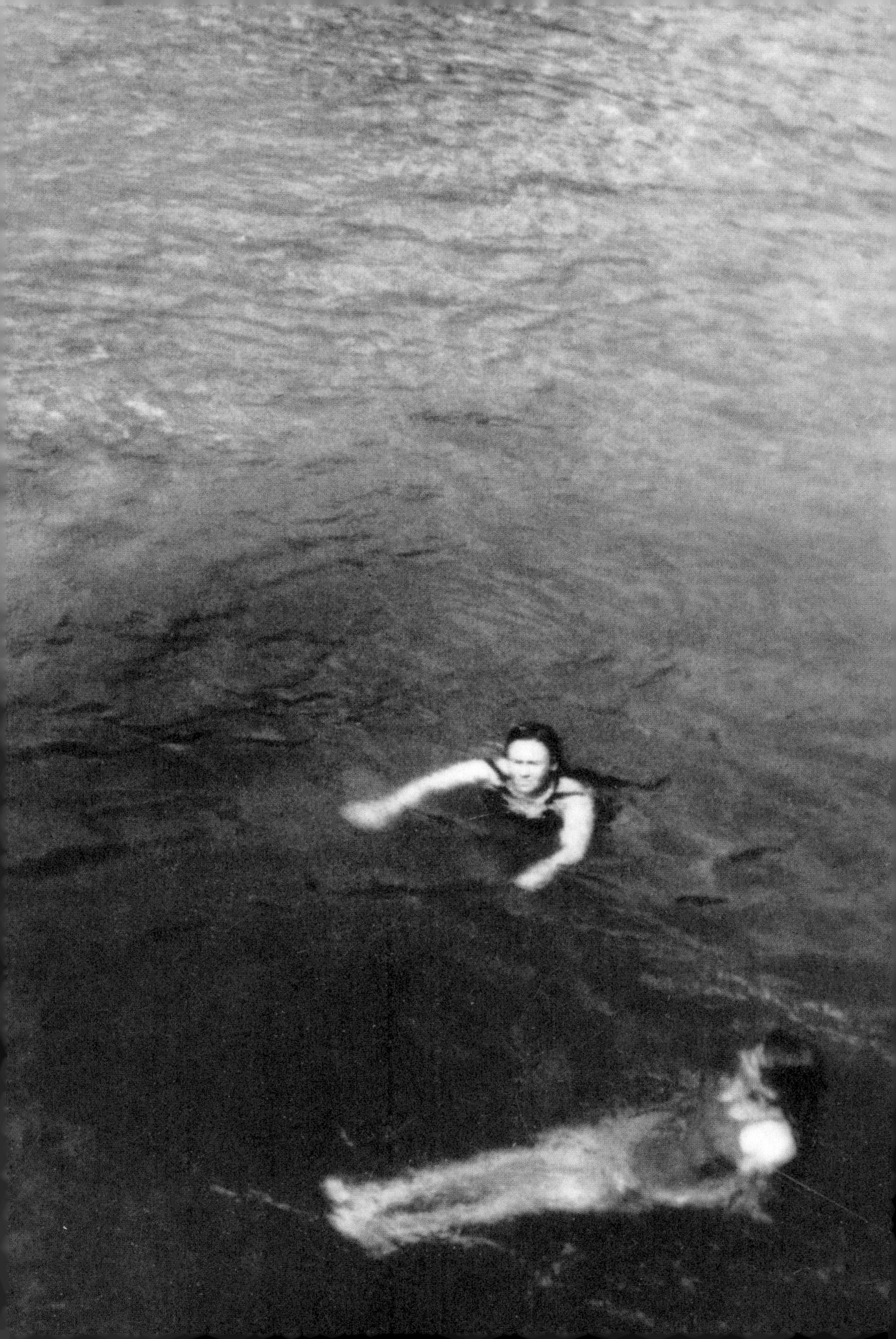

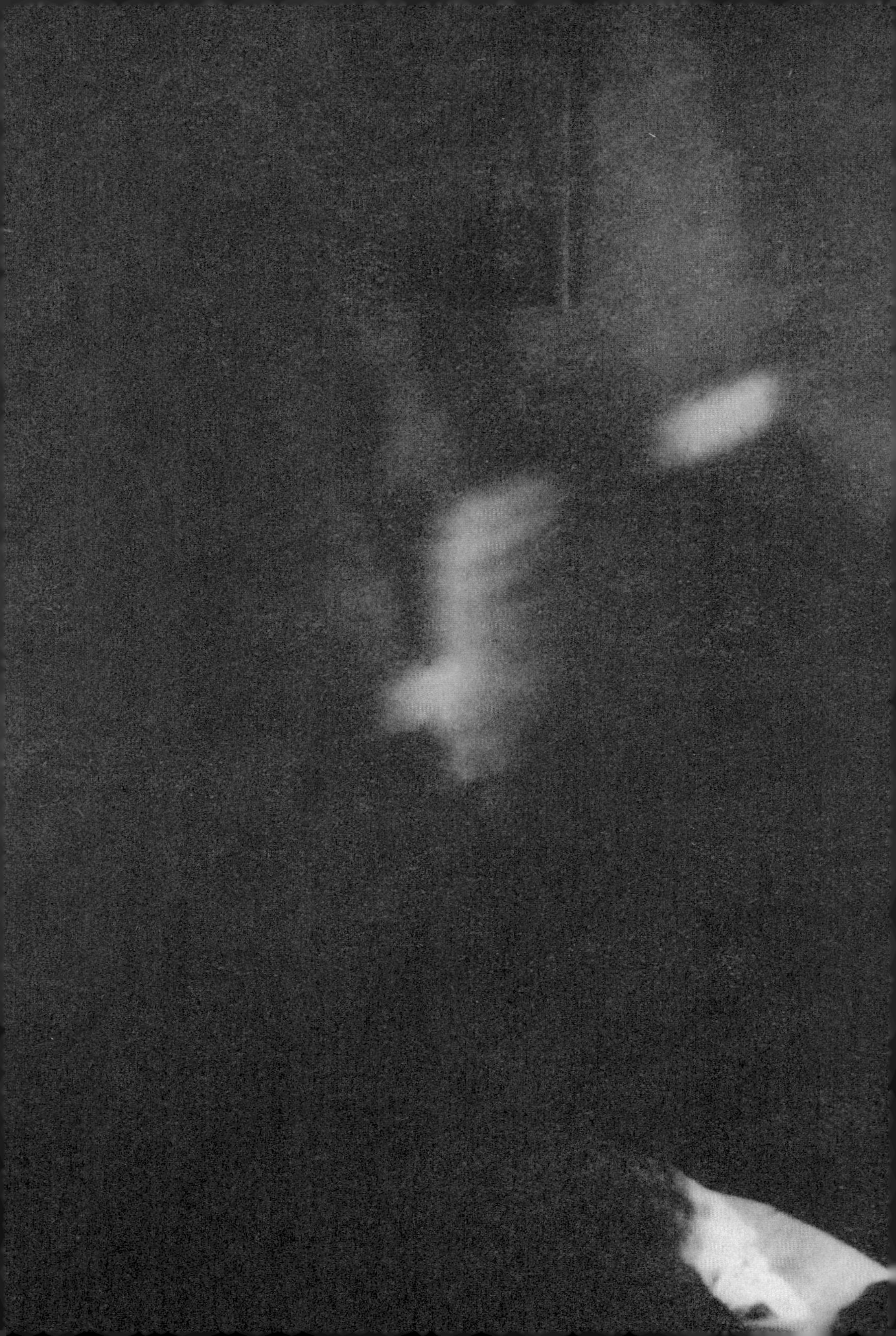

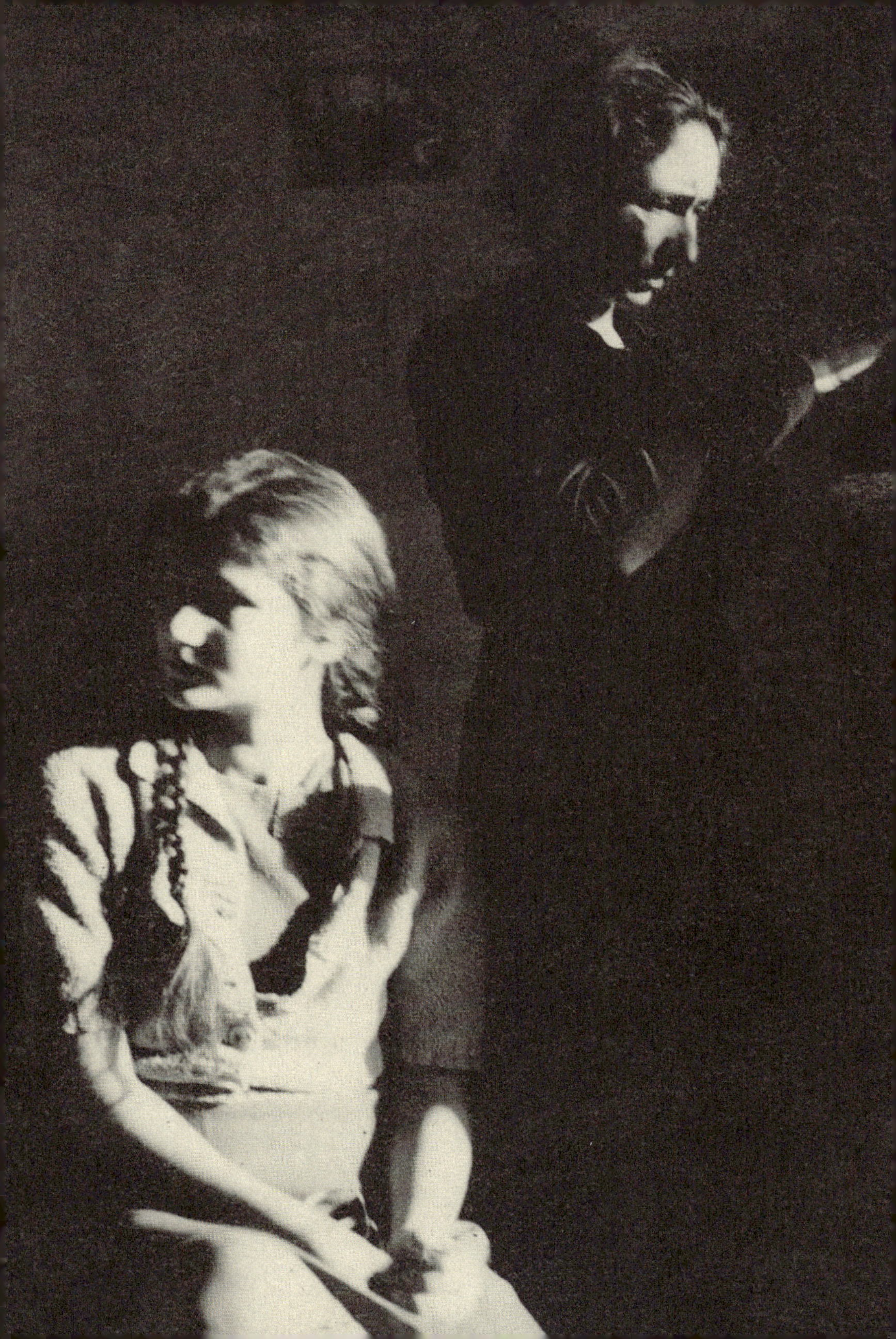

西蒙娜： 这是妈妈。

这是我们被送往集中营前在医院拍的。

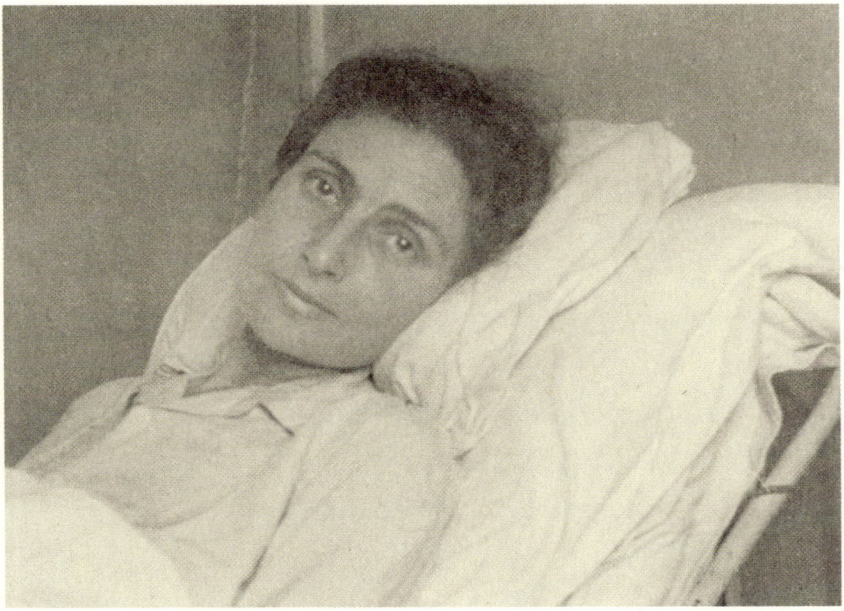

丹尼丝：《慕尼黑协定》只是一系列震惊事件的开端，紧接其后的便是法国的宣战和1940年的大溃败。可大家都未料到犹太人将会面对什么样的威胁。在此之前，已有大批德国和奥地利犹太难民涌入法国。虽然没什么钱，我们家却一直对这些难民开放。我们也知道在德国发生的事情，却很难想象和理解这一现实。我觉得西蒙娜比我们都有预见性。一听到人们要求我们在身份证上盖上"犹太人"印记的标签时，她就坚决反对，可最终，我们都去警察局报了到。我们的食品配给证上也盖上了同样的标签。

我们确实感到了危机，但是这类情况在我们的民族史上并不鲜见。我们希望以此证明我们的身份，证明自己无须以这种身份为耻。或许我们太过相信共和国的法律了。我们也知道逃到法国的犹太难民被逮捕甚至被枪杀，但是我们根本无法想象集中营里所发生的事情，更想不到存在着像奥斯维辛那样的地方。我们当时的想法是："只要一家人在一起，其他的都不重要"。这种想法真的是过于愚蠢和天真。要知道，我们和那些被逮捕的外国犹太难民是一体的。可当时的我们却没能意识到这一点。我本人在大围捕之前就已经离开了尼斯，倒是无须东躲西藏。我个人的经历和家里其他人的经历不太一样。

丹尼丝：1943年7月，我在童子军的活动结束之后便加入了抵抗运动组织。大围捕开始时，我和大姐米卢正在上普罗旺斯阿尔卑斯省（Alpes-de-Haute-Provence）的童子军营当领队。爸爸给我们送了信，让我们千万别回家，赶紧找个地方躲起来。姐姐米卢最终还是决定回去，她的工作能帮着养家。而我则决定留下并加入了抵抗组织。我的父母知道此事后也很支持。之后，我就开始转入地下生活。

我总担心别人说：你参加抵抗组织的原因就在于你是犹太人。就在我被捕之前，一名抵抗组织的同志无意间说了句："犹太人真是无处不在，无论是这里还是伦敦。"说完之后，他又加了一句："他们只会躲躲藏藏。"听到这里，我再也按捺不住："大家到底是想批评他们太显眼了还是太会躲了？"我和这位同志直到现在还有来往，但我从来不想和他提起这件事。

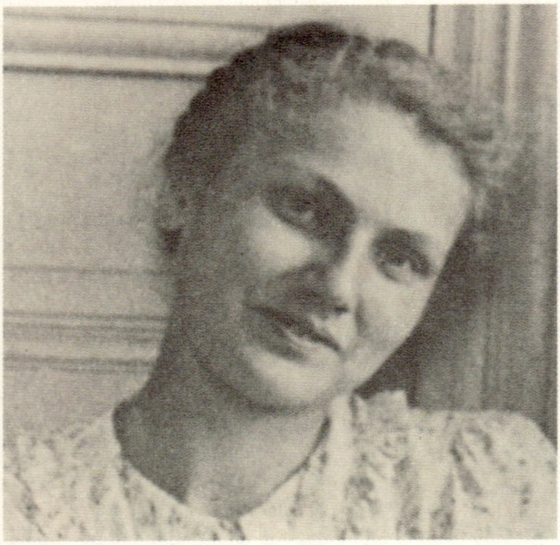

丹尼丝：1944年6月18日，我在德国宪兵队于布尔关（Bourgoin）和拉图尔迪潘（La Tour-du-Pin）之间所设的关卡处被捕。当时我正乘坐出租车把英国空降的物资送往格利耶尔地区抗德游击队所在处。司机并不知道车上装了什么。

打开我的行李之后，德国人发现了几台电报机，八块电报机的蓄电池和一颗氰化物胶囊。他们随即便将我带到了蒙吕克，那是盖世太保在里昂的大本营。

我的二十岁生日是在监狱中度过的。1944年7月14日，我离开了法国，被送往集中营。那时，我已知道，诺曼底登陆成功了。

丹尼丝：我对这张在尼斯拍的照片印象很深。我被捕的时候，这条裙子就在我的行李中。这本来是我表姐克洛德的裙子。

裙子上绣着很多小城堡，它们后来成了我们在狱中的谈资。

西蒙娜： 我不确定这张照片是不是埃娃·弗洛伊德的父亲拍的了。埃娃·弗洛伊德是西格蒙德·弗洛伊德的孙女。她和她爸爸都遭遇了流放。我们当时需要照片，他们正好需要工作。他们家就在火车站的后面。我最后的几张证件照都是奥利弗·弗洛伊德拍的。

丹尼丝： 这张拍得太好了。

西蒙娜： 这张应该是战时拍的。可是那个时候我不会戴耳环。我也搞不清了。

在我们被送往集中营以前，妈妈总是在家里帮我们洗头。我们不烫发也不做别的修饰。

我第一次去理发店还是在我从集中营回来之后不久。那家店在雷卡米耶街（Rue Récamier）的拐角处。店员把我放在了一个没调好温度的头罩下面。我的耳朵都被烫伤了。因为从来没去过理发店，我还以为头罩里的温度就该那么烫，只好默不作声。当理发师帮我取下头罩时，她惊讶地说："您怎么都不吭一声呢？"

我不想向她叙述我的经历。

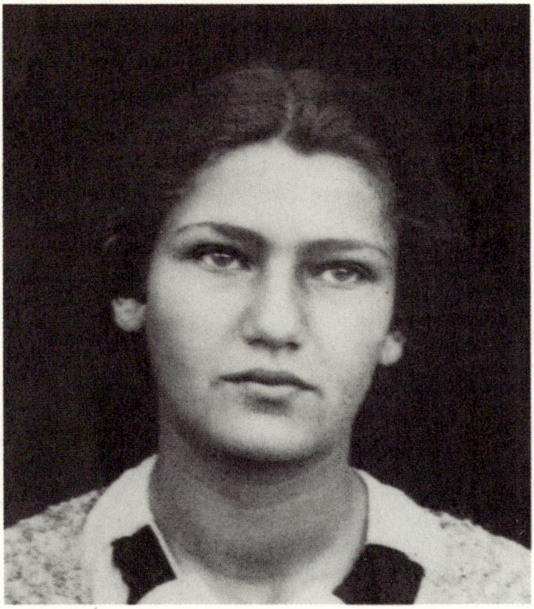

西蒙娜： 米卢和我是1945年5月23日到的巴黎。在奥斯维辛的时候，我们已经得知诺曼底登陆取得了成功。我们知道丹尼丝在里昂，都希望她还活着。我们只想再次见到她，完全不做坏的打算。

我们是5月19日离开的贝尔根·贝尔森。那时，离妈妈过世已经过去了几周。米卢也病得奄奄一息。回法国的车上拥挤不堪，大部分时间，我们都得站着。米卢的身体状况实在太差，所以基本都被安排坐在司机旁边的位置。路况十分糟糕。中途，我们曾在荷兰边境的一个难民和流放人员"挑选中心"歇脚。米卢当时疼痛不止，最后是被救护车送去的火车站。

我还记得自己是怎么走在那条通往火车站的宽阔人行道上的。我那时忧心忡忡，四处都在传这个或那个集中营对囚犯进行了集体性的灭绝。我们在火车站旁边遇到了几个伙伴。大家谈了一会儿，互通了一些信息。一位曾在奥斯维辛集中营待过的伙伴说："我在拉文斯布吕克见到了你的姐姐丹尼丝。"我顿时瞪大了双眼看着她，搞得她非常窘迫，支支吾吾地说自己搞错了。我已经无法思考。可她什么都不肯再说。天都塌了。

我马上就想到了最坏的情况。

米卢不知道这些。二十四小时后，我们到达了卢滕西亚酒店，那里有最新的返回者名单。丹尼丝的名字在上面。我们这才知道她已经回到了法国。

几天以后，我们终于得以重聚。

**丹尼丝：** 我是第一个回到法国的。

我知道米卢、妈妈和西蒙娜都被送去了奥斯维辛。1945年春天的时候，我在拉文斯布吕克，我当时用的是个假名。从奥斯维辛撤离的火车开到了拉文斯布吕克。那些囚犯的情况异常凄惨。我向一个说法语的妇女打听了一下情况。我是这么问她的："我有几个尼斯的朋友被送到了奥斯维辛，您知道点什么吗？"这无疑是大海捞针。集中营的囚犯何止成千上万，我的问题能得到回答的可能性微乎其微。可出乎意料的是，那位女士说："我认识雅各布姐妹和她们的妈妈，她们被送去了另外一个稍好一点的集中营。这都多亏西蒙娜，她是那么漂亮。"我一晚上都在辗转反侧地想，应不应该再多问几句？

第二天，我又见到了她，我冒险向她表明了身份："我是她们的姐妹。"她答道："一看就是一家人！"真是一场奇遇。回想起来，当时身处拉文斯布吕克的我也就问了这么一个人。大家都不知道我的真名是什么。当然，我还是向几个人透露过我的真实身份。万一我回不去了，至少还有人知道我曾经在哪里待过。

**西蒙娜：** 米卢和我回到巴黎之后的第四天还是第五天，我们重新见到了丹尼丝。

我们没在卢滕西亚酒店过夜。

姨妈很快就闻讯赶来，把我们接到她家去了。我的姨父是名医生。米卢当时病得奄奄一息。姨妈后来告诉我，她和姨父本想把米卢送去住院，又不忍让我们再次骨肉分离。

与至交玛索琳娜：
比克瑙集中营中的花

1928年3月19日，玛索琳娜·罗尔丹-伊文思出生于孚日山脉的埃皮纳勒（Épinal）。

十六岁时，她在沃克吕兹省[1]（Vaucluse）博莱讷市（Bollène）的围捕行动中在自家城堡被捕。她的父亲在战前购置了这座城堡。1944年2月29日，被关进阿维尼翁监狱，后转押至马赛。1944年4月1日，进入德朗西集中营。

1944年4月13日，与西蒙娜·韦伊一起坐上发往奥斯维辛-比克瑙集中营的第79次列车。

在比克瑙关押七个月。

1944年11月，被转押至贝尔根·贝尔森集中营，与西蒙娜重逢。1945年2月，进入拉贡劳动队（Kommando de Raguhn）。同年4月，被送往泰雷津集中营[2]（Terezin），直至解放。

在巴黎东站下车后入住卢滕西亚酒店。

因在巴黎无处安身，后返回博莱讷市找寻自己的家人。

---

1　沃克吕兹省位于法国的东南部，现为法国普罗旺斯-阿尔卑斯-蓝色海岸大区所辖省份。
2　泰雷津集中营是"二战"期间捷克最大的纳粹集中营，关押人数曾达到十五万人。

—— 喂？

我是一名导演，正在拍摄一部关于西蒙娜·韦伊在集中营的经历和她日常生活的片子。

—— 大点声。我一句都没听清，不知道您想说什么。

我能为您做什么？

—— 是西蒙娜·韦伊让我找的您。

—— 哦，是吗？找我干什么？

—— 给我讲讲在集中营的日子。

—— 你让她给我打电话。

未经她的许可，我是不会随便和别人谈论自己的朋友的。还有，我只会讲自己想说的。有些事情只属于我们俩。西蒙娜和我，我们有着自己的小秘密。珍贵的秘密。

除此之外，什么都可以谈。

我这里有一瓶夏布利（chablis）和一瓶伏特加可以用来招待您，任您选择。

要是您这人还不错，

两瓶都喝了也没问题。

西蒙娜·韦伊事先就给我打过预防针。我之前并不认识玛索琳娜·罗尔丹-伊文思本人，只知道她与导演约里斯·伊文思（Joris Ivens）一起合作的几部作品。她在20世纪60年代为阿尔及利亚的独立而斗争，20世纪70年代积极拥护毛泽东与新中国，对1968年"五月运动"的极左倾向持保留态度，还曾出演让·鲁什（Jean Rouch）和埃德加·莫林（Edgar Morin）执导的影片《夏日纪事》（*Chronique d'un Été*），那位在路边询问行人他们是否幸福的红发女郎。在结识西蒙娜·韦伊以前，我完全无法把这两人归为一类。后来，我在西蒙娜身上所发现的叛逆、自由和宽容让我对她们之间始于集中营却未终于集中营的友谊有了新的认识。西蒙娜曾笑着对我说："玛索琳娜的家很不错，和我家很不一样。她家到处都是毛泽东的图像。您肯定会玩得很开心。您之后要告诉我你们聊了什么，就这么说定了！她肯定会说我是个资产阶级，而且太过法国化。您一定要为我正名。"西蒙娜真的很喜欢玛索琳娜。

西蒙娜说的也不全对。玛索琳娜家并没有很多与毛泽东相关的物件，却有相当丰富的藏书。她有很多关于流放、集中营、以色列历史和艺术的书籍，也有不少与意大利、古代中国，以及她所熟识的乔治·佩雷克（Georges Perec）和玛格丽特·杜拉斯（Marguerite Duras）相关的著作。约里斯·伊文思的影响随处可见。整套公寓十分考究、典雅且带有波希米亚的风情，四处点缀着花卉。玛索琳娜爱花，也很会打理它们。我们一起开怀畅饮，吞云吐雾，直到凌晨三点，我才离开。两人都喝得酩酊大醉。我从没想过西蒙娜会把我送去一个如此迷醉的地方。玛索琳娜是一个热爱生活、狡黠睿智的女性。

我试图从与玛索琳娜的交谈中进一步了解身陷集中营的西蒙娜。她一边强调西蒙娜是典型的法国人，一边又说："西蒙娜是个比克瑙女孩，千万别忘了这一点。"她自己则自认是一个外国人，一个波兰犹太人，有个想方设法让自己变得比法国人更像法国人的父亲。她和我讲述了他们家在战争期间买下法国南部博莱讷的古尔东城堡（Château de Gourdon）的经过，还谈到了她那个在奥斯维辛去世的父亲，以及西蒙娜的姐姐米卢和妈妈伊冯娜。

西蒙娜与玛索琳娜的默契跟她们的创伤同龄。被送往集中营时，她们都是年方二八的少女。玛索琳娜当时刚满十六岁，西蒙娜则快到十七岁。当她们在一起时，便会立刻变回比克瑙的两个顽童。凌晨两点，醉到忘形的我向玛索琳娜提议在西蒙娜的床上给她们拍段对话视频。床是西蒙娜的避难所，用她的话说，是她的"救生艇"。躺在床上能让她重温幼时与妈妈伊冯娜度过的幸福时光。我经常与西蒙娜在她沃帮广场的家中会面。卧室是她真正的书房。她的床上总是堆着大摞的资料和书籍。我们经常坐在床上聊天。玛索琳娜笑了起来，问我是怎么知道这一点的："没问题，不过你得去说服西蒙娜。她很有可能不会同意。床可是她的禁脔。要是我的闺蜜能让你进她的房间，那我就答应参与你的电影。"

西蒙娜这次没猜对，玛索琳娜从头到尾都没把她称为资产阶级，也没说她过于法国化。几周之后，我安排了这次会面。那天，我洗劫了玫瑰街（Rue des Rosiers）最好的美食店：伏特加、鲱鱼、黑面包、鹅肝酱、三文鱼子、烟熏牛肉、薄酥卷饼、奶酪蛋糕。玛索琳娜和我说过："西蒙娜特别喜欢那些平常很少享用的美食。"当她们两人躺在床上时，我便功成身退，远远地看着她们，默默地倾听。她们的对话无须我来引导。西蒙娜点了一支烟，而玛索琳娜则卷了支大麻。腼腆且害怕让西蒙娜失望的我，没敢和玛索琳娜一起吸上几口。玛索琳娜调皮地让西蒙娜也试试。西蒙娜故作惊讶，说没想到玛索琳娜这么大年纪了还抽这个，她说："我从不喜欢这个东西。"玛索琳娜马上用小孩子的语气针锋相对："这可比你吸的那个鬼玩意危害小多了。"语毕，两人哈哈大笑。

突然，电话响了。是西蒙娜的丈夫安托万打来的，说半小时后到家。西蒙娜命令我们赶紧打开窗户。她们又笑作一团。然后，西蒙娜对玛索琳娜说："晚安，亲爱的。"

乘坐电梯的时候，玛索琳娜问我，我们是不是干了很多蠢事。

那时已接近凌晨一点。

我算是理解了什么叫"比克瑙女孩"。

大卫·泰布尔

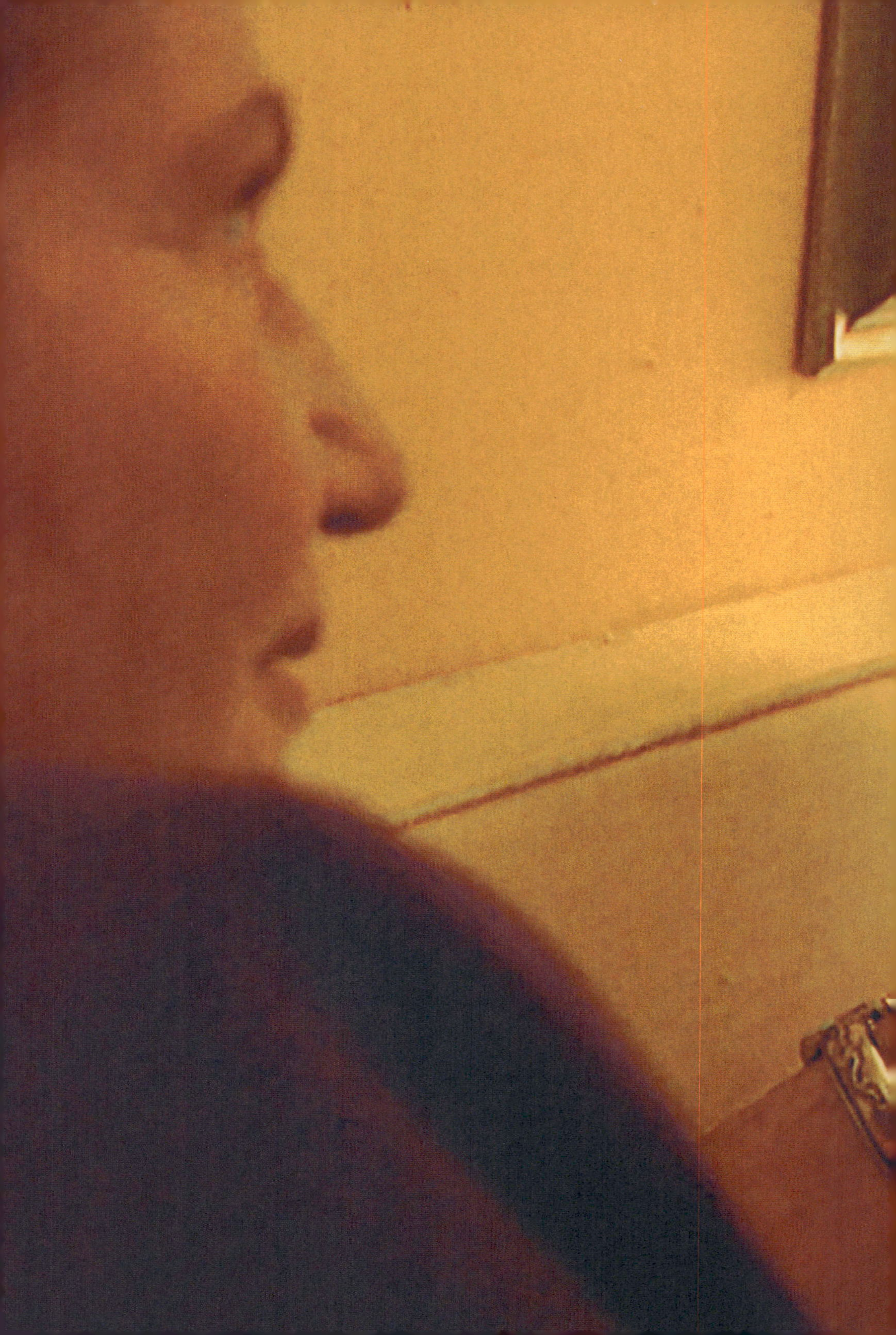

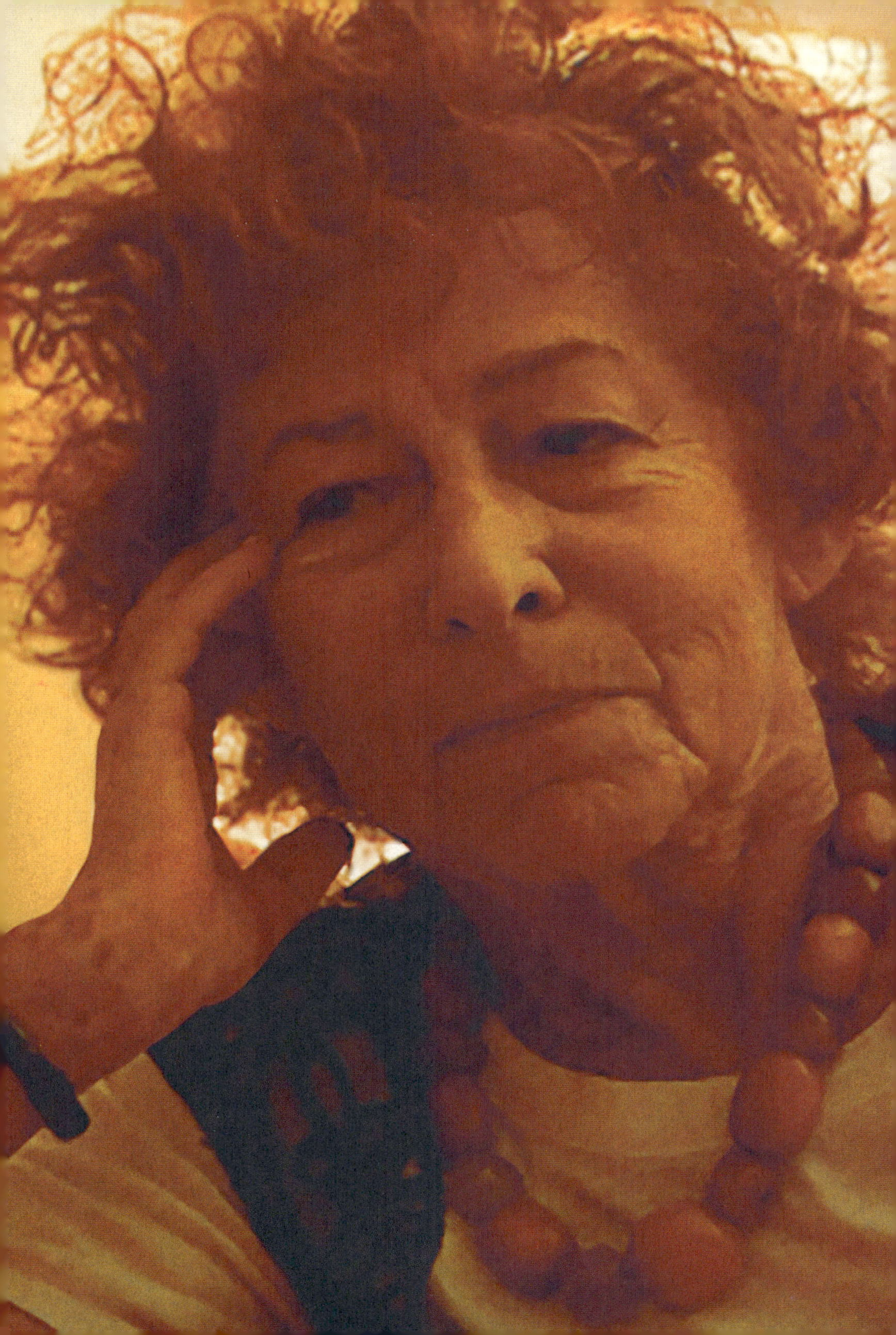

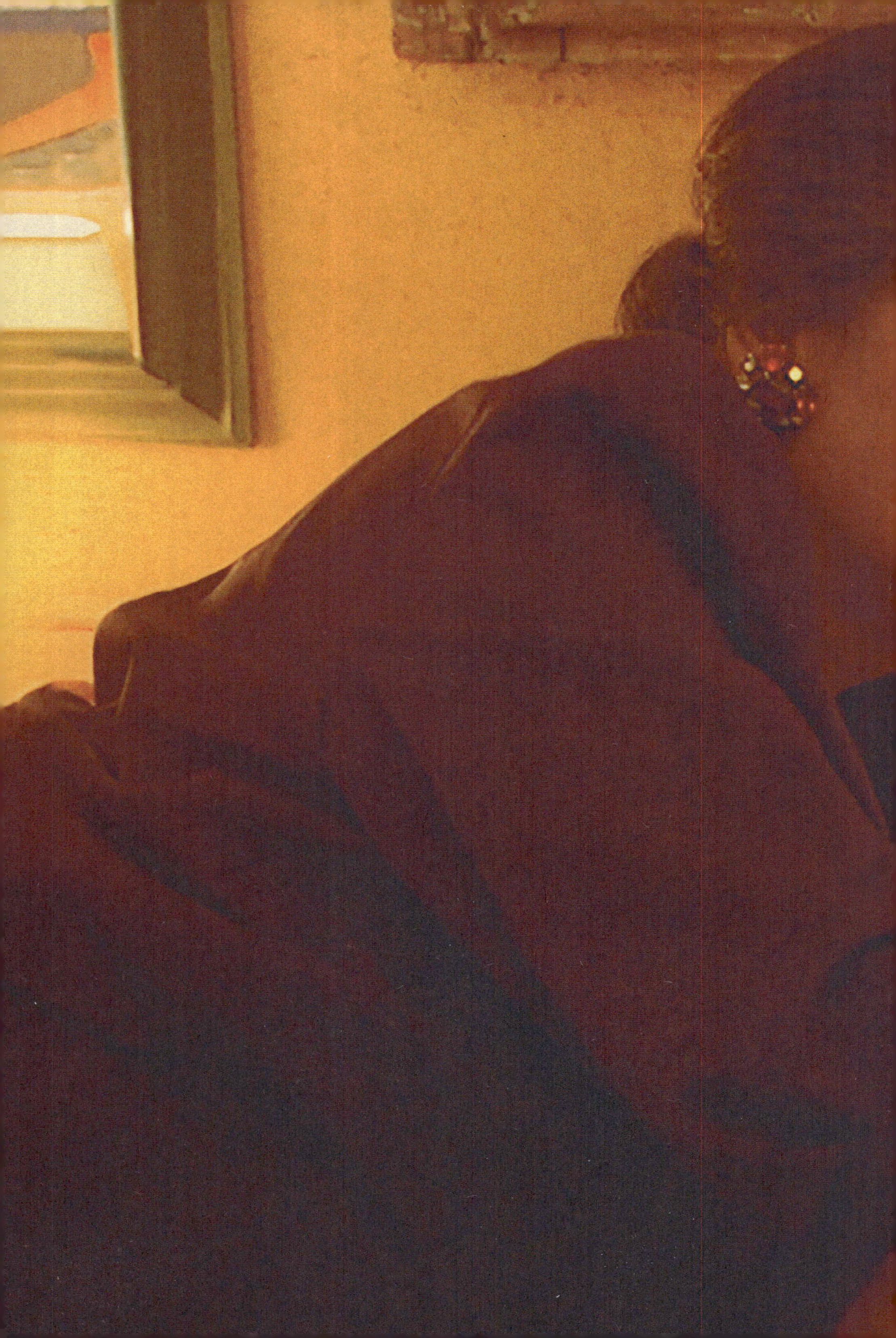

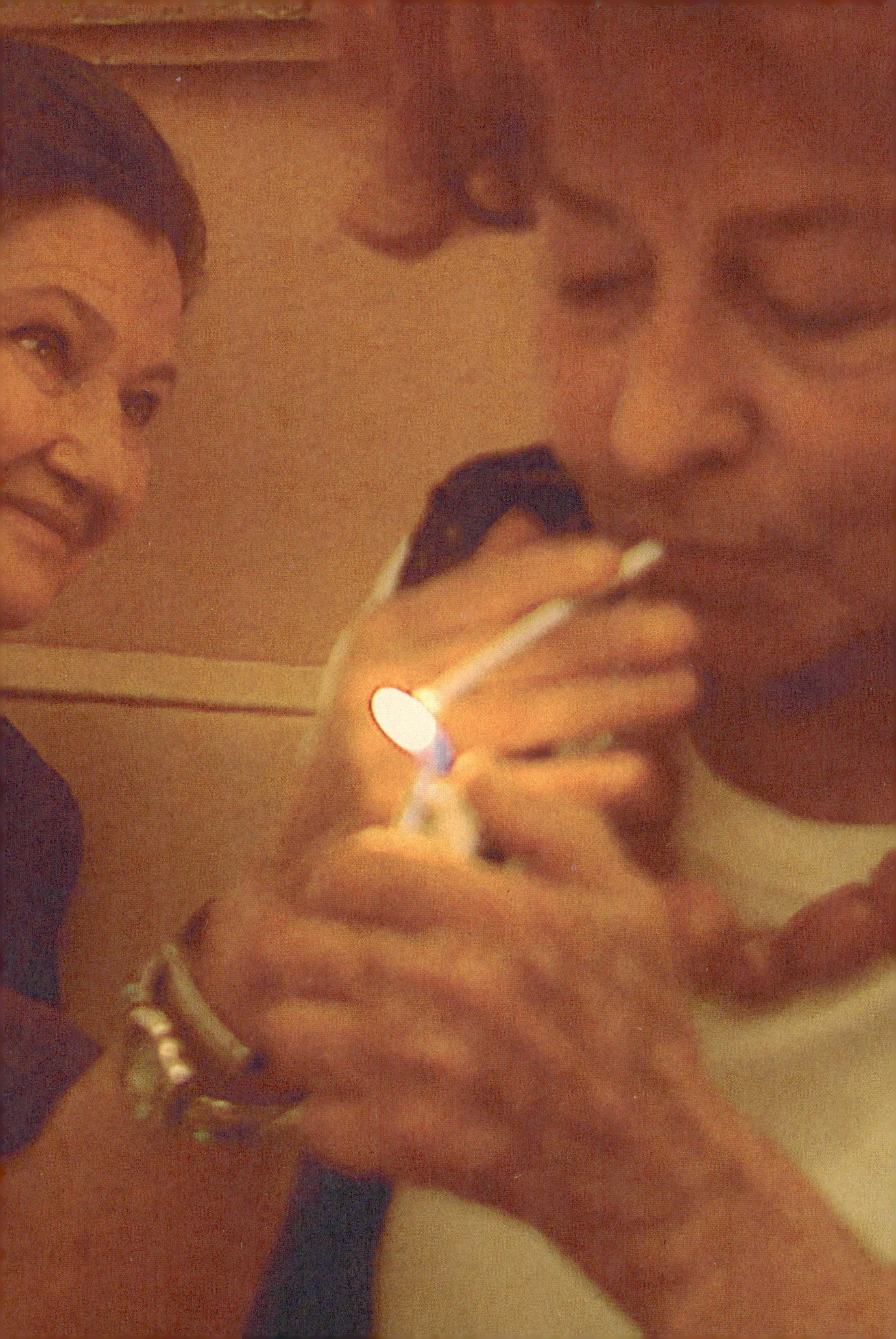

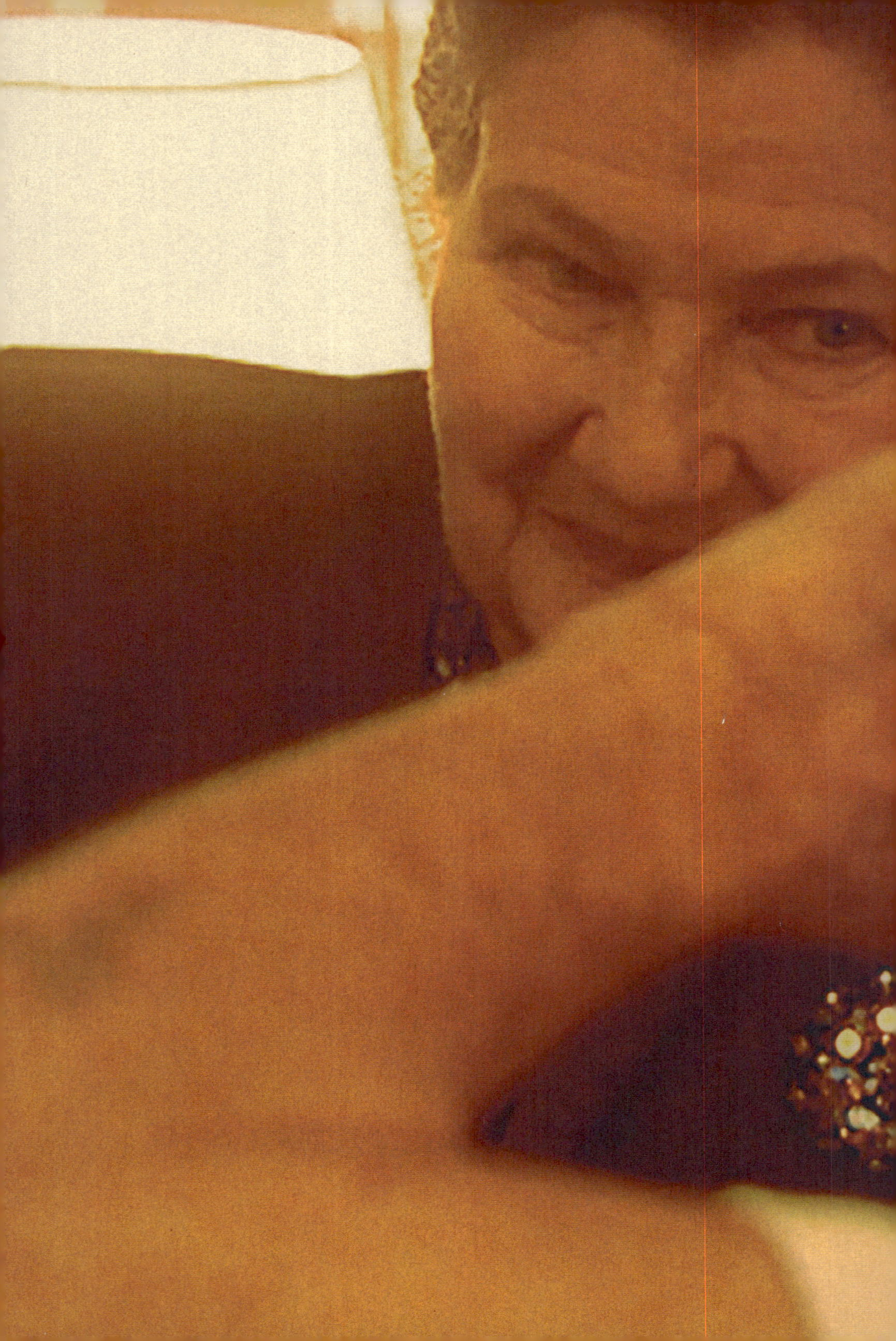

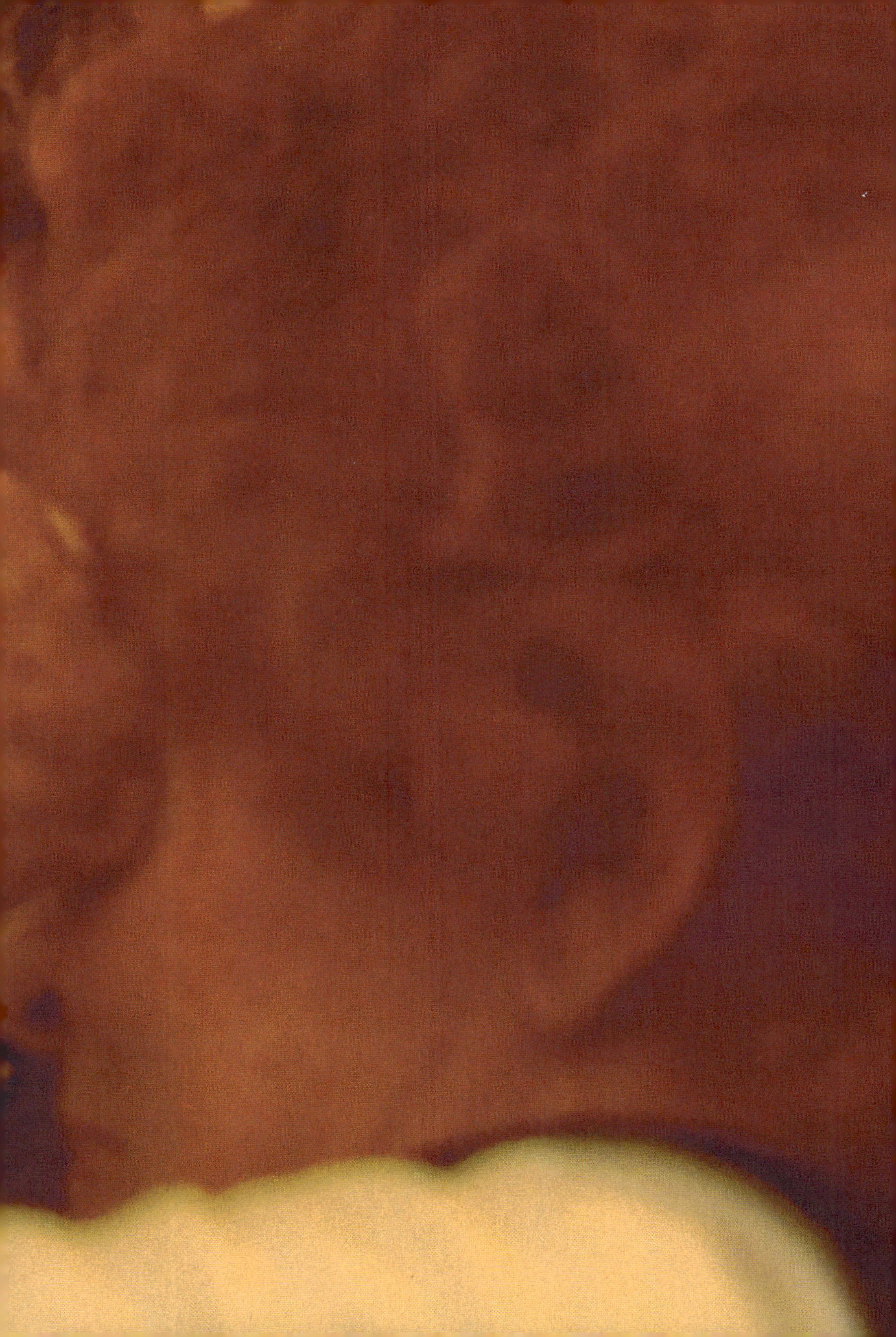

大　卫：在前往奥斯维辛-比克瑙的列车上，你们是在同一个车厢吗？

玛索琳娜：不知道。时间太久远了。

西蒙娜：那时我们还不认识。

玛索琳娜：那个后来加入哥白尼街犹太教堂唱诗班的埃米尔·卡茨曼（Émile Katzman）当时和你在一个车厢吗？

西蒙娜：我不记得有他。我好像只在赎罪日那天才会在教堂见到他。

玛索琳娜：那我们就不在一个车厢。他那时在我们车厢，还唱了歌。

要是你在，肯定不会忘记的。

我们第一次见面应该是在九号营房（Lager）。在第一次集合的时候或之前。

西蒙娜：也许是在我们文编号或被送去澡堂的时候。

玛索琳娜：可是你身上文的是J，而我身上的则是R，按道理来说，我应该在你后面。

西蒙娜：嗯，不过我们当时都是喜欢交朋友的年轻人。

玛索琳娜：那时我们估计是年纪最小的。你十七岁，而我才十六岁。我们肯定是最小的。

西蒙娜：还有索尼娅呢……

玛索琳娜：我还记得她。你知道吗，有个人找了我五十七年，最近通过ARTE电视台找到了我。她曾经和我一起被关押在阿维尼翁的监狱。

西蒙娜：那两个和你一起被抓的大姐姐呢，她们后来怎么样了？

玛索琳娜：她们都活着回来了，有一个还成了我的嫂子……我哥在加入法国解放军（Forces Françaises Libres）之前就已经爱上了她。在集中营的时候，我和这两位姐姐分开了。她们中的一个被分去了做绳子的劳动队，无须日晒雨淋。

西蒙娜：她们的母亲呢？

玛索琳娜：她们的母亲是在1942年7月16号的大围捕中被抓的，比她们早进的集中营。后来在集中营找回了两个女儿。

西蒙娜：可怜那些一直担心看见自己子女和亲友被送进集中营的人。

玛索琳娜：眼巴巴地跑去看被送来的新人已经够可怕了，更别提眼睁睁地看着自己的亲人被送进来。

西蒙娜：你后来在集中营找到了你的父亲吧？要是我没记错的话……

玛索琳娜：一天，我们两人所在的劳动小分队刚好撞上了。我看到了爸爸，本想去抱抱他。你还记得吧？一个女党卫军为此把我毒打了一顿。

她觉得我是个婊子，居然对男人投怀送抱！

西蒙娜：让我惊讶的是，在集中营里总有一些不可调和的私人矛盾，比如揭发。在我们那列火车上，有一个被当作抵抗军抓捕的女人。她的丈夫被枪毙了。后来，纳粹发现她是犹太人，就把她押送到了德朗西，随后送进了奥斯维辛。当时和我们关在一起的还有一个和她同一时间被捕的女人，后者总认为自己是被前者告发的。这两人在集中营时相互之间从未说过一句话，之后也没有。

虽然我姐姐米卢和这两个女人的关系都很好，但是她也对两人的关系无能为力。

玛索琳娜： 能活着回来，她们俩就已经谢天谢地了。

西蒙娜： 你回来之后到"奥斯维辛集中营女性幸存者友好协会"注册了吗？

玛索琳娜： 没有。五十年前，我曾去过一次，之后就再也没去过那里。直到近几年，为了拍电影，我去过那里几次。吉内特·科兰卡向我推荐了这个协会，说现在的氛围和以前已经大为不同。

西蒙娜： 你现在和她还有联络吗？

玛索琳娜： 她的儿子就是电话乐团的那个鼓手。吉内特本想让他当邮递员，他却跑去地下酒吧打鼓！我还是很少去"奥斯维辛友好协会"。而且，现在也没剩几个幸存者了。我们都是里面最年轻的了。

西蒙娜： 集中营里最年轻的囚徒之间非常团结。其他人在我们眼里都是些老女人！

玛索琳娜： 二十多岁的女孩子也可能会被我们称为"老女人"！她们总是不停地哭，烦死了！

西蒙娜： 她们还会相当粗暴地对待我们。

玛索琳娜： 我们在搬石头的时候，会唱唱歌，也会开开玩笑……只有这样，我们才撑得下去。可是这些年纪稍长的女孩子却因此指责我们。

西蒙娜： 那是在训诫我们！

玛索琳娜： 看到我们来了，她们还会马上转移话题。肯定是在谈一些下流的事……

西蒙娜： 她们总有说不完的爱情故事。

玛索琳娜： 她们总是翻来覆去地念叨她们的爱情生活。好像这样就能爱得更久一点。

西蒙娜： 她们会将那些故事延长、改编、为它们加上一个happy ending……幻想着自己未曾来得及体验的生活。

玛索琳娜： 你还记得亨丽埃特（Henriette）吗？就是那个占卜师。

西蒙娜： 那时的占卜师可多了，一些人会看手相，另一些人会吟唱。其中有一两个人的声音非常动听。

玛索琳娜： 我还记得一个马赛小女孩，是个西班牙籍的犹太人。她的声音宛如天籁。

西蒙娜： 我还想再聊聊那些被我们称为"老女人"的年轻女子。她们对我们真的很差，甚至让人觉得她们是在嫉妒我们的青春年少。

玛索琳娜： 我们身上有着一些她们无法忍受的特质。或是我们的懵懂，抑或我们身上磨灭不去的勃勃生气。

西蒙娜： 可我的姐姐米卢和妈妈就没有因此而感到不快。要知道，妈妈应该属于里面最年长的那群人了。

玛索琳娜： 你们母女三人在一起的时候，真的是一道风景，令人难忘。

大　卫： 玛索琳娜，当时您孤身一人，肯定很艰难吧……

玛索琳娜： 我倒是庆幸自己一个人在那儿。

西蒙娜： 你居然庆幸自己孤身在那儿？

玛索琳娜： 反正，一想到要和我的母亲待在一起，我就觉得恐怖。对我来说，一个人更好。而且，要是我的弟弟妹妹当时和我一起被抓，我们肯定直接就被送进毒气室了。所以……真的，一个人挺好的。

不过你和你的姐姐还有妈妈真的是自重和教养的化身。不仅是我，很多集中营的女孩都是这么看的。

你母亲的形象一直在我心里，栩栩如生。不过，这同时也让我十分恐惧。我时常会想：和自己的母亲一起待在这种地方会是件多么恐怖的事情！

一个时刻盯着你、让你做这个、不能做那个的母亲！

（大笑）在集中营，这真是无法忍受！

西蒙娜： 可我妈妈从来不训人。从来都没有。

直至今日，我都很难理解，她是怎么能保持那样……

玛索琳娜： ……自重？

西蒙娜： ……不仅仅是自重，而且乐观。1945年1月18日，我们当时已经不在一个集中营了，米卢、妈妈和我当时在波布亥克。1月18日那天，我们被整整关了一天。我们知道马上就要撤离，都以为要被送回奥斯维辛集体处决。

可妈妈仍信心满满。她说："一直以来，我们都是死里逃生，这次也不会例外……"

这就不仅仅是自重了，而是乐观。至少她想在大家面前展示自己乐观的一面。这就更了不起了。

| 玛索琳娜： | 反正你们三人就是我心中的偶像。你们一个比一个漂亮……而且还展现了令人惊叹的教养。和你们在一起时，我才会规规矩矩的。

你妈妈在的时候，我可不敢放肆！（笑）

无论如何，你们母女三个在一起一定更加坚强。|

| 西蒙娜： | 我是最小的。我也会很注意不让自己变得和那些人一样粗俗和暴力。|

| 玛索琳娜： | 你的床罩要被我烧破了！这点应该看不出来……我记得你应该是109队的。

你们的头儿是个金发的卡波。|

| 西蒙娜： | 确实是个金发碧眼的卡波，长得很漂亮。|

| 玛索琳娜： | 她是个乌克兰女人。|

| 西蒙娜： | 还是个四处留情的乌克兰女人。在诺曼底登陆后不久，她好像一直想和她那个也是卡波的男友修复关系。

他们卡波有专门的宿舍。|

| 玛索琳娜： | 诺曼底登陆的时候，你还没去波布亥克？|

| 西蒙娜： | 没有。那个时候我们还在109队。

我们是7月初才去的波布亥克。

这个乌克兰女人偶尔会留下几张报纸。她曾留下一张关于诺曼底登陆的残报，上面有科唐坦半岛的地图和军队行军的箭头。

我确信她是故意这么做的，为了求个心安。|

| 玛索琳娜： | 你还记不记得我们在缓步经过德国人旁边时，曾一起合唱《马赛曲》？|

西蒙娜：记得。

玛索琳娜：就在女子集中营的大门那儿。

当我们得知勒克莱尔将军[1]已经到达巴黎，我们对着德国人唱起了《马赛曲》，不过声音并不大。

大　卫：能不能谈谈你们在集中营的生活？比如像你们偷偷藏起来不去劳动的那次……

玛索琳娜：没错，我们确实偷偷藏起来了……西蒙娜，记不记得我们躲在草褥下的那次？

西蒙娜：我不记得具体是为什么了。

玛索琳娜：为了躲那可怕的劳役啊！

西蒙娜：哦，我记起来了！

玛索琳娜：我们偷偷溜回了营舍，然后钻进了草褥。不过，我不记得我们是怎么成功蒙混过关的了。

西蒙娜：那时，查房应该已经结束了。这也是集中营里的矛盾之一。一些很详细的规定只在某个特定的时间执行。

玛索琳娜：过了点，就没人记得它们了……

西蒙娜：到点执行规定之后，就没人会来问询了。只要在执行的时候藏好了，之后，就可以不知不觉地溜出去。只要督查分队一走，就不会有人管了。只要搞清楚规则，采取一定的防范措施即可。

---

[1] 菲利普·勒克莱尔（Philippe Leclerc de Hautecloque，1902—1947），法国著名的军事将领和英雄。诺曼底登陆后，勒克莱尔挥师直接开向巴黎，并于1944年8月24日成功解放巴黎。

同样的，他们都认为我们身上肯定什么都没有。但事实上，我们总能搞到一些物件。没人会问我们是怎么弄到的。通常，我们都是拿自己的口粮换的。这种躲藏游戏只存在于最初的隔离期。

**玛索琳娜**：是的，之后就完全不可能了。

**西蒙娜**：之后，我们就被编入了分队，一个人要是失踪了好几个小时是不可能不被发现的。

**玛索琳娜**：我们被管得很严。

**西蒙娜**：一开始，我们费了很大工夫才学会怎么样让被子成直角垂落在草褥上。我都不知道我们是怎么学会的。

**玛索琳娜**：怕挨鞭子呗！

**西蒙娜**：当时一个科亚上睡了几个人？

**玛索琳娜**：六到八人。大部分科亚都是1.9米×1.9米的正方形。我和玛丽专门谈过这个问题，她后来成了我嫂子。她说第一个科亚上睡了八个人。

**西蒙娜**：玛丽，她是睡的中铺？

**玛索琳娜**：你也是睡的中铺，真可怕。我一开始还比较幸运，睡了一段时间的上铺，不过时间也不长。

**西蒙娜**：在隔离期时，一个离我们不远的年轻波兰女人曾试图用面包和糖诱惑我去和她一起睡。

我拿了礼物，但是我总是能找到逃开的理由。（笑）

**玛索琳娜**：要是她有面包和糖，那证明她在集中营里还算是个管事的。面包和糖可都是稀罕物。

西蒙娜： 偶尔，我们也能找到些意外之财。1944年6月的时候，我不知道你是否还记得，妈妈和我被派去焚尸间附近劳动。

就是匈牙利人被送进来的那段时间。

玛索琳娜： 焚尸间的后面，我记得，我和你们在一起。

西蒙娜： 我们必须经过茨冈人的营舍。

玛索琳娜： 茨冈人当时还在？

西蒙娜： 是的。他们是1944年8月被处决的。那时我已经离开奥斯维辛了。

玛索琳娜： 我记得。

西蒙娜： 我们当时负责在垃圾场附近挖坑。

玛索琳娜： 我们偷了不少好东西！

西蒙娜： 有一次我们还搬了一桶东西回到营舍。

玛索琳娜： 你的记忆力真是惊人。

西蒙娜： 好吧，你还记得多少细节？我们总是一大早就到那儿了。

玛索琳娜： 那个宝地？

西蒙娜： 没错，就是焚尸间附近的那个地方。我们会穿过那个门口带有一个形似花坛的营舍，才能到达空地挖坑，号称是为了装水管。永远都是这套说辞。

我们总是做这种毫无意义的工作。这个花坛里总是散落着孩子的衣服、小推车、拐杖和玩具等。我们带回去的就是这些东西。

还有花。这点，我很肯定。最近，我读到了一些关于凯尔泰斯·伊姆雷[1]（Kertész Imre）的荒唐争议。

有人因为他声称曾在集中营看到过花而指责他撒谎。

**玛索琳娜**：那个花坛肯定有花。有不少紫罗兰。

**西蒙娜**：最多的是三色堇。

**玛索琳娜**：对对，三色堇，就是我说的紫罗兰！

**西蒙娜**：这事我记得很清楚。只要碰到有人因为凯尔泰斯说他看到了花而说他撒谎……

我就会肯定地说，集中营确实有花。

**玛索琳娜**：我想这些花是为了迎接红十字会的特派专员才种的。但是这个专员最终并没有来，克洛德·朗兹曼（Claude Lanzmann）后来采访过他。

现在很难搞清这些事情的先后，重列时间线。

所以你是7月去的波布亥克？

**西蒙娜**：1944年7月9日。

就在他们刺杀希特勒前不久。

我记得，当天晚上我们就知道了刺杀事件，大家还满怀期待，可惜很快就知道行动失败了。

---

[1] 凯尔泰斯·伊姆雷（1929—2016），匈牙利作家。1944年，凯尔泰斯被关进了奥斯维辛集中营，后又被转移到布痕瓦尔德集中营，1948年被盟军解救。1975年，凯尔泰斯出版了以集中营生活为背景的小说《无形的命运》。2002年因该书荣获诺贝尔文学奖。

玛索琳娜： 我不记得听过这个消息。

西蒙娜： 波布亥克集中营比奥斯维辛小得多。一些囚徒在办公室工作，他们可以听到电台和党卫军的交谈。

西蒙娜： 那你是怎么知道诺曼底登陆的消息的？

玛索琳娜： 我们很快就知道了，好像。

西蒙娜： 从1944年5月开始，所有人都在谈论登陆。刚才我们已经说过了，当我在109队时，曾找到一张很有可能是那个女波兰卡波特意留下的残报。所以，那时我就肯定登陆已经成功了。

玛索琳娜： 我们也很快就知道勒克莱尔在巴黎游行的消息。

西蒙娜： 那已经是两个月之后的光复了！能在短短几天内就知道诺曼底登陆的消息已是极为难得。能找到那张报纸简直是个奇迹。后来，当我听到有人大谈特谈集中营的图书馆和书时，简直震惊无比。

玛索琳娜： 你说的是豪尔赫·森普伦（Jorge Semprún）吧。

说起他，真要喊："救命！"

西蒙娜： 我同意。当豪尔赫·森普伦说起布痕瓦尔德集中营里的图书馆时，我觉得那简直是天方夜谭。

玛索琳娜： 那些参加了抵抗运动的人都有这个问题。他们很多人压根不知道灭绝营是怎么回事。

在一场会议上，我就是这么直接对森普伦说的。那场会议是在播放了一场关于他本人的电影之后举行的。他在会上滔滔不绝，大讲特讲，我实在是听不下去了，就打断了他："您说您曾是那里的图书馆管理员，可我在比克瑙压根就没见过图书馆！"

**西蒙娜：** 注意，他没说自己是图书馆管理员。他当时在一个被称作"劳工统计"（Arbeitsstatistik）的劳动部门做事。他声称自己能进图书馆，还能在那读歌德的作品。

我也不是怀疑他的证词，但我们的境况完全不同。

我连笔和纸都没见过。

**玛索琳娜：** 有一天，我收到了爸爸写给我的一张纸条。

他知道我住在哪间营舍。

他竟然能找到笔和纸给我写了三个字。真的让我大吃一惊。

西蒙娜：在贝尔根·贝尔森的时候，我们重逢过吗？

玛索琳娜：我一直在四处探访你的踪迹。

西蒙娜：我记起来了。那天，你好像一闪而过。

玛索琳娜：你妈妈那时已病入膏肓……

那是在集中营的最后一段日子。你们就躺在棚板房走廊地上铺的烂草褥上。

西蒙娜：我们与舍友之间一直存在着竞争。

玛索琳娜：一块草褥或是一床被子都需要花费力气争夺。

西蒙娜：后来我们就失去了联系。你是什么时候离开贝尔根·贝尔森的？

玛索琳娜：1945年的2月或3月初。

西蒙娜：后来你去哪儿了？

玛索琳娜：我进了勇克士（Junkers）一个制造战机的工厂，在德绍[1]（Desseau）附近。我负责在铣床上切割引擎的零件。

西蒙娜：你工作的效率高吗？

玛索琳娜：不高。有次我都被机器绞进去了！不过，我会尽力按照图纸去做，否则……

一天，一个德国人朝我走来。

他对我说："抽屉里有给你的东西。"我心中一喜："太好了！肯定

---

1　德国东部城市。

是吃的。"里面是土豆皮，我和工友一起分享了这份礼物。

这也是我在集中营里从德国人那获得的唯一一份礼物。

西蒙娜：你是在哪里解放的？

玛索琳娜：特雷津集中营。我们是坐着运送牲口的列车撤离勇克士工厂的。最后的那天，看着近在咫尺的美国人，不想撤离的我和朋友勒妮一起躲进了一副棺材。结果，还是被党卫军发现了。他们把我们狠狠打了一顿，然后把我们扔进斑疹伤寒病人的车厢以示惩戒。那个车厢里全是死人。

我的朋友因此染上了伤寒，丢掉了性命。

西蒙娜：所以你是在特雷津获救的？

玛索琳娜：是的。不过是在集中营被解放之后，我们当时已经撤离了特雷津。

西蒙娜：这和我们在贝尔根·贝尔森的经历一样。你们没机会逃出去吗？

玛索琳娜：我们被困住了。从德绍开往特雷津的列车把伤寒也带去了。那儿的人死伤参半。大家都觉得短时间内是回不了家了。

西蒙娜：我们也差不多。

玛索琳娜：我们后来是徒步离开的。虽然已经瘦成了皮包骨，我们还是坚定地走了下去。

在徒步六十公里之后，我们到达了布拉格。

玛索琳娜：很晚，1945 年 8 月。

我还进了布拉格的一个军营。我和军营里的法国战俘一起坐上了一辆据说是连接苏占区和美占区的列车。我们本以为这样能更快回到法国。

结果列车在两个占区的边界处停了下来。

不愿前往美占区的苏军士兵让我们要么走着去美占区,要么乘车返回布拉格。冷战已露端倪。

过了两区的交界处之后,我们就开始试着在路上拦辆车。一辆装满了美国和澳大利亚士兵的美国吉普车停了下来。

他们把我们带到了他们的营地。

西蒙娜: 实际上,那些留在特雷津的人反而回得更早……

玛索琳娜: 我知道。但是当时我不想等,我连一秒都不愿在那儿多待,不想让自己仍旧处于他人的控制之下。之后我就留在了那个军营中。当时比尔森(Pilsen)有个中心,专门负责将战俘送回原籍,我们离那儿不算很远。

西蒙娜: 在贝尔根·贝尔森也有一些战俘。在得知我们也是法国人之后,他们纷纷跑来帮我们。他们给我们带了吃的,还给了我们充当货币的香烟。

不过,他们比我们早返回法国。他们属于优先级别,可以乘坐飞机回国。一些人原本想留在我们身边,但是没能成功。他们中有一个医生坚持留了下来,我不知道他是否得到了部队的允许。

被解救后的一个月,我们因为罹患斑疹伤寒而被隔离在贝尔根·贝尔森集中营。法国当局认为战俘比其他被送入集中营的人在集中营里待的时间更长,理应更早回家。

玛索琳娜: 我们还算是走运的。战俘们都为我们打抱不平:"还有好些奥斯维辛集中营的幸存者在呢,他们应该和我们一起回家。"不过,这个要求被严词拒绝了:"我们不知道这些女人的身份,也不知道她们从哪儿来。我们接到的命令是把战俘带回去，仅此而已。"

随后，战俘们闹起了罢工，他们拒绝回国。他们为我们进行了抗争。美国人也帮了我们一把。最终，我们得以和战俘们一起回国。

西蒙娜：法国战俘对我们也真是没话说。能做的，他们都为我们做了。多亏了他们，不少人才能回家。

他们展现了人性的善良和光辉。

靠着他们的帮忙，米卢和我才得以让姨妈和姨父知道我们快要回家的消息，以及妈妈的死讯。

玛索琳娜： 你也被送到了卢滕西亚酒店？

西蒙娜： 是的，1945 年 5 月 23 日。

玛索琳娜： 你到的时候，他们也给你撒了滴滴涕（DDT）[1]吗？

西蒙娜： 我们当时太需要滴滴涕了！我们全身都是虱子。

玛索琳娜： 我身上生满了疥疮。害得大家都得了这个病。

西蒙娜： 贝尔根·贝尔森集中营的中心干道上曾尸横遍野。一天，我在那儿看见了一件浅蓝色的毛衣。当时虽然已经是 5 月，天却还是很凉。那件衣服看起来很保暖。从几米开外看去，它仿佛是安哥拉兔毛的。可待我走近一看，上面爬满了虱子。

让它呈现出兔毛质感的就是那些在羊毛中蠕动的虱子！在集中营时，我们一直在与虱子做斗争。在我看来，滴滴涕简直是整个世纪最伟大的发明。

玛索琳娜： 这种行为勾起了我在集中营的回忆。我心想："天哪，又来了！"

西蒙娜： 而对我们来说，这代表着虱子的终结。

玛索琳娜： 你回到法国后，有没有睡过地板？

西蒙娜： 有。

玛索琳娜： 我们真的没法再睡在床上了。你姨妈能理解吗？

---

1 DDT：dichloro-diphényl-trichloréthane，二氯二苯基三氯乙烷，曾是被广泛使用的杀虫剂之一。

西蒙娜： 嗯，她表示理解。而且，当时我姨妈和姨父主要的精力都放在米卢身上。

那时，我的体重已在慢慢恢复。虽然我也得了斑疹伤寒，但我的情况还是要好一些。

米卢的状况非常糟糕。姨妈和姨父甚至考虑让她去住院。

玛索琳娜： 你立马就决定继续学业吗？

西蒙娜： 是的，很快。在被送去奥斯维辛前，我刚考完高中会考，还不知道自己的成绩。

从贝尔根·贝尔森出来之后，我觉得自己既不能读也不能写。要是让我再考一次，我是肯定不干的。要花太多精力了。我不记得我是通过什么途径知道我通过了会考成为业士的。然后，我就有继续深造的想法了。

姨父和姨妈一直想让我找点事干。很快，我就想好了自己要走的路。

玛索琳娜： 刚回来那会儿，我整个人还完全是蒙的。

西蒙娜： 米卢和我回到巴黎之后就和所剩无几的家人团聚了。我们住在从瑞士回来的姨妈和姨父家里。也找到了藏在尼斯的外婆和刚刚结婚的表姐。妈妈的死讯和爸爸及让的失踪让全家都沉浸于悲伤之中。

可生活仍有条不紊地进行着，哪怕我们已经家徒四壁。姨妈家被洗劫一空，只重新添置了一些必需品。大家都想尽办法地让自己忙起来。我完全没法无所事事地待着。

你呢？回来后过得怎么样？

玛索琳娜： 我有整整一年都不想见任何人。

我真的是深受刺激。晚上，还会噩梦连连。

西蒙娜：你当时在巴黎吗？

玛索琳娜：不，我在南方。

西蒙娜：难怪我们没有重逢。

玛索琳娜：其实我在巴黎待过不短的一段时间，就在卢滕西亚酒店。他们把我安排在一间客房改造的宿舍里。我甚至还可以拿到电影票。

西蒙娜：米卢和我只在卢滕西亚待了两三个小时。然后我们就离开了。

玛索琳娜：因为你们的家人很快就来接你们了。而我在巴黎却举目无亲。我只能留在酒店。

一个叫雅尼娜（Jeanine）的朋友曾对我说："到了卢滕西亚之后，我绝不会把你一个人留在那儿。你一个人孤零零的，什么也不知道，也没有地方可以去。你就到我家去吧。"后来我们坐地铁去了二十区最远的那条街。雅尼娜说："我丈夫和孩子就住在这里，我去找他们。"

门房接待了我们。她告诉雅尼娜："您的丈夫已经不住在这儿了。他和一个女人一起走了。这太可怕了，是吧？至于您的孩子，唉，我真的不知道他在哪儿……"

雅尼娜崩溃了。门房对她说："我可以让你在我家待一段时间，但是她，我真的不知道能把她塞哪儿！"

我对巴黎一无所知。甚至都不会搭地铁。雅尼娜只得亲自把我送回了卢滕西亚。

西蒙娜：当我们谈论回归的时候，我们都有同样的感觉：实在是太糟了。这个问题直到现在依旧存在。为什么幸存者和其他人之间有这么大的鸿沟？为什么这么困难？

我知道，1945年所有人的生活都很艰难。但是这并不能解释所有问题。

玛索琳娜： 法国人在战后依旧很排斥犹太人。这让我觉得太恐怖了。

西蒙娜： 我完全同意。但是我现在并不想谈这个。困难还存在于我们与自己的亲朋好友，与那些努力尝试了解和帮助我们的人之间。

你也说过，你根本不想见自己的母亲。

玛索琳娜： 要是当时我再年长几岁，可能就不会回法国了。我做什么我妈妈都反对。现在，我能理解她了。

一个女人独自抚养五个孩子可不是件易事。我现在已经不生她的气了，她那时应该也不知该怎么办……当女儿和当母亲完全是两码事。只是为了养活这么多子女就已经非常困难了，何况这几个孩子还都不那么省心。说我们都有点精神失常也不为过。

至少我是这样。战后，很多犹太人深受刺激。他们拒绝接受现实，只想着结婚、生子、重组家庭，好像什么都没有发生一样……

真是疯了！从某种意义来说，他们也没错，生活还要继续。可一切都可能在瞬间脱轨。我曾听说，有个男人在集中营失去了自己的结发妻子和五个子女。战后，当他再次成为父亲后，却试图从窗子跳下去。有那么多匪夷所思的回归故事。我不知道你是否认识L，她和我们一起去的集中营。

西蒙娜： 当然记得。我后来还见过她。她好像是个牙医。

玛索琳娜： 没错。

西蒙娜： 在集中营的时候，我和她其实没什么交集。在我担任卫生部部长时，她曾来找过我一次。她说我们是坐一趟车去的集中营。

后来，我们还见过好几次。

玛索琳娜： 这是个了不起的女人。她的父亲和一个姐妹死在了集中营。她和母亲及另一个姐妹得以幸存。回国多年之后，她得知了一个惊人的真相。她认识安德烈·哈利米（André Halimi），后者曾写了一本占领时期揭发犹太人的书。哈利米能查到警察局的部分档案，通过他这层关系，她找到了揭发他们一家是犹太人的告密信。信的落款上写的竟然是她家门房的名字。L的妈妈认为这个女人在他们流放期间忠诚地为他们家看家护院，所以在战后一直对她青眼有加。这个门房上了年纪之后，L的妈妈甚至还亲自掏钱将她送进了养老院，对她关怀备至。

然而，就是这个女人告发了他们一家。

L的妈妈一直都不知道真相。这事是L发现的。

西蒙娜： 她最好别知道真相。

玛索琳娜： 我也是这么想的！（笑）

与"英雄"保罗：
保罗让我重拾了对爱的憧憬

波布亥克集中营是奥斯维辛-比克瑙集中营的附属营地。离主营几公里的波布亥克从1944年5月到1945年1月一直为西门子-舒克特（Simens-Schuckert）公司提供劳动力。有三百多名奥斯维辛的囚徒被关押于此，其中一百多名为女性。相对于比克瑙，波布亥克集中营的条件略为宽松。然而在那里，女性一般会被分配去建筑工地或参与土方工程，男性则大多在工厂劳动。保罗·沙费尔（Paul Schaffer）是波布亥克集中营最早的劳动小队成员。西蒙娜·韦伊及其母亲和姐姐则是在1944年7月被转押至波布亥克。

　　保罗·沙费尔生于1924年，长于奥地利维也纳。1938年11月10日"水晶之夜"[1]后，沙费尔的父母决定从维也纳逃往比利时。1940年，德军对比利时发动袭击以后，他们举家迁往法国西南部的勒韦（Ravel）。"冬季大围捕"之后，1942年8月，赖伐尔（Laval）和布斯凯（Bousquet）下令继续抓捕犹太人，保罗与其他近万名外国人和无国籍人士在此次行动中被捕。他起先被关在德朗西，1942年9月4日被"28号"列车送往奥斯维辛。1944年5月，他被转押至波布亥克。与西蒙娜·韦伊相识之时，他尚未及冠。

---

1　"水晶之夜"是指1938年11月9日至10日凌晨，希特勒青年团、盖世太保和党卫军袭击德国和奥地利犹太人的事件。

西蒙娜·韦伊非常喜欢保罗·沙费尔。她让我承诺一定要让他们在波布亥克的经历为人所知。"答应我，大卫。一定不要忘了保罗，他是个幸存者，也是一位英雄。他当时爱上了波布亥克的一个女孩。这让我深受感动。保罗让我重拾了对爱的憧憬。当然，前提是我能活着离开那个地狱。"

"我始终坚信，他所展现的自尊自爱、与人为善和彬彬有礼是人性与那以凌辱和逼人为畜为目的的集中营体制对抗之中最为伟大的胜利。

"虽然已经知道自己的母亲和妹妹在到达奥斯维辛时就和大多数人一起被送入毒气室，保罗却从不曾耽于绝望。他始终保持着对生的渴望。所有能被送进波布亥克这个集中营的人都极其幸运。

"出于对我们女性分队一个女孩的爱慕，保罗放弃了在'死亡长征'中逃离的机会，为的就是不留她独自置身险境。女孩不愿意和他一起走，她还希冀找回一同被送入集中营的兄弟。后来，保罗专门跑到我们在上火车前短暂停留的格利维采来找她。他们之间纯真美好的爱情让大家印象深刻、深受感动。这段浪漫的故事让我们相信，哪怕在集中营这种地方，纯粹、非功利的感情依旧存在。让我们对惨淡的生活产生了一丝少见的绮思旖想。

"1945年苏军逼近奥斯维辛时，我们全都被赶上了路，开始了向西的长征。保罗这次毫不犹豫地和一位同伴跳出了车厢，潜伏起来，等待苏军的救援。

"他深知，一旦被党卫军发现，或是被当地居民揭发，他立马会当场丧命。在历经了几天的逃亡之后，他幸运地获得了解放。他也因此躲过了在冰天雪地之中乘坐露天车厢穿行数日的可怕经历。很多囚徒在这次运输过程中因饥饿和疲惫丧命。

"这次在一般人眼中极为冒险的逃亡让保罗减少了几个月的囚徒生活。在这几个月中,斑疹伤寒和饥荒夺去了大量集中营囚徒的生命。那时,距离战争结束已经没有几天。

"他只是本能地觉得:'现在有个机会,我必须马上抓住它。'"

大卫·泰布尔

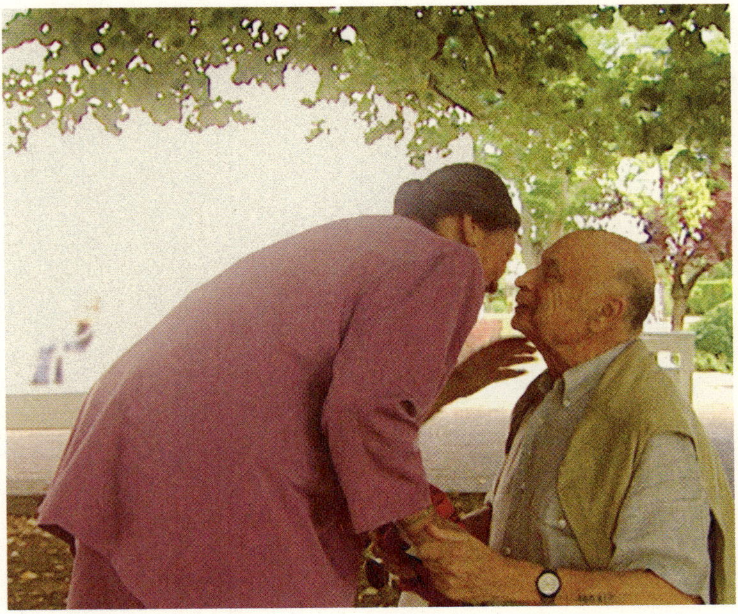

西蒙娜： 我看到了你小臂上文的号码。它还是那么清晰。

保　罗： 我的文身可是"大师之作"。文得那叫一个好。

西蒙娜： 你这上面没有三角形吗？我的有，还能看得见。不过，我的肤色比较深，数字没有你的那么明显。

保　罗： 我把这个写进了书里。我的号码由重复的三个数字组成：160610。

让法国人用德语念这些数字对他们无疑是种折磨。

一般而言，对没有学过德语的法国人来说，德语都是一种折磨。当我们将砖厂改造成工厂时，劳动小分队的成员们还必须用德语唱歌。

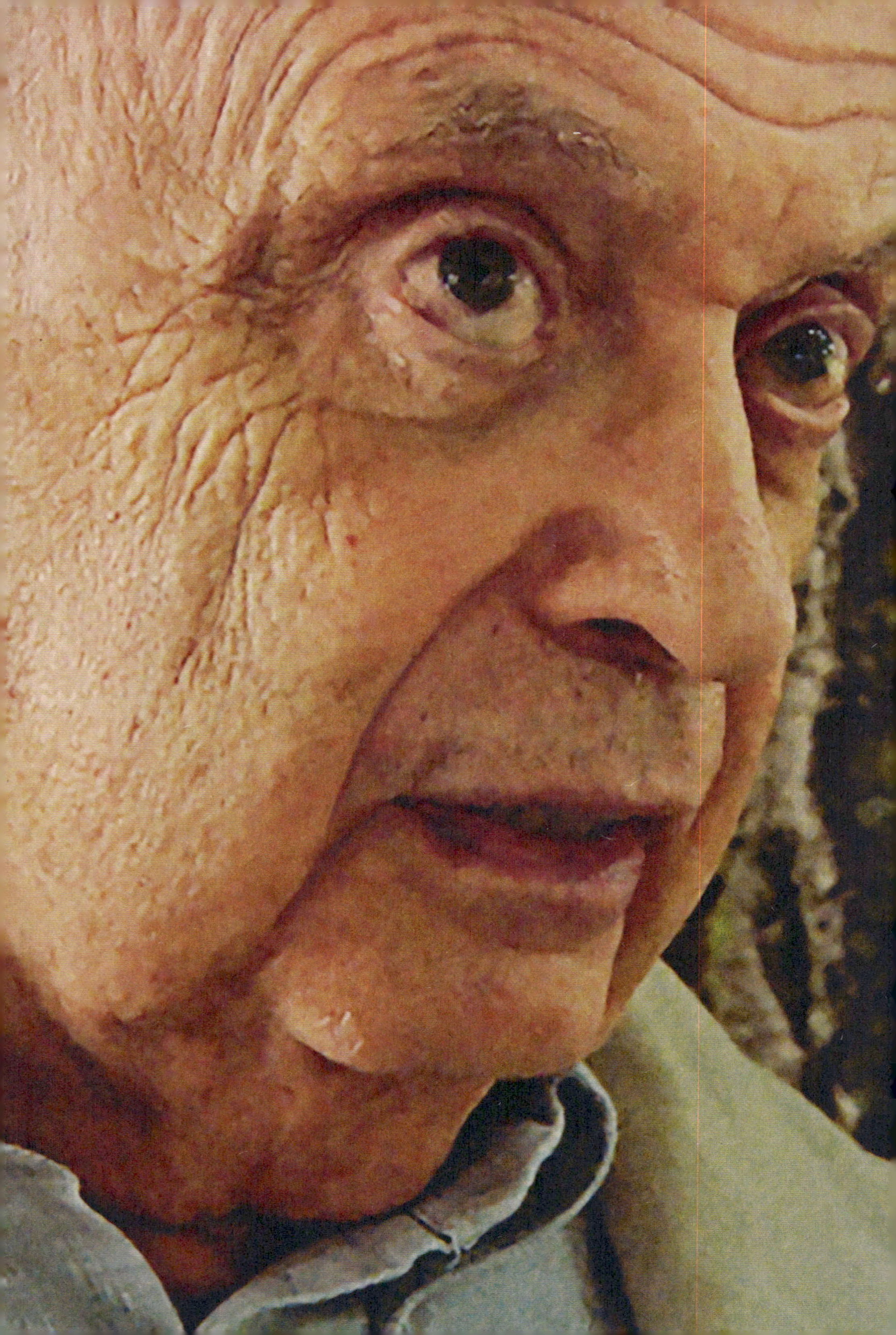

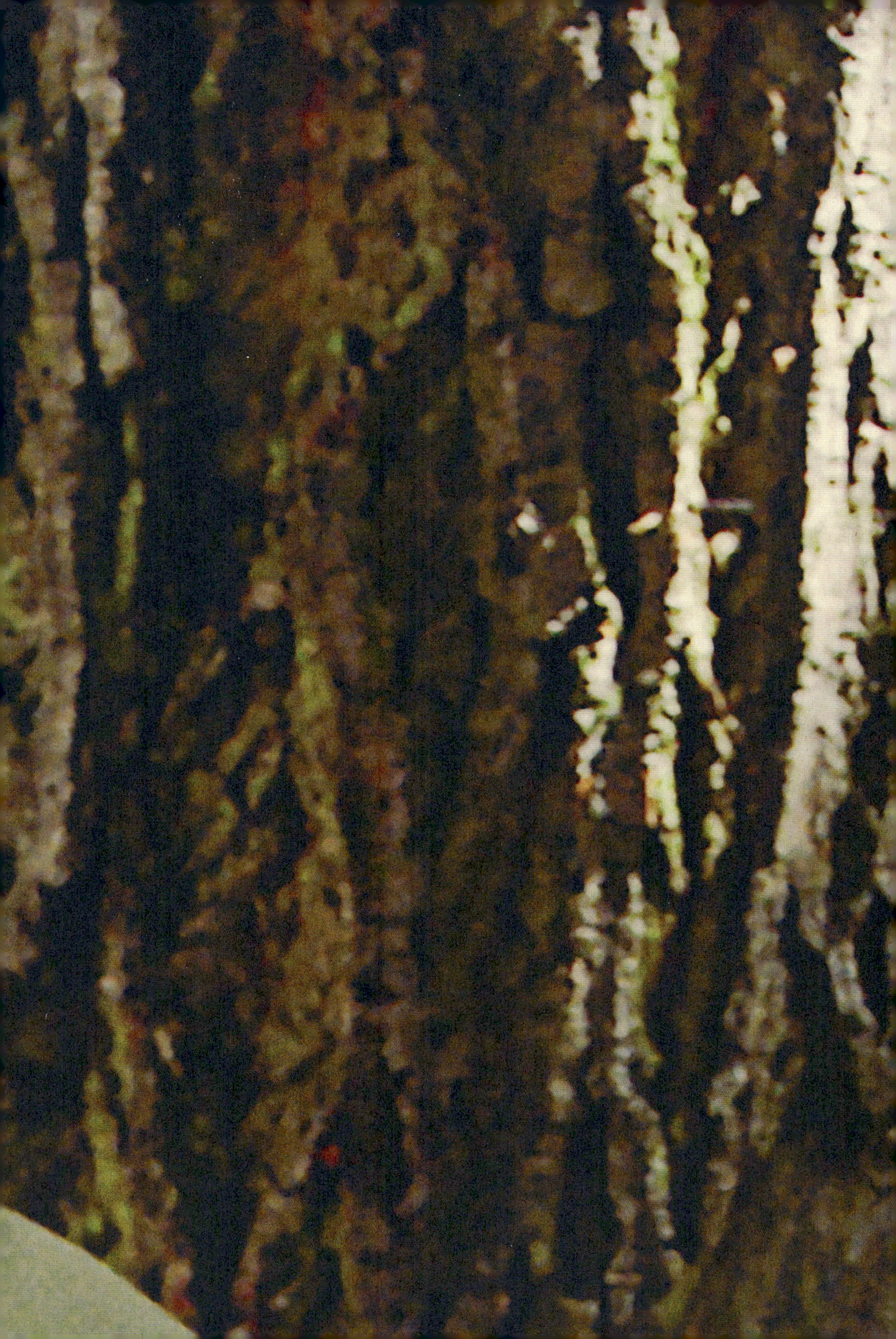

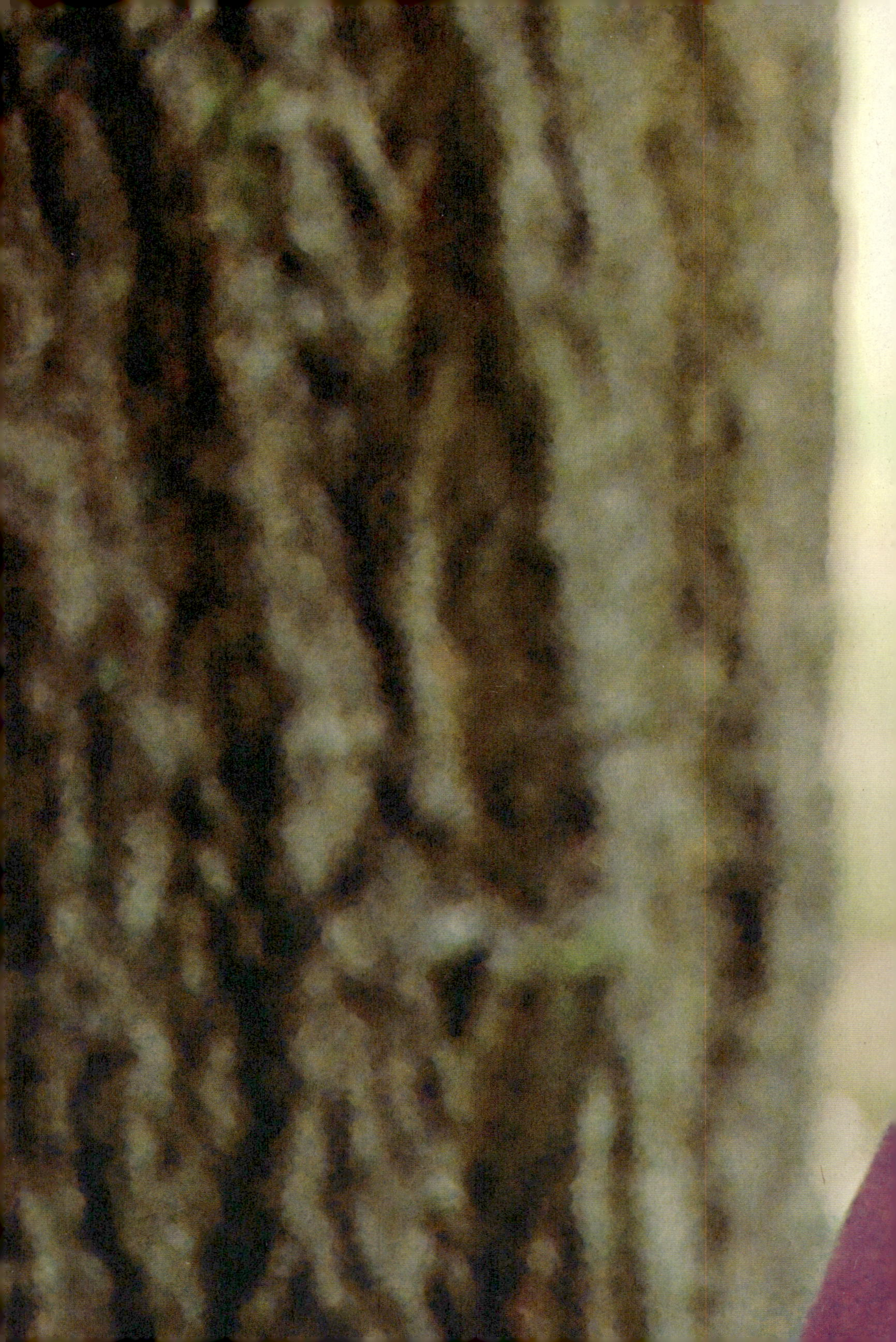

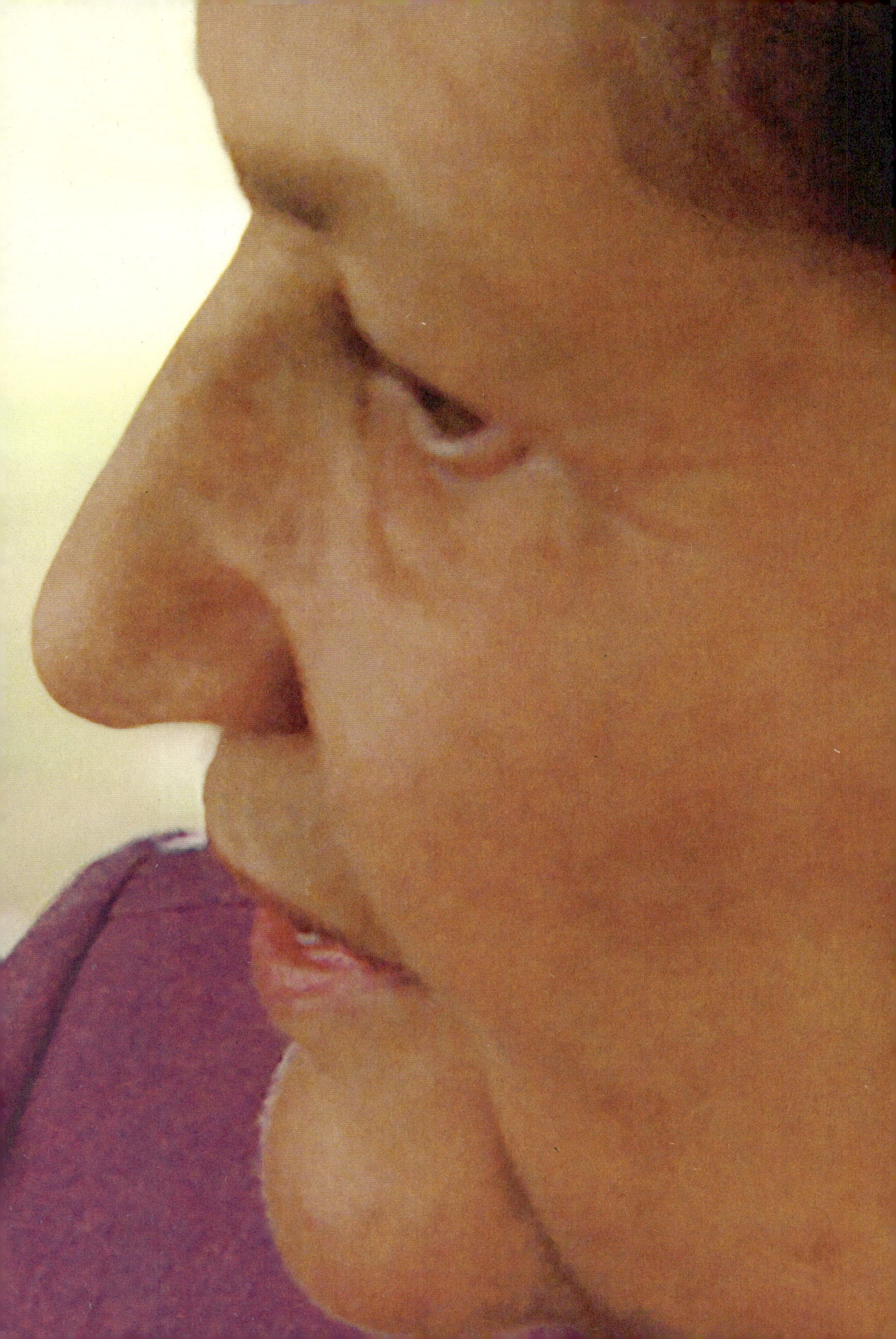

西蒙娜： 砖厂是什么时候被改造成工厂的?

保　罗： 1943年9月到1944年3月。

那段时间我们每天都要从比克瑙前往这个砖厂，在那里建设新的工厂。劳动的时候，必须得唱歌。虽然大家每天都累得筋疲力尽，但对那些学了德语的人来说，这还算简单。

不能正确发音的人就会遭到毒打。德语歌也是可怕的考验。我们的待遇还算好，毕竟西门子公司仍希望工厂能按时完工。

西蒙娜： 是那个我认识的劳动小分队吗?

保　罗： 第一批建设工厂的分队有五十人。

等工厂完工我们搬到波布亥克之后，就只剩二十人了。在那几个月里，我们的舍监，一个叫贝德纳雷克的人负责用棍子让我们"保持健康"。

他让我们每天做"体操"，通常都是在半夜。

西蒙娜： 大部分人就是这么死的?

你们有没有碰上痢疾、斑疹伤寒一类的流行病?

保　罗： 痢疾、鞭打和各式各样的原因。过于消瘦的人也会被送去筛选。

只有一个人逃过了筛选。

因为他是西门子公司的人。

这个人后来活了下来。

西蒙娜： 你是什么时候被送去波布亥克的。

保　罗： 1944年4月。

西蒙娜： 当时那里只有男性?

保　罗： 已经有几个女人了。

一到那儿，我们就察觉那里的情况和比克瑙的不同。营区要小得多，看守也没那么严格，因为里面还有德国平民。

而且，战争已经接近尾声了。当我们知道巴黎解放以后，波布亥克的营长警告我们："我知道你们在为巴黎的解放欢欣雀跃，但是别以为德国就输了。

你们要记住，我什么都知道。

我无所不知。比上帝知道的都多！"

西蒙娜： 是那个卢卡舍克（Lukaschek）吗？从我们1945年1月18号离开波布亥克到后来抵达格利维采期间，他的所作所为一直都让人迷惑。

我觉得他甚至可能还曾试图逃跑。

保　罗： 他怕苏军怕得要死，也怕因为犯错而丢了乌纱帽。在波布亥克的囚徒怕被送回奥斯维辛，那儿的党卫军则怕被送往东部前线。

西蒙娜： 卢卡舍克看起来很悲观，而且似乎很清楚战争的走向。有人说他其实是"德意志后裔"，并不是真正的德国人。他也不像其他人那样折磨我们。

保　罗： 也许折磨我们已经不像起初那样吸引党卫军了。

西蒙娜： 你可真是够乐观的。比克瑙的党卫军从头到尾都乐此不疲。

保　罗： 恐怕是从众效应。

西蒙娜： 在撤离的路上，他们仍是毫不留情。

保 罗： 他们收到了命令。要枪毙那些掉队的人。

西蒙娜： 有人摔倒时，他们其实完全有机会手下留情。并不会有人去留意士兵或党卫兵到底杀没杀那些人。

保 罗： 他们自己也怕得要死。

贝尔根·贝尔森的党卫军直到最后都很凶残。回到卢卡舍克身上，他确实对囚徒没有那么凶。他被安排在了这个位置上，只能慢慢学得和别人一样。你还记得阿纳托莱（Anatole）吗？就是那个后来被关进波布亥克的俄国犯人。他总是三句不离政治，用党卫军的话来说，就是"做政治宣传"。他不在工厂工作，而是被分去填土方。卢卡舍克有一万个理由把他痛打一顿，甚至把他扔去奥斯维辛。阿纳托莱在比克瑙可撑不了几天。

人少也是波布亥克的环境没有那么严酷的原因之一。我还记得你们的那个劳动队，阿纳托莱也在里面。你总是一刻不停地用担架来运土。让一群年轻的女人干这么重的活也是相当少见。大家都簇拥在你的周围。我觉得你唤醒了身边同伴的同情心。你们到波布亥克的时候就引发了不少关注。

你和你的姐姐是那么美，你们的妈妈是那么端庄。在那样悲惨和哀伤的集中营里，女性的到来对大家来说是一种慰藉，尤其是那些在集中营待的时间不算太长，尚保持着人形的女性。在她们身上，我们找到了与外界的连接。我当时已经在集中营待了很久。一看到你们，我就知道你们是出身良好、受过教育、很有教养的那种人。尽管衣着褴褛，你们通身的气质依旧出众。

西蒙娜： 要是我们的劳动是园艺就好了。不曾想，还是和比克瑙一样，整地。就好像党卫军要在那里建网球场似的，连一块小石子都不准留下，要整到完全平整。

那些地始终未曾被使用过。

保　罗：在隔离期的时候，我们必须不停地搬运石头，搬开一座山的石头来建另一座石山。这就是所谓的"劳改"。

目的是让我们学会如何在集中营生存。

西蒙娜：我在隔离期也搬过石头。

保　罗：要想应付所有这些差事，必须得机灵。卸载卡车上煤炭的工作听起来好像很容易，但也需要技巧。卸载沙子也一样。所有这些工作都在卡波和党卫兵的严密监视下进行。

西蒙娜：对我们女性来说，最难的是搬铁轨。我还曾把铁轨搬到了一些根本没有铁路的地方。我一直没搞明白这些劳动的目的究竟是什么。不过，我倒是成了个不错的水泥匠。

保　罗：我也为西门子车过一些不知用途的零件。

西蒙娜：我嘛，我倒是获得了一些解释。这些零件叫作丝锥，是用来切削螺距的。这是个对精细度要求很高的工作。我并不是很擅长。

保　罗：我是个不错的车工。第一次做的时候，我弄错了十毫米，这可是个重大失误。德国监工威胁我说："再犯一次，你就滚回比克瑙。"我再也没敢失误。这份工作需要极度专心，还要求我们很快就能上手。

战后，我还曾见过这名西门子的外国劳动力负责人。我问他当时选人的标准是什么。他说："我之所以选您，并不是因为您当时的水平，而是看到了您身上的潜力。您也不负所望，成为很好的车工。"

西蒙娜：他们觉得我们这些女人一无所用。这也没什么不好的！我们也算是受到了偏爱。我们的工作虽然辛苦，但是并没有遭遇这种对新人的欺压。

保　罗： 当我和其他集中营的幸存者说起波布亥克的情况时，他们都目瞪口呆，不敢相信是真的。波布亥克这种集中营真的是少之又少。

西蒙娜： 在工厂里，我们甚至有机会交谈。星期天也是。

保　罗： 在我整个集中营的生涯中，这是第一次每隔两周能在周日休息一次。在那之前，我每天都要劳动。

西蒙娜： 一般从六七点开始，在太阳升起前。

保　罗： 要是一直待在比克瑙，我肯定没法撑那么久。

西蒙娜： 在撤离长征前，我们的状况肯定比大部分人要好。这也让我们得以幸存。你后来还顺利逃脱了。给我讲讲你逃脱后的事吧。

保　罗： 我早就计划好了。每周的那点空闲时间，我都用来设想逃跑计划了。原本我以为自己脱身的机会应该是某次轰炸或是别的什么突发事件，压根没想到居然会有撤离的一天。

西蒙娜： 我也没想到他们会让我们撤离。我本以为他们会把我们送回奥斯维辛，然后全部杀掉。那时候，我们都以为俄国人会在四十八小时以内到达。

保　罗： 他们已经失去了对情况的控制能力。他们不知道该如何处理比克瑙上万的囚徒。确实，这么多人也实在很难处理。让我惊讶的是，德国人居然把我们带回了德国。在这之前，他们可是花费了巨资才让德国变成一个没有犹太人的国家（Judenrein）！

西蒙娜： 这也是我经常在思考的一个问题。他们本可以用几台机关枪把我们全部结果在那里。最多也就是来不及焚烧，无法掩藏尸体。他们都怕被俘虏。可带上我们无疑浪费了更多的时间。他们本可以用火车输送军队。

大家一致认为，当时可能有两条思路：一条是军方的逻辑，另一条则是高层对集中营的指示。他们应该是收到了不准留下囚徒的最高指示。1945年4月，火车和道路对运送物资、军队和德国平民都至关重要，却始终被用来运送囚徒。

你坐过这类运送囚徒的火车吗？

保 罗： 在格利维采的时候，我曾被送上火车。一小时之后我就跳车逃走了。

西蒙娜： 从格利维采发出了无数趟列车。那里有大量的人需要疏散。运输用的车厢不是用来运送旅客的，也不是用来运送牲口的，而是用来运煤的。

保 罗： 我们坐的列车也是运煤的。里面还残留着带有积雪的煤渣……囚徒不仅在撤离集中营时优先，送往集中营时也一样。开往集中营的列车一直开到最后一刻。哪怕当时德国人急需列车输送物资和人员。

西蒙娜： 没错。可押送这边的人没有撤离的多。从1944年10月开始，我们已经能感到德军的溃败。我甚至在集中营旁通往克拉科夫的马路上见过一些彪形大汉。他们都是中亚地区的苏联战俘。

你有没有爬过马路另一边的斜坡？

你知道维斯瓦河其实就在马路的对面吗？

保　罗：没有。我从来没有去过那里。

在波布亥克，我只想保住我的工作。也会思念我的爱人，布卢马（Bluma）。

西蒙娜：我不记得用了个什么借口让看守士兵允许我爬上了斜坡。当然，并没有爬到最上面。不过，这让我知道了集中营其实就位于马路和维斯瓦河的中间。

保　罗：波布亥克的地理位置比比克瑙优越得多。比克瑙那里到处是沼泽和泥泞。

西蒙娜：不仅如此，那里始终弥漫着那可怕的气味。寸草不生。波布亥克至少还有点植被。我依旧记得，在那儿的最后一个寒冬在冰天雪地里看到的那些挂满冰霜的树木。

保　罗：比克瑙那里则既没有窗户，也没有树木。那里就是世界的尽头。相比之下，波布亥克还算有点人间的气息。

西蒙娜：波布亥克是个拘留营（Camp d'Internement），尽管条件依旧恶劣，但是和死亡营还是有区别的。

保　罗：不可把波布亥克当成集中营的范例。只有二百五十个人享受到了这相对宽松的环境，其他好几百万人则生活在地狱。后者甚至无法相信存在着波布亥克这样的地方。在波布亥克生活的幸存者真的算是拥有一线生机。

西蒙娜：妈妈、米卢和我是一起去的贝尔根·贝尔森。那里的存活概率就小得多了。斑疹伤寒四处肆虐。等到集中营被英国人解放后，伤寒仍在继续流行。英国人直接用喷火器烧掉了那些木棚屋。很多关押者回国时已病入膏肓，其中不少回到法国之后就去世了。在英国军队抵达的时候，有个木棚屋里住着八百多人。

其中六百多人在解放后不久就死去了。

英国人事先没想到会有这么多人。他们没有可供我们充饥的食物。

保　罗：有人说，盟军并不知道我们的存在，我对此非常怀疑。在战时，人们怎么可能会忽略几百万条人命呢？

西蒙娜：我也是这么认为的。

知道集中营存在的人应该更多。集中营曾有过一些访客，一些人是带着影像资料离开的。有人说，没人能想象比克瑙或贝尔根·贝尔森解放时的情形。当第一批英军坦克抵达贝尔根·贝尔森时，我就在那里。我那时在集中营大门附近的一栋楼里劳动。所以，我可以清楚地看到他们的反应，以及他们看我们的眼神。他们在想，我们这些人都是从哪里冒出来的，这里的景象与但丁笔下的地狱何其相似。就算有人知道集中营的存在，他们也未曾料到真相的可怖。

英军措手不及。几天后，行动指挥官就自请调离。除了分发配给，他觉得自己什么都做不了。

英军给我们的配给根本无法食用。幸运的是，当地还留有一些农场。集中营解放后，法国士兵曾给了我们一些香烟，我们能用它们换点东西。当时，我的姐姐米卢已经病得奄奄一息，什么都吃不下。处于隔离且被严禁外出的我还是和几个同伴一起钻过了铁丝网。我们想用手上的香烟换一些牛奶和土豆。

集中营的木棚屋被烧毁之后，我们被安置在匈牙利党卫军曾住过的军营。在那里，外出就比较方便了。我经常出去找食物。那片地区没怎么遭遇战火。同盟军很快就穿过了那里，没有造成严重的破坏。

虽然我们都是女性，还都手无寸铁，可当地人看到我们时，仍被吓得不轻。不过，他们倒没想过要把食物白送给我们。都是要给报酬的。法国士兵给我们的香烟便是我们交易的货币。困难的是，如何掩人耳目地回到营地。

有一次，我们被英军逮了个正着。当时，我们对党卫军的印象依旧深刻。我们都觉得：他们要把我们扔进监狱了。不过，他们并没有这么做，只是让我们明白离开营地是在犯罪。我不知道这究竟是因为害怕伤寒的传播，还是因为这是一种不遵守纪律的表现。

当时的情况真是非常吊诡。

集中营已经解放了好几个星期。我们只是想找点吃的。没有免费的午餐，什么都要用香烟来换。害怕被抓的我们连去找点果腹的食物都要思量再三。这种情况持续了月余。与此同时，大家还都害怕染上伤寒。

保　罗：解放集中营的那些人并不知道问题有多严重。常人根本难以想象贝尔根·贝尔森和奥斯维辛这种地方。我们回归后也一样。大家无法理解我们的证词，我们也很难让别人明白自己的观点。

在法国，我们说的仿佛是天方夜谭，人们一度难以相信。

西蒙娜：那些囚徒的状况就更让人难以置信了。很多人连站都站不稳。一些人形销骨立，体重只有三十公斤甚至更轻。他们目不能视，步履蹒跚。

今天，前往奥斯维辛-比克瑙参观的人能看到成排的木棚屋和一些遗存。但是这些离真实的体验还有着相当大的距离。当年轻人说他们能"想象"时，他们其实什么也想不到。那段历史无法想象。

保　罗：在我看来，他们无法想象倒是件好事。倘若真有人能想象那种残酷，那这个人一定是个危险分子。

西蒙娜： 现在的人以为集中营的生活就是疲惫、劳动、鞭打、饥渴的叠加。他们无法想象我们每一天都生活在绝对的羞辱和荒诞之下。我们根本无法预料等待我们的是什么。一切毫无逻辑和秩序。在我们搬运石头的时候，挑选合适的大小或是按要求搬运都没什么用。只要卡波觉得我们挖得不够快，他们可以随时将我们手上的十字镐夺去，狠狠地在我们头上抽几下。他们这么做可能出于暴虐，也可能就是为了找点乐子。更糟的是这种情况随时可能降临。

保　罗： 一切都是为了让我们失去人性。

西蒙娜： 这种去人性化渗透到方方面面，甚至体现在一些微不足道的事情上面。比如说，不给我们饭盒，或是一个饭盒三个人用，或是有饭盒但是没有勺子。

我们母女三人是用同一个生了锈的铁饭盒吃饭。共用餐具倒是不会让我们觉得恶心。可是，在我们吃的时候，很可能会有人跑来把饭盒抢走。

保　罗： 让我觉得愤懑的是，我们的悲惨遭遇和付出的惨痛代价丝毫没能让人类有什么变化，并没能让人类变得更好、更和平、更加尊重他人。我甚至不确定自己是否能将这段经历传递给其他人。我想，这段经历会随我们而逝。六十年过去了，我的所见所闻令我震惊。

我们的牺牲到底算什么？

为了一个依旧暴力和好斗的世界？

西蒙娜： 我觉得，暴力是世界的本质属性。

偏见和利益及它们的附属品——种族和社会排斥支配着这个世界。在战争时期发生的灾难，总会以某种新的形式或在某种新的背景下卷土重来，让国际社会防不胜防。

保　罗：我们的经历对各国政府能有些什么启示？

西蒙娜：乐观地说，我想，我们的经历至少让欧洲人反思了一下欧洲国家内部的关系。要是不算前南斯拉夫的冲突，欧洲版图上已经有六十年没有出现过大的冲突了。

而前南斯拉夫冲突的发生背景根本没人能够预见，想阻止也非常困难。

大　卫：回顾历史，"二战"期间红十字会的立场让我非常惊讶。我们知道，同盟军是知道集中营里所发生的事情的。但是，我们都觉得，解放集中营并没有被他们摆在最优先的位置上。集中营的囚徒，尤其是犹太囚徒的状况，也不是他们最为关心的问题。

他们把优先级别的军事行动和营救集中营幸存者这两件事分得很清楚。

保　罗：我觉得不应该这么看待这个问题。问题不在于战争中将这个或那个摆在第一位。一些盟军的政府首脑总担心人们会指责他们是为了犹太人而参战。所以犹太人的问题便被放在了台下讨论。丘吉尔和罗斯福害怕人们会说他们不是为了本国的利益把年轻的美国士兵拿去送死，这种指责非常危险。即便参战的原因是出于文明高尚的人道主义。

西蒙娜：我倒不认为他们想得这么深。我们多少会受制于时代的条件。自然，营救集中营囚徒不是盟军最关心的事情。他们虽然肯定知道集中营的部分情况，但是一定未曾想到会是规模如此庞大的屠杀。他们所拥有的信息让他们无法想象整个犹太民族正遭到系统的灭绝。

毫无疑问，结束战争是他们最为关心的事情。结合1944年的战况，我认为打败德国人恐怕是他们当时唯一的目标。

1942年"斯大林格勒保卫战"的胜利给战局带来了一丝希望，但是却未扭转整个战争的局势。在很长一段时间内，德军都坚信自己能够保持优势。盟军花了很长时间才改变战场上双方的力量对比。1944年6月的诺曼底登陆甚至都差点失败。

倘若诺曼底登陆失利，"二战"肯定还要持续好几年。盟军的战况一直很艰难。战争走向长期晦暗不明。

是否应该炸毁通向集中营的道路？事后去看，盟军的逻辑非常容易理解。偶尔，集中营都会遭到误袭。炸弹总在集中营的附近爆炸。就算是命中了目标，一切也会以极快的速度得以重建。

**西蒙娜：** 波兰当时似乎有不少非犹太人组织试图营救集中营和隔离区里的人。它们希望，至少能把里面的孩子救下来。这要冒极大的风险。这些以营救犹太人为目的的组织当时急缺资金和物资。他们好像一直和英国有联系。

其实，当时从英国调动资金并没有那么困难，可并没有人去做。哪怕英国和美国有那么多家底丰厚的犹太巨贾，可大部分资金援助却始终没能到位。犹太人之间也不是那么团结。1938—1939年，很多难民船被美国拒之门外。显然，一部分民众是知情的。我们现在之所以对欧洲人的态度如此敏感，也不是没有原因的。

造成这种局面是好多种因素综合的结果。

战前，人们肯定没有把犹太人的境况当作头等大事去看待。1938年的埃维昂莱班会议[1]（Conférence d'Évian）便是很好的一个证明。大家都知道德国当时的情况，可美国人却仍不肯签发签证。那些

---

[1] 1938年7月，美国总统富兰克林·罗斯福召集三十二个国家的代表聚集在瑞士边境的法国小城埃维昂莱班开会讨论犹太难民问题。由于大部分西方国家都不愿意接受犹太难民，会议并未取得多少实质性进展，甚至未能通过一份谴责德国虐待犹太人的决议。这进一步鼓励了希特勒，使他确信没有一个国家坚定地反对纳粹对欧洲犹太人进行攻击。

跨越大西洋到达美国的难民船遭到了遣返，船上的难民一回到欧洲便被集体送去了集中营。在这些问题上，我非常同意你的观点。

人们并没有意识到问题的严重性。我要重申这一基本观点：当盟军开始协同作战时，他们的头等大事便是军务。

保 罗：营救犹太人确实不是盟军的第一要务，完全无法和军事行动相提并论。

大 卫：回忆往昔，我强调往昔，总有种犹太人被同盟军和抵抗运动组织给抛弃的感觉。

西蒙娜：这也有点言过其实。首先，法国抵抗运动组织并不完全了解犹太人在集中营的待遇，他们并不清楚集中营意味着什么。其次，法国抵抗运动组织内部所有派别的首要目的都是解放德占区、光复法国。对犹太人施以援手的是其他一些组织。这些组织一般都和抵抗运动没什么关系，因为在后者看来，这些营救行为会带来巨大的额外风险。

您刚才提到了红十字会组织。红十字会曾长期埋首于假象，几乎从未派出特派员进行实地调查。几十年后，人们才开始对这个组织当时的态度进行了一次正式的调查。我们现在所知道的是，1942年或1943年，他们曾对犹太人的问题进行过磋商。可讨论的结果却是袖手旁观。在他们看来，犹太人并不受《日内瓦公约》的保护。

红十字会认为自己没有义务对集中营囚徒负责。他们在很长一段时间内都宣称对真相一无所知。磋商的会议文件一直没有公开。我还等着梵蒂冈将那段时期的文件公开。他们肯定收到过很多信息。

保 罗：在某种意义上，红十字会也参与构建了这场悲剧。奥斯维辛集中营的一小部分曾被拿出来对外展示。红十字会的人去过，却没有要求去查看其他的地方。

大　卫：红十字会负责人去的不是奥斯维辛，而是特雷津集中营。

瑞士的负责人虽然参观了集中营，看到的却都是假象。纳粹花了六个月的时间准备这次接待。这位先生一个问题都没有问。克洛德·朗兹曼拍摄的电影《匆匆过客》（*Un Vivant qui passe*）讲的就是这件事。

红十字会的特派员确实和奥斯维辛的营长见过面，但是对集中营的访问却在会见之后的六个月才进行，对象还是特雷津。为了这次访问，特雷津被改造成了一个模范集中营，关的都是精英。在平常，它也就是一个比克瑙稍好一点的集中营。

保　罗：在特雷津，一家人不会被拆散。孩子们可以和自己的父母待在一起。这一点和一般的集中营还是很不同的。

西蒙娜：特雷津的囚徒大多是德国的犹太知识分子和文化人士。其中不少人都曾在集中营内作画。由于都是些名家之作，这些画作后来被带回德国以高价卖出。里面还有不少音乐家。囚徒里还有不少皈依基督教的犹太人。从战争伊始，甚至从19世纪末期开始，就有不少人为了获得政府公职而改信了新教。一些"犹太混血"和与犹太人通婚之人也被送进了特雷津。解放后，我们在特雷津找到了大批秘密完成的画作，这些画作反映了当时集中营内的生活，现在已经得以公开展示。在布拉格，我就曾参观过一个特雷津孩童的画展。特雷津属于最后一批被解放的集中营之一。直到1945年5月，苏军才进入该营。在解放前，特雷津的很多囚徒都被送去了奥斯维辛，被集体灭绝。特雷津则一直被其他营地源源不断到来的新人填满。

保　罗：现在看来，人类并没有从这个时期获得什么经验教训。

1945年以来，红十字会依然多次在大规模极端暴力事件中采取袖手旁观的态度。

西蒙娜： 这倒有原因的。自亨利·杜南（Henry Dunant）创建红十字会以来，其定位就十分明确。红十字会的派遣要遵循严格的规定，只在特定的情况下派出。这看起来相当受限，但是在例如战俘一类的问题上，红十字会确实发挥了应有的作用。它只在冲突爆发时进行干预。

所有的国际组织都有类似的限制。联合国维和部队（FORPROUN）面临着同样的问题。他们也并不总能拿到进行武装干预的委任状。这些组织都是建立在明确且具有约束力的条约上，无规矩不成方圆。若是越界办事，它们便会让自己陷入窘境，变成自身所批判的对象。

大　卫： 在解放集中营时，盟军对囚禁人员的处理方式是否让你们感到震惊，比方说他们对无国籍人士的处理？

尤其在涉及儿童的时候。

西蒙娜： 解放集中营的那段时期异常艰难。很多幸存者不得不在流亡营栖身多年。法国原则上接受所有法国籍的幸存者。那些从法国被送往集中营的幸存者也被允许返回法国。可事态相当复杂。我曾遇到过一位被派往贝尔根·贝尔森的法国联络军官。他问了我们很多问题，还核实了每个人的编号。人们担心德国人会趁机浑水摸鱼。

时隔六十年再谈起这个问题，便很容易忘记法国当时的情况。那时，法国人民只能依靠配给度日，日常生活非常困难。一些地区饱受战火侵袭，满目疮痍。再加上国内的政治动荡和大清洗，法国内部的问题已然重重。或许，法国本应收容更多的幸存者。可无论如何，法国还是接收了不少人。尤其是那些不同国籍、被人们称为"布痕瓦尔德之子"的儿童。犹太孤儿慈善会也收容了不少儿童。一些儿童留在了法国并在此接受教育，其他的则离开了。

在接待难民这一问题上，我们可以拿法国与美国做个比较。战争对美国本土的影响绝不像对欧洲那么大。在美国本土上居住的美国人也被保护得更好。然而，犹太幸存者，尤其是波兰、捷克、斯洛伐克这几个国家的犹太人，哪怕有亲朋好友在美国，想获得美国签证都不是件易事。对于那些没有美国亲戚，又没有办法前往巴勒斯坦的犹太人，他们想获得美国签证更是难上加难。

在集中营解放的初期，除了那些在法国有亲朋好友的人，外国犹太幸存者对法国并没有表现出特殊的兴趣。直到战后，一些东欧的犹太人才开始考虑移民法国。从那时开始，有大量的犹太人开始酝酿移民法国，当然，前提是他们能设法离开居住的国家。法国很好地接纳了他们。他们中的大部分人都在法国扎下了根。

**西蒙娜**：后来，我参观了一个为原华沙犹太隔离区的抵抗运动者们所建的基布兹。我在那里重遇了一位在集中营里曾经对我施以援手的波兰裔同伴。

**大　卫**：这位同伴怎么帮助了您？

**西蒙娜**：她是位建筑师，曾参加了华沙犹太隔离区的抵抗组织。她起初被关押在卢布林（Lublin），后又被送往比克瑙。我们是在比克瑙相识的。她会说一点法语，只用了一份口粮的价格就给我弄来了一条裙子。不是那种破布一样的破衣烂衫，而是一条真正的裙子。穿上它，我立马觉得自己找回了一点自尊。

**大　卫**：您和那些在以色列定居的集中营同伴现在的关系如何？

**西蒙娜**：我去以色列的机会很多。在那里，我有很多好朋友。我也和之前在波布亥克的同伴们一起去过好几次。前几年，那里还举行过一次大型的集中营幸存者聚会。随着时间的推移，以色列发生了翻天覆地的变化。1960年，我第一次前往以色列时，连接特拉维夫和耶路撒冷的道路上满是烧焦的卡车。那里也几乎没有任何植被。

现在的以色列已经是一片绿洲。他们的成就有目共睹。现在，大家都渴望和平，希望巴以双方能够相互接纳、和平共处。若是人们无法保障不同社区的安全，不能展现宽容的态度，和平将难以实现。

大　卫：西蒙娜，您还记得波布亥克集中营时期的保罗·沙费尔是什么样子吗？

西蒙娜：我对你在波布亥克的影响非常深刻。这也算是集中营的一个优点吧：不仅能建立真正的友谊，还能建立起真正的信任。我们当时总是谈起自己的家庭。

你总是和我提起一直希望找回的姐姐、妈妈和父亲。你还经常和我谈起在奥地利的童年时代。

大　卫：您呢，保罗？您对波布亥克时期的西蒙娜·雅各布的印象如何？

保　罗：我得承认，我对西蒙娜最深的印象就是她的魅力四射。她真是惊若天人，也很自重。这让大家都精神一振。虽然大多数从法国和比利时来的囚犯都很有修养，这也让他们与众不同。但西蒙娜身上还有着一份独特的庄重。她的母亲也让人肃然起敬。那是一个伟大的女人，高贵端庄。

集中营的囚徒来自各个阶层。

一般来说，那些出生底层，没接受过多少教育的人反而比其他人更能适应集中营的环境。对于一个来自特权阶层，一直养尊处优的流放者而言，集中营的生活则更为艰难。

大　卫：在当时男女严格分开的情况下，你们是怎么进行交谈的？

西蒙娜：每隔一周的周日，我们可以不用劳动。

我们一般都是隔着铁网交谈……虽然大家都各自待在自己应该待的一边，不过还是可以讨论的。我记得那时有个叫雅克的囚徒经常唱歌。还有其他的几个人也爱唱歌。我们总是一起唱之前流行过的法国歌曲。唱完就待在那儿聊天。除此之外，还有一些交流的机会。尤其在填土方时，大家就可以相当自由地进行交谈。工厂就不那么方便了，因为每个人都被固定在自己的位置上。也有一些女工可以操控机器。

我在工厂待的时间很短。

保　罗：我们基本上每天都能找到机会见面。

西蒙娜：我们总是装着要去拿个什么或是修个什么东西来故意拖延时间。想见面还是相对容易的。他们其实并没有禁止我们交谈。波布亥克也不时上演着浪漫的爱情故事。这自然要以能交流、能见面为前提。要是我当时多一点成熟，少一点天真，可能我也能遇见爱情。不过，当时我还太年轻，有太多的"原则"。

大　卫：女性在波布亥克会遭到性骚扰或有这方面的压力吗？

西蒙娜：这种压力往往来自其他的关押者。集中营的女性很少，年轻女子更是罕见。不过，大部分关押者都境遇悲惨，根本没心思去想这方面的事情。就算爱上某人也基本都是柏拉图式的爱情。对于一些处境相对优越的人来说，情况可能会有点不同。

我当时真的对男女之情极为懵懂。那时我才十七岁，接受的教育和现在的女孩大不相同。我对同性关系的不信任成了我唯一的护身符。在我初到集中营时，有不少女人跑来找我，而我则是一副天真、疑惑和不解人事的模样。当然，我不想泛化这种遭遇。

在比克瑙，极少有人会动欲念。只有卡波、营区负责人、舍监和那些在"加拿大"或是办公室做事的人才会有这方面的心思。在波布亥克，这种情况会多一些，毕竟环境要相对宽松一些。

一旦涉及权力关系、等级或待遇差异，这种压力就会很明显。不过，对我施以援手的那些人，哪怕是那个让人畏惧的营区长官斯特妮娅，都没有在这方面表现出丝毫的兴趣。斯特妮娅从没有给我施加过这种压力，更不用说后来我在以色列重遇的那位女建筑师了。后者完全就是真心实意地想帮助一个年轻的女孩子。

后来，在格利维采的时候，我倒是确实看到了您说的这种骚扰。当时，我身边的人员结构复杂，不仅有犹太人，还有卡波，曾经身居高位的集中营管事以及一般意义上的罪犯。一些人已经在集中营住了很长时间，他们声称自己八九年都没见过女人了。

好在，我们只在格利维采待了两天。那里昏天黑地，一无所有。面对他们的威逼利诱，我们几个孤零零的女人只得忍受那些露骨和龌龊的骚扰。注意，只是粗暴而非强暴。一些人会选择一个目标，然后试着把她诱拐出集中营。我们经常听到这样的话："我准备逃跑了，和我一起吧！"我记忆中的格利维采和但丁笔下的地狱无异。大家都认为死期将至，无所不为。党卫军也不例外。

---

**保罗**：在格利维采的时候，我们都觉得自己已经与世隔绝。逃脱之后，我跑了一百多公里才到达刚被俄国人解放的克拉科夫。当我看到波兰家庭的情况时，那家是和我一起逃跑的那位同伴的世交，我惊讶地发现，他们的生活一如往昔。他们穿着正常的服装，家里纤尘不染。而在我被关在集中营时，我感到世界停止了。我进入了另一维空间。昨天，我还在跟我的妻子说，我最近做的手术是我的第三次新生。我出生在奥地利，解放时重获新生。现在，我又一次重生。

1945年，我惊讶地发现，自己以为再也回不去的世界仍在照常旋转。

西蒙娜： 格利维采集中营很像15世纪的一些画作，强奸、梦魇一般的场景、屠杀、妖魔鬼怪……什么都有。

一天晚上，米卢和我离开了营房。一个人突然跳出来，拿着块面包对我们威逼利诱。我们花了好大工夫才摆脱这个人。这种情况持续了两天。党卫兵时刻警惕着苏联人的到来，他们都觉得自己在劫难逃。而集中营的囚徒则成批饿死，挑选也仍在继续。

西蒙娜： 一位女性历史学家，或装作是历史学家的女人曾对我说，集中营里所有的犹太女人都遭到了奸污。可事实上，这种事极为罕见。在别动队（Einsatzgruppen）里，倒有可能发生这种事情。在波布亥克的时候，有一个工头总跑来看我们。他是半个德国人，一个捷克斯洛伐克的"德意志后裔"（Volksdeutscher）。他偶尔会塞一块面包或一个水果给我。在1945年1月18号我们撤往奥斯维辛的那个晚上，他对我说："真可惜，要不是有种族禁令……"

保　罗： 禁止雅利安人和犹太人交往的禁令叫作Rassenschande，直接翻译过来就是"种族耻辱"。

西蒙娜： 这个工头总对我说："Schade, Schade！"就是"可惜，可惜！"要是没有那条禁令，恐怕他就真会坚持向我求爱了。对于我们这些饿得发慌的囚徒来说，这个问题真的不在我们的考虑范围内。我们满脑子只有吃和睡，只想着怎么能休息几分钟，仅此而已。这种危险，我再说一次，主要来自卡波，尤其是那些曾经是罪犯的卡波。对象一般都是集中营里最年幼的孩子。

在波布亥克，有两三个十三四岁的少年，大家都说他们"受人保护"。我不知道这种"保护"能到什么程度，也不知道他们是用什么换得的"保护"。很可能那些囚监长（Lagerältester），或别的什么领导，只是保他们不死而已。

后来，在格利维采，我就认识了一个受囚监长保护的匈牙利少年。这个囚监长曾是一个罪犯。当有女人被送到集中营之后，他就不再关心这名匈牙利少年的死活了，也不再给他提供食物。妈妈和我照顾了这名少年几天。他那时饥寒交迫，茫然若失。他对我说："他抛下了我，因为现在有女人了。不过很快，他就会庆幸我还在。"可见，这种情况也是存在的。

保　罗：其实，在集中营里，性是个很大的问题。但是对于我们来说，这又根本不是个问题。我们有那么多的事情要考虑，时刻都担心着自己会朝不保夕……

西蒙娜：很少有人真的有欲望。除了那些有点地位，能多吃饭少干活的人以外，其他人根本没有余力产生性欲。对我们这些人来说，这根本不存在。

大　卫：在这个封闭的世界里，既有好人也有坏人。一些恶棍后来还活了下来。你们怎么看待这件事？

西蒙娜：真正的恶棍是很少的。无论在比克瑙还是波布亥克都是如此。在法国囚徒中，我还没有发现过这种人。

在波布亥克，这种人就更少了。可能只有一个例外。我们都很警惕一个波兰人。

保　罗：文明社会和集中营里的恶棍定义是不同的。

西蒙娜：卡波自然算。不过法国籍的卡波非常少。想要使坏，也要有一定的特权。而法国人都没有，或者说很少能获得特权。

保　罗：因为语言不通。需要懂德语或波兰语才行。

西蒙娜： 有很多波兰或斯洛伐克籍的卡波。除了语言问题以外，法国人被送到集中营的时间也要晚得多。

我唯一有点交集的管事就是那个波兰女人斯特妮娅。她的名声实在是糟透了，集中营解放之后她就被送上了绞架。

我是个例外，是她唯一帮过的囚徒。

大　卫： 就是那个对您说"你太漂亮了，不应该死在这里"，然后把您转送到波布亥克的斯特妮娅？

西蒙娜： 没错，就是她。

大　卫： 她没帮过其他人？

西蒙娜： 我从没听过她还帮过其他人。

关于这些下层管理人员，我想举一个反例，一个非常英勇的事例。在比克瑙的办公室，有一个出生于比利时的法籍犹太女人。她是那儿的一个小小的行政人员。1944年8月，那时，我已经去了波布亥克，这个女人试图和一个同伴一起逃跑，加入抵抗组织。几天之后，他们双双被捕。人们告诉我，他们两个后来都上了绞架。

被捕之后，这个女人并没有放弃抵抗。她曾试图割腕，却被党卫军制止了。死前，她慷慨赴义，高声辱骂着纳粹。这恐怕是比克瑙唯一一个敢于尝试逃跑的下层管理人员了。她所拥有的那么点特权让她尚有精力去谋划这些。而我们，我们连想都不会想。有时候，我们累得连饭都吃不下。

保　罗：在我看来，比克瑙集中营的幸存者都非同一般。他们的品格都异于常人。西蒙娜，要是没有这次非常规的经历，你能成就这么多伟业吗？你能成为现在的你吗？

西蒙娜：集中营彻底改变了我们。尤其当时我们还那么年轻。在被送去集中营以前，我只想着如何快活度日，热衷打扮。回来后，一切都变了。我不再有心思玩耍。我的世界观发生了改变。价值体系和价值观也被重建。我不再能够容忍别人玩笑地对待一些问题。集中营加速了我们的成长，重塑了我们思考问题的方式。我们不再对生活抱有不切实际的幻想。现在，我不会轻易相信人们表现出来的样子，也不会轻易被表象所迷惑。但是这也不妨碍我保持一定的乐观。在同一个人身上，最坏和最好往往同时存在。

保　罗：你一到波布亥克就显得非常肃穆。大家都知道，你对情况的严重性心知肚明。在你的脸上，从来看不到丝毫的笑意。

大　卫：母亲的离去是否对您产生了巨大的影响？

西蒙娜：妈妈的死，当然。

几年后，米卢的死也是。

我无法谈论这个问题。

解放的时候，米卢已经成为我整个感情生活的寄托。我不知道回到法国还能找到什么，但是米卢还在。从孩童时期开始，我和米卢的关系就非同一般。我们之间只有四岁半的差距。但她就像是妈妈的替身。当父母要在晚上出门时，妈妈总会和米卢说："你替我亲亲西蒙娜。"后来，在童子军营的时候，她也是我的领队。妈妈过世后，我们在集中营最后的两三个月里，她对我来说就和母亲一样。

在比克瑙，像玛索琳娜·罗尔丹那样年轻又没有母亲陪伴的人很快就自立了。

而我一直都很听妈妈和米卢的话。

她们对我影响深远。

大　卫：您有没有做什么使您的母亲或姐姐无法忍受的事情？

西蒙娜：妈妈从没骂过我。

解放后，有一次我和另一个幸存者吵起来了，米卢把我狠狠地训了一顿。我当时被那个人给狠狠撞了一下，满心想着捍卫自己的权利，就语气不善地和那人吵了起来。米卢批评了我表达的方式。她说："无论在什么情况下，你都不该那么说话。"尽管在病得奄奄一息、困于集中营的情况下，她依旧能够控制自己的情绪和言语。

大　卫：幸存者是否能一起生活？

西蒙娜：应该非常困难。恐怕我们会一刻不停地谈论集中营的事情。保罗和我见面时，虽然也有很多其他话题可以聊，但是我们最后总会回到集中营这个话题上。和一个有着同样经历的人一起生活实在太沉重了。我们会过多地讨论这个问题。而对于这类夫妻的孩子来说，这是难以承受的。对未曾经历过的人来说，这种事情实在过于沉重，对孩子而言更是如此。

保　罗：向孩子传授自己的经验，无论是什么经验，已经很难。这段经历更是无法言传。这样的家庭想给孩子提供平衡的教育无疑更为困难。无论我们是否注意，我们的孩子都会受到自己父母遭遇的影响。他们会知道自己的父亲或母亲曾在集中营有过一段非人的经历。

西蒙娜：哪怕我们表面上不露分毫，他们依旧会内化我们曾经遭受的痛苦。

对他们而言，这太沉重了。对我们的伴侣来说，更是如此。后者甚至都无法忍受我们和他们谈论这些。

大　卫：孩子们对这些事情的感受是否不同？

西蒙娜：虽然我们一刻不停地讨论和作证，但是真正会把孩子带到奥斯维辛的家长少之又少。很多幸存者的子女都对我说，他们的父母很少会和他们谈起那些事情。

他们主要会在家庭以外的地方谈。

我总是只身回到奥斯维辛。我总说要和我的孩子们一起去，可直到现在也没有找到机会。

大　卫：若是没有集中营的经历，战后只有二十多岁的您所做的选择是否会有所不同？

西蒙娜：我肯定还是会继续学业。这是妈妈对我们三姐妹的期望。但是我应该不会那么早结婚。

大　卫：我总在想，后来那些将您作为目标的猛烈攻击是否是专门针对集中营的女性幸存者所做的。那些攻击和您的经历实在贴得很近。

西蒙娜：他们可从来没放过我。

在经历过集中营之后，我们对一些形式的侮辱特别敏感。这些事情会让人立马丧失幽默感。我身上始终保留着一丝暴力。但是这种暴力也伴随着一种漠视。我不会对一些无关紧要的事情大动干戈。也不会把一些微不足道的小事太当回事。不过，若是有些事情触碰了我的自尊，哪怕是件不值一提的事情，我也会严肃对待。

保罗，你怎么看？

保　罗：我也不再关心一些细枝末节的问题。

西蒙娜：小时候的我会严格遵守一切规矩。比如说，我父亲会要求我们不要挑食。

而我，则会尽量不用这些小事去要求我的孩子和孙子们。不过，我和我们这一辈的人一样，还是会有意无意地，在他们还小的时候就要求他们具有责任心。

保　罗：我们有着特殊的境况。

我们成了无影之人。与青春期擦肩而过，留下一片空白。这份空虚对我们今后的行为举止有着巨大的影响。这一直是我最为遗憾的事情。我们直接从孩童变成了成人。虽然变成成人的我们并不缺乏阅历，但是这段经历却是那样不幸。想让自己的人生重回正轨，必须要从心里将其连根拔起。在这件事上，没有人也没有什么帮过我。完全是个人行为。现在，哪怕是受到极其微小的攻击和创伤，也会有一大群心理医生立马跑来照看受害者，为其减轻影响。而这份工作，我们都是独自做的。我们永远地失去了青春期。

西蒙娜：我们直接就进入了成人的世界。可面对自己的孩子时，也许因为他们都是男孩子，我从未期待过他们在二十岁时能和我当年一样成熟。我甚至都没想过这个问题。

可面对年龄差异更大的孙辈时，我总觉得自己对他们要求过高。我期待着他们，尤其是我的孙女们身上能具有一种过度的责任心。

我总觉得自己对她们太过苛刻。

保　罗：我有点冷。刚开过刀。我们能进屋吗？

西蒙娜：你得喝点热的东西。得把你的手焐热。

保　罗：你真暖心。

西蒙娜：呵，那可不是嘛！

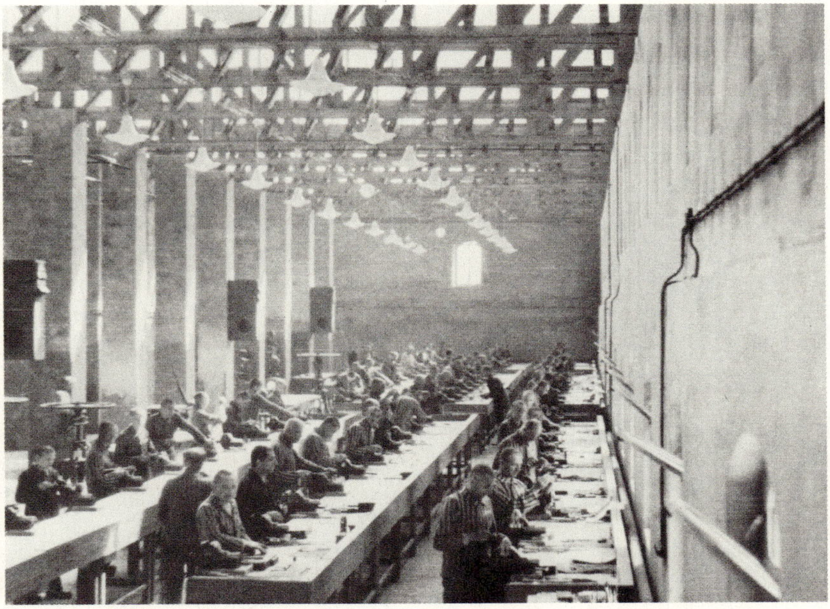

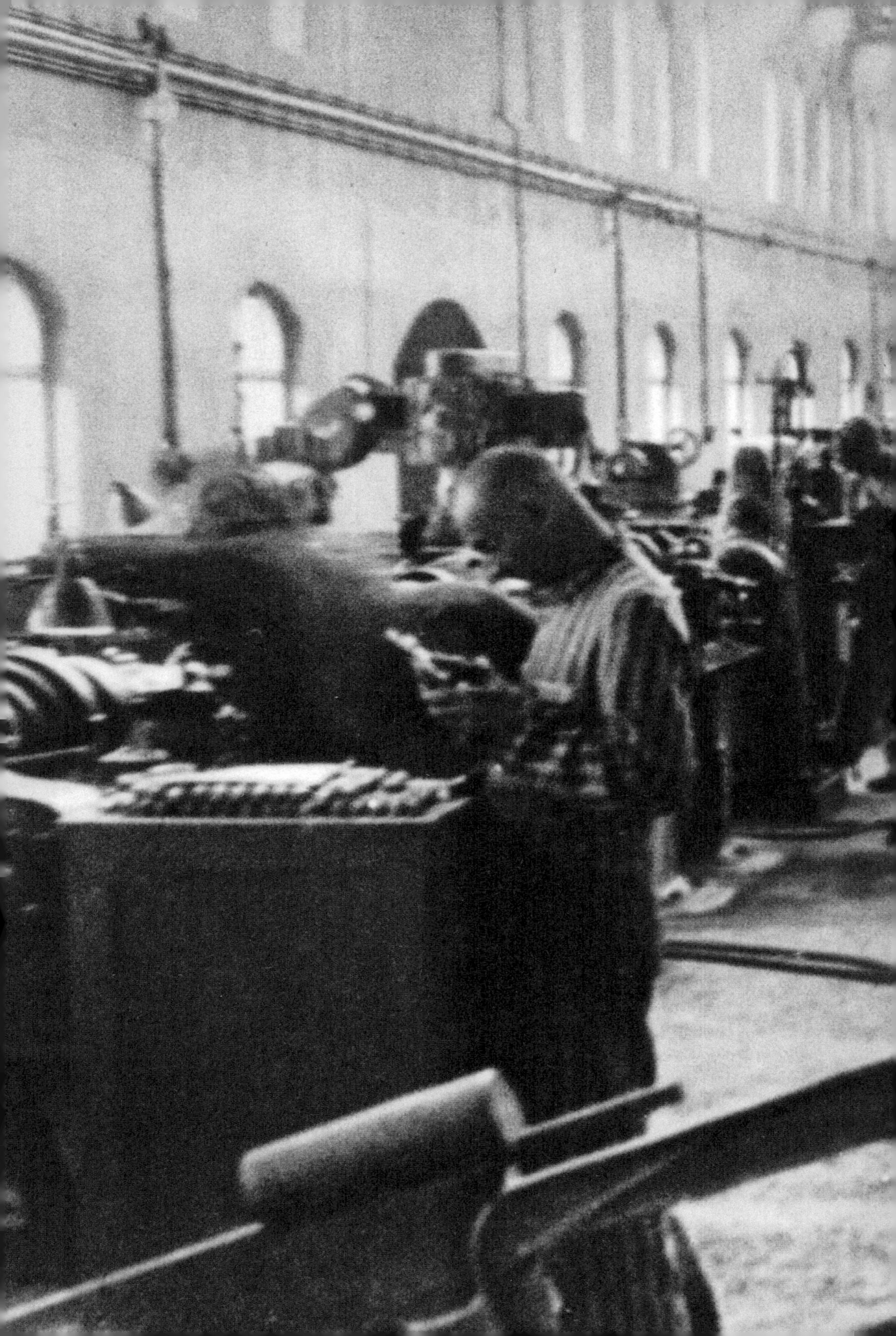

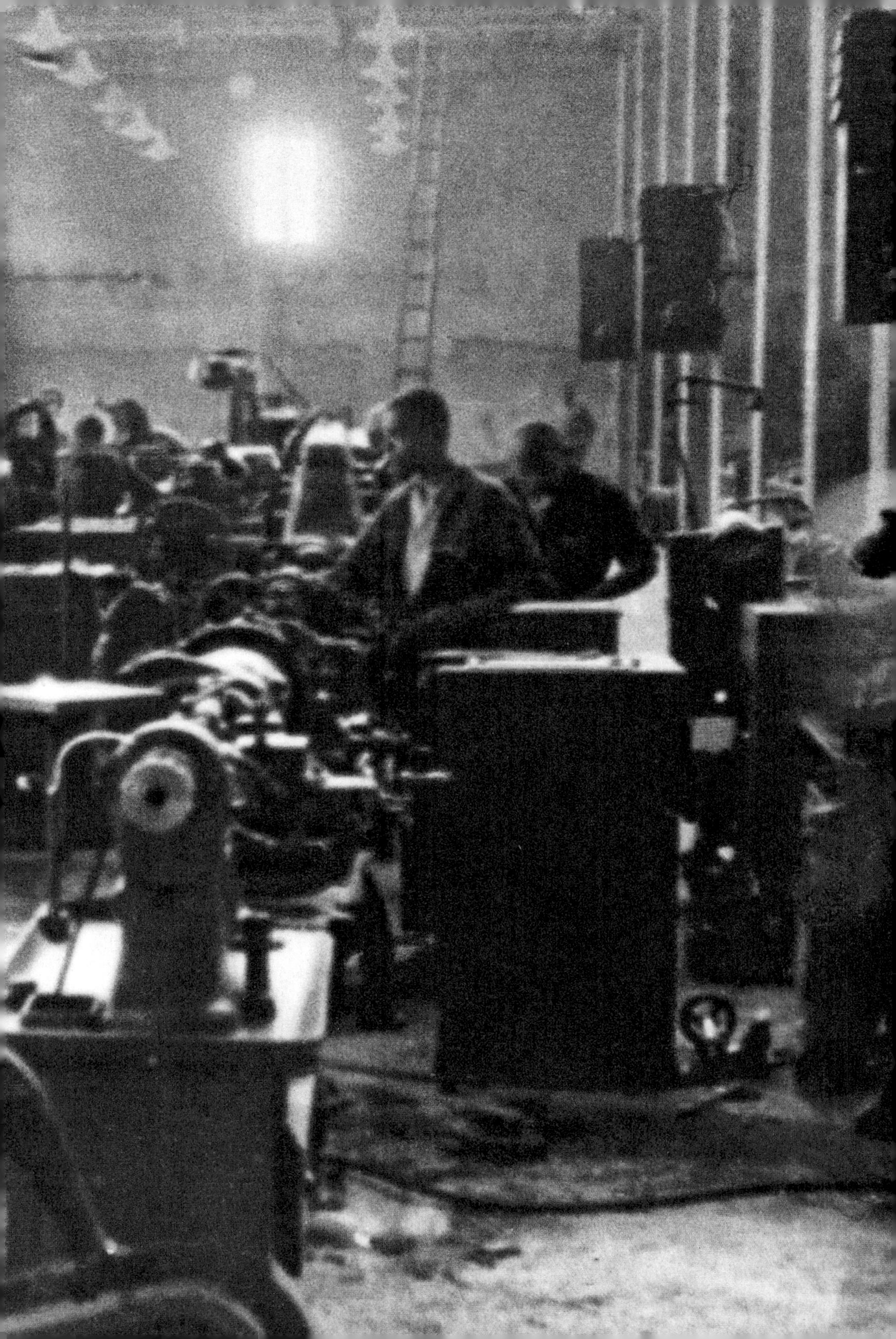

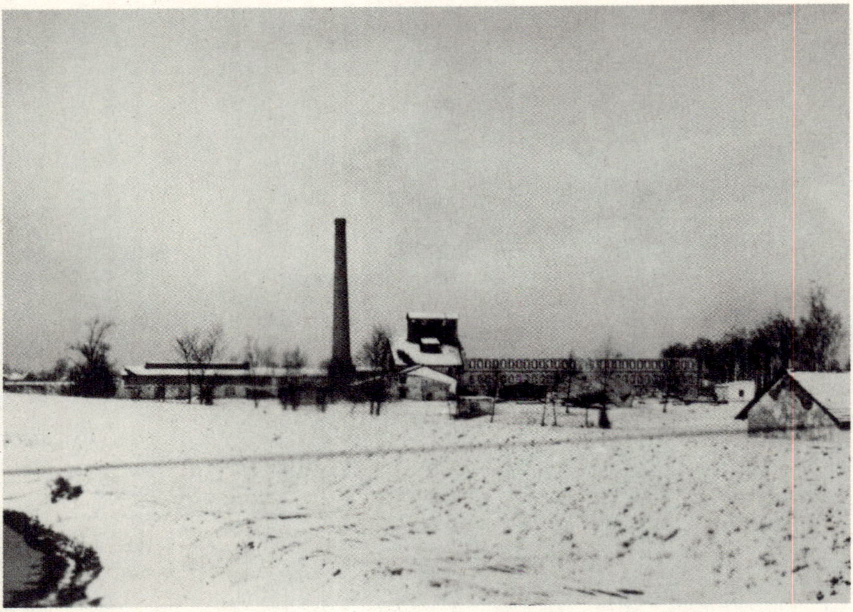

回 响

我的墓前将奏响希伯来祷歌

RA.207.586.                    1.799.

**MINISTÈRE DE L'INTÉRIEUR**

ALPES-MARITIMES

**Police d'État de Nice**

5ᵉ ARRONDISSEMENT

**Service des ~~P~~**

Mademoiselle JACOB Simone Annie Liline
née à Nice
le 13 Juillet 1927
fille de André Jacques JACOB
et de Yvonne Steinmetz
Mariè à ~~célibataire~~
Profession : ~~sans~~ étudiante
Résidant à Nice, rue Cluvier n°1
~~Accompagné~~ de
~~Sollicite un passeport pour se rendre à~~
~~Israélite~~.

~~Autorisation maritale~~ : S Jacob
Pièces d'identité produites : livret de famille n° 685
               ou attestation de Paris 9ème (22.5.32).
Monsieur Fixon Julien      ( C.I n° 6691
(Adresse) : 1 rue Cluvier Nice  Nice 7.11.39
Monsieur LIPPMANN Claude  ( Permis C= 110.419
(Adresse) : 7 rue Gutenberg   ( Nice 14.7.39

Nice, le 14 Septembre 1942

LE COMMISSAIRE DE POLICE,

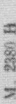

生长于一个历史悠久的法国家庭，我从不曾对自己法国人的身份产生过质疑。可对于从祖父辈开始就都是不可知论者，在完全没有宗教氛围的家庭环境下成长的我和我的父母来说，身为犹太人意味着什么？

　　在我的记忆中，对我父亲而言，他对犹太身份的认同感主要源于犹太人在文化和知识尚属于阳春白雪时就开始进行的、这么多个世纪一直未曾间断的积累。无论面对怎么样的迫害、灾难和流亡，犹太人始终是"圣书之民"（le Peuple du Livre）。

　　对我母亲而言，她认同的则是犹太人在漫长悲壮的历史长河里所坚守的价值观念：宽容、对每个个体和身份应有权利的尊重及团结友爱。

　　我的双亲都在流放中死去，留给我的唯一遗产就是这些被他们视为犹太文化象征的人文主义价值。

　　因为这份遗产，我无法将自己和这份萦绕心头、不断重现的记忆分离：六百万人惨遭屠杀，仅仅因为他们是犹太人。在这六百万人中，有我的父母、哥哥、无数亲朋好友。我无法将其割舍。

　　这些足以让我至死坚持自己犹太人的身份。

　　我的墓前将奏响希伯来祷歌（Kol Nidrei）。

西蒙娜·韦伊

一天，西蒙娜·韦伊和我谈起一本她参与的书，一部美国作品。

那本书是为了纪念2002年被杀害的丹尼尔·珀尔，名字叫《我是犹太人》。

全世界的犹太人都在尝试定义自己与犹太身份的关系。

几天之后，我坚持让西蒙娜录下了自己的这段文稿。

她原声的那句"我的墓前将奏响希伯来祷歌"成为她葬入先贤祠仪式的开幕词。

这句话自然也是本书《比克瑙集中营的黎明》最佳的结束语。

大卫·泰布尔

# 集中营
# 名词表

**宿舍**（Block）：关押者居住的棚屋。在比克瑙，一个棚屋里住了四百到五百人，甚至更多。

**舍监**（Blockältester）：从关押者中提拔的宿舍管理员。（波兰语为Blockowa）

**加拿大**（Canada）：比克瑙里存放寄给关押者行李的地方（大约有三十个棚屋），这些东西全部被纳粹没收。"……波兰人把集中营内分拣衣物的地方称为'加拿大',因为那里的工作相对而言是最轻松的。最值得期待的是从衣服的口袋中找到一点面包屑,或在衣服的折边中找到一枚金币。我们法国人把这种大额财富称为'秘鲁'。集中营的波兰语勾勒了一个奇异的世界模型。虽说我并不清楚原因,'墨西哥'就代表着死神将至。"[玛索琳娜·罗尔丹-伊文思,《然而,你未曾回来》(*Et tu n'es pas revenu*),格拉塞出版社,2015]

**科亚**（Coya）：三四人睡的简易木制或砖砌三层床铺。

**卡波**（Kapo）：从关押者中挑选出的囚监。

**囚监长**（Lagerältester）：囚监的"领导",负责集中营的内部管理工作。

**信使**（Läuferin）：集中营内传递消息的人。

**舍监助理**（Stubowa）：协助舍监管理宿舍的助理,一间宿舍的舍长。

**德意志后裔**（Volksdeutsche）：在德意志第三帝国领土之外出生并长大的德国人后代。纳粹会将其与在帝国领土之内出生的德国人进行区分。

# 致 谢

特别感谢菲利普·加尼耶（Philippe Garnier）的宝贵帮助。

感谢让和皮埃尔-弗朗斯瓦·韦伊的信任和支持。

感谢陪我去往先贤祠的艾娃·阿尔瓦兰（Eva Albarrán），感谢在我第一次与西蒙娜·韦伊见面时在场的格扎维埃·卡尼奥（Xavier Carniaux），感谢克莱芒·迪珀（Clément Dupeux）的耐心，感谢西尔万·福尔（Sylvain Fort）高质量的交流和支持，感谢雅克利娜·弗里德曼（Jacqueline Frydman）的友谊，感谢安妮特·魏维嘉（Annette Wieviorka）的教导。

感谢洛朗·古玛尔（Laurent Goumarre）的知识。

感谢我的经纪人奥利维耶·鲁宾斯坦（Olivier Rubinstein），时刻陪伴我、心细如发的律师伊莎贝拉·维克斯坦（Isabelle Wekstein），立刻就接手本书的编辑洛朗·贝卡里亚（Laurent Beccaria），相见甚欢的布鲁诺·蒙古齐（Bruno Monguzzi），以及整个角斗场出版社（Les Arènes）小组，尤其是玛丽·贝尔德-史密斯（Marie Baird-Smith）、弗洛尔·居雷（Flore Gurrey）和伊萨贝拉·帕卡雷（Isabelle Paccalet）。

感谢菲利普·贝拉瓦勒（Philippe Bélaval）、奥雷利安·肖沃（Aurlien Chauvaud）、弗雷德里克·孔潘（Frédéric Compain）、德尔菲娜·阿比（Delphine Haby）、雅克利娜·阿比（Jacqueline Haby）、马蒂亚斯·阿比（Matthias Haby）、英格丽德·阿齐奥（Ingrid Haziot）、安东尼·安贝尔（Anthony Humbert）、桑德琳·基伯兰（Sandrine Kiberlain）、利昂内尔·拉瓦尔（Lionel Laval）、大卫·马代克（David Madec）、伊丽莎白·马利昂热（Élisabeth Marliangeas）、贝娅特丽克丝·穆雷（Béatrix Mourrer）、布里斯·穆雷（Brice Mourrer）、塔丽拉（Talila）和阿兰·拉伍斯特（Alain Raoust）在尼斯的盛情招待。

当然，还要感谢丹尼丝·韦尔内，玛索琳娜·罗尔丹-伊文思和保罗·沙费尔的出场。